第四十四批中国博士后科学基金面上资助二等资助项目

（编号：20080440964）

湖南省第十三届优秀社会科学学术著作出版资助项目

（湖南工业大学资助）

《周易》象数之美

陈碧 著

人民出版社

序

在人类文明史上,《周易》被公认是一部奇书,自它诞生之日起,有关它的毁誉就从来没有停过。但是,它就像一座顶天立地的高山,任凭狂风暴雨、惊涛骇浪,其地位纹丝没有动摇过。其原因就是,誉它的未必真是它所誉,毁它的未必真是它所毁。也就是说,时至今日,人类还没有能全部破解《周易》这部书。这就是《周易》的伟大之处,也是它的神秘之处。

《周易》的构成非常特殊,它有象,有数,有图,有文字,故而后来关于它的研究形成了象数派、义理派。汉代象数派盛行,由于过分,就堕入繁琐、神秘以至于不可知的绝地。王弼横扫象数,强调《易传》所说“立象以尽意”。他还申说:“夫象者,出意者也;言者,明象者也。尽意莫若象,尽象莫若言。”(王弼:《周易略例·明象》)这里的理论思路是:言——象——意。其中,言的作用是最低的,它只起“明象”的作用,是个工具;意的地位似是最高的,它是读《易》的最后目的,但是,意却是在象中,是象“出”意,故而,象处于关键地位。但是,王弼又提出:“忘象者,乃得意者也;忘言者,乃得象者也。得意在忘象,得象在忘言,故立象以尽意,而象可忘也。”(王弼:《周易略例·明象》)

多年来,我对王弼的观点,既欣赏又怀疑。欣赏的是,他独具慧眼,发现象的伟大作用。的确,象太神奇了。要懂《易》,不懂得象确实不行,一般的人读《易》仅止于对《易》的卦爻辞的理解,这太不够了。笔者曾尝试着结合象来理解卦爻辞,的确别有韵味,比如屯卦,其六二爻辞云:“屯如,邅如,乘马斑如,匪寇婚媾,女子贞不字,十年乃字。”这话写了一个生动的故事:远远地,一群马队来了,款款地,迟疑地,彷徨地。人可不少啊!村上的人发现了,一片惊慌,莫不是来了强盗?然而,很快就弄清了,不是强盗,是来求婚的。指名道姓,要娶某一女孩子。然而这女孩子说她不嫁。是永远不嫁吗?不是,十年以后可以嫁。六四爻,同样的情景:“乘马斑如,匪寇婚媾。”——也是来求婚的,只是少了“屯如,邅如”,马队跑得轻快,乘马人神采飞扬。为什么这样高兴?因为“往吉,无不利”。显然,他们得到了准信,女孩同意嫁了。两个不同的爻位,意思完全不同,为什么?只有结合它们不同的爻位、爻象，才能理解。整个《周易》，象与意的关系十分密切。要得意，的确必须明象。

《周易》之所以与美学关系极其密切，就因为它的许多意的确是在象中。《周易》的象不只是一重，有好几重，而且有好几种象：文字背后有象，这象又分为比较抽象的象、比较具象的象，还有非常具体的象。当然，这些象是需要人去想象的。要说明的是，这想象是有思路的，不仅有卦爻辞做依据，而且有一定的规律特别是阴阳关系规律做依据。如果你不懂这些，光凭字面上的意思去想，就不行。想象中的易象既具客观规律性，又具主观创造性，非常玄妙。《周易》的文字——卦爻辞基本上是文学语言，像上面举的屯卦的六二、六四爻辞简直就是美妙的微型小说。读《周易》，即使不全懂它的阴阳规律，只是懂文字，也能读出美感来。

王弼肯定周易中象的重要性，强调意在象中，也许他只是为了突出意的重要性，因为观象是为了得意，他的目的是"横扫象数"，哪知，竟然突出了象，成就了象。

王弼没有怎么谈《周易》的数，王弼重象，但轻数。其实，《周易》中的数的重要性也不下于象。周易中的数有诸多体现，其中一部分，体现为图，图其实就是数关系的形象体现。数学关系是宇宙中诸事物关系的科学表达，而且是最高的科学表达。数量关系通常视为真的体现，其实也是美。数学关系是美的一种存在方式，名之为科学美。科学家们都肯定数学的美。当然，这种美不是所有的人都能欣赏的，用法国科学家彭加勒的话来说，它是一种艰奥的美。《周易》中颇多这种数学的美，其中之一是二进位制。众所周知，二进位制是现代计算机的基础，然而《周易》的伏羲六十四卦的序列却是按二进位制排的，所以，德国的莱布尼茨在得到从中国来的伏羲六十四卦卦序图后，惊讶不已。二进位制诚然是真，但也是美。伏羲六十四卦的排列除了按照二进位制外，还按照一年之内自然气候的变化规律，因而它所具有的科学美不只是来自数学，还来自气象学。

尽管我对王弼的重象，很欣赏，但是，我对于他的话，也不无怀疑之处：

第一，言的作用。言是不是只是为了明象，除了明象外，它还有没有自己独立的价值？我认为是有的。《周易》中象与言虽然关系很密切，但却是不能等同的。《周易》好些处，言与象不那么对应，或者对应得不很贴切。这也许是我没有读懂，但也可能《周易》本没有想将言与象一一对应起来。《周易》一方面借言以明象，另一方面也借言以达意。

第二，象的作用。象是不是与意完全等同，如王弼所说"意以象尽"？我也是怀疑的。象与意毕竟是两种不同的形态，《周易》中象与意的关系大体上有三种情况：一是直指意，这意是确切的；二是泛指意，这意是模糊的；三是象超出意，象与意是分离的。王弼说"意以象尽"，我看不是这样。

第三，得意是不是一定要忘象？也不一定。有时还相反，得意后，象更清晰、更丰富、更美好。

第四，是不是存在具有终结意义上的意？《周易》中有意是无疑的，但不是定意，也不是确意，它的意是模糊的、发散的，而且是发展的、变化的和无限的。能得意吗？能，又不能。

我读书，很难对一本书保持长久的兴趣，《周易》和其他极少数的书是例外，原因很简单，《周易》对于我，太伟大了。孔子说："加我数年，五十以学易，可以无大过矣。"（《论语·述而》）

我自然只是一个早上在林间采集一片绿叶或一朵小花的孩子，虽惊叹这林子的美，却无法穷其奥妙。对《周易》，我的感觉就是这样。

陈碧是我的博士生，她有一股锐气。当年，我问及她学位论文做什么时，她明确地说，做《周易》。好！那就做吧。并说，你要做，就要做象数。陈碧毫不犹豫地答应了。真可谓"初生牛犊不怕虎"。

不必细说这其中的艰辛，咸酸苦辣甜，陈碧知道，我知道，所有读过《周易》的人也会想象得到。值得庆贺的是，陈碧的学位论文成功了，以张世英先生为答辩委员会主席的答辩委员会给予陈碧的论文以优秀的评价。作为导师，我与陈碧一同高兴，但是，我深知，陈碧的研究其实才开始。论文答辩后，我与陈碧交谈，我说，《周易》首尾两卦最重要。两卦均是号角长鸣，警钟长鸣，但乾卦更多号角声，而未济则更多警钟声。我说送你一首诗吧，于是随口吟道：

> 潜见乾飞百变身，
>
> 不变唯与时偕行。
>
> 小狐过河千秋恨，
>
> 留待英雄细品评。

岁月匆匆，陈碧毕业四年了，毕业后，她先去浙江大学人文学院做了西方哲学博士后，后又回武汉大学文学院做中国古代文学博士后，其博取精进的精神实在让人赞叹。她的博士论文就要出版了，按说，如能细细打磨一些时日可能更好，但我还是同意她先拿去出版，这样，可以听听读者的意见，今后还可以做修改、丰富和补充。《周易》的学问是永远也做不完的。

正是春天，窗外春雨如烟，树林蒙翠，绿叶新裁，杂花随点。联想到易学，也

不禁感慨,吟道:

> 千古不磨岁月新,
> 老树新叶照眼明。
> 春雨细读未济句,
> 隔山犹听杜鹃鸣。

是为序。

陈 望 衡

2009 年 4 月 19 日于武汉大学珞珈山天籁书屋

目　　录

引　言

　　《易》是人类"轴心期时代"唯一一本由符号系统和文字系统共同构成的书。[①]《易》也是中国文化史上唯一一本为儒家和道家共同尊奉的书——儒家尊之为"六经之首",道家奉之为"三玄之一"。《易》是我国文化的本源,地位非同小可。

　　可以说,《周易》是我国最古老、保存最完整的一部典籍。易有伏羲易、神农易、黄帝易、尧舜易、夏易、商易、周易等多种。据记载,在周朝的时候,尚是夏、商、周三易并存,即《连山》、《归藏》、《周易》。惜《连山》、《归藏》两易大概在周末便已失传,今人唯见《周易》一书。

　　《周易》非出自一人之手,而是多人集成之作。若依《系辞下》中所说,伏羲氏"仰则观象于天,俯则观法于地,观鸟兽之文与地之宜,近取诸身,远取诸物,于是始作八卦。以通神明之德,以类万物之情。"则我们可以推算八卦的起源已有约七千年的历史。而就学术界公认的《周易》成书于殷周之际言,《周易》也已有三千多年的历史。从伏羲画八卦,文王演《周易》,孔子作"十翼",老子"引《易》入道",庄子论《易》以道阴阳",到汉代班固将《周易》列为"六经之首",宋代对"河图"、"洛书"的特别关注,程朱以"理"释《易》,再到清代康熙、乾隆综合治《易》,整理出《四库全书总目》,将"易类"列为"经部"之首,确认《易经》在中国文化典籍中的特殊地位,漫漫几千年矣。可见,《周易》的形成、完善以及研究有漫长的历史,《周易》内在的文化、哲学意蕴也复杂而扑朔迷离。

　　《周易》这部奇特的中国古代哲学文化典籍,体现了中国人的形象思维、辩证思维和整体思维等思维特征,对中国思想、学术、文化和艺术诸多领域产生了

---

　　① 在轴心期时代,古希腊诞生了《荷马史诗》、柏拉图、亚里士多德等巨著和巨人,两河流域诞生了希伯莱文化元典——《圣经》,古印度诞生了婆罗门教经典《梵书》、史诗《摩珂婆罗多》、哲学经典《奥义书》、佛教经典,中国则诞生了《易》、《诗》、《书》、《礼》、《春秋》以及《论语》、《老子》等诸子百家的经典。在这些文化经典中只有《易》是由系统的卦爻符号与阐释性文字构成的。

广泛而深刻的影响。它作为中华民族文化的一个源头，为整个中国哲学与文化的后续发展奠定了历史基础，也提供了必不可少的思想资源。同时，也为中国文化和艺术深深地烙上了不可磨灭的审美烙印。当代学人充分认识到《周易》的特殊地位：陈立夫在为黎凯旋先生《易数浅说》撰的《序》中写道："易经一书，不但是中华文化的本源，同时也是中华文化的枢纽，凡我国古代的哲学、科学、兵学及艺术，莫不依此本源而衍生，也莫不依此枢纽而向前发展！"①冯友兰先生把《周易》尊为中国的《精神现象学》，认为"在战国时期出现的《易经》中，这部《精神现象学》之为精神现象学的面貌就已经确定了。《周易·系辞》说：'范围天地之化而不过，曲成万物而不遗，通乎昼夜之道而知，故神无方而易无体。'这就是说，《周易》这部书，包括了宇宙间的各方面的事物，了解贯通于其间的道理（'通乎昼夜之道而知'），又能用各种的公式把这道理表示出来，可以应用于自然、社会和个人的人事而不陷于死的条条框框（'神无方而易无体'）"。②任继愈先生也充分肯定周易对中华民族的影响："《易经》这部书幽微而昭著，繁富而简明。五千年间，易学思想有形无形地影响着中华民族的社会生活、政治生活以及人生哲学。《周易》经传符号单纯，文字简约，给后代诠释者留出驰骋才学的广阔天地。"③国外很多学者也震惊于《周易》对中国文化和哲学的影响，如分析学大师荣格（1875—1961）就指出："《易经》中包含着中国文化的精神与心灵，包容着几千年来中国伟大智者们的共同倾注。历久而弥新，至今仍然对理解它的人，展现着无穷的意义和无限的启迪。""很可能再没有别的著作像这本书那样体现了中国文化的生动气韵。中国的知识分子一直在这部著作上携手合作、贡献努力。它历尽沧桑岁月却依然万古长新，永葆生命与价值。"④苏联东方学家舒茨基（I.K.Shchuskii，1897—1937）认为《周易》是中国的起点，他说："考察研究中国哲学史文献时发现，《易经》是探讨几乎所有中国古代哲学家的最基本的起点；要分析每一个哲学派别，都必须首先对《易经》做出分析。"⑤美国通俗哲学史家、历史学家威尔·杜兰（1885—1981），在其撰写了 50 年的《世界文明史》中对易卦

---

① 黎凯旋：《易数浅说》，(台北)易学出版社 1992 年版，第 9 页。
② 冯友兰：《阐旧邦以辅新命》，载《冯友兰文选》，上海远东出版社 1994 年版，第 265—266 页。
③ 任继愈：《〈易经白话例解〉序》，载朱高正：《易经白话例解》，华东师范大学出版社 2007 年版。
④ ［瑞士］荣格：《心理学与文学》，冯川译，三联书店 1987 年版，第 248 页。
⑤ IulianKonstantinovich Shchuskii，*Research of the I Ching*.Princeton University Press，1979，p.3.

是这样评价的：“所有的科学与历史皆包含在这些组合的交互变动中；所有智慧皆蕴涵在 64 卦之中，即诸卦代表诸概念。所有的实体皆能简化为相互对待之宇宙的两大基本要素——阴与阳。……了解了这些组合的人，便能掌握自然法则。”

从《庄子·天下篇》起，人们就把《周易》作为儒家六经之一。汉代正式设《易》学博士，班固甚至认为，《诗》、《书》、《礼》与《春秋》之原，都在《周易》。从内容上看，《周易》在中国文化史上占据一种特殊的原初百科全书的地位。“所谓原初的性质，是指《易经》是古代先民从自己的生活经验出发探索外部世界和人生奥秘的最初尝试，是先民获得知识和经验的最早记录。所谓百科的性质，是指《周易》的内容包罗万象，它是先民的百科全书，先民试图从《易经》中寻求生活的指导，寻求查找一切问题的答案。这两种性质也有着内在的联系，具体地说来，《易经》的原初性质决定了它的百科性质，在人类生活发展的初期，人们获得的知识作为一个整体来看，不可避免地会带有这种百科的性质，或者说这种百科的性质正反映了此种知识体系的幼稚性。”[①]《四库全书总目提要》曰：“易道广大，无所不包。旁及天文、地理、乐律、兵法、韵学、算术，以逮方外之炉火，皆可援《易》以为说；而好异者又援以入《易》，故易说愈繁。”可见，《周易》象征性和涵盖性极强，寓意既晦涩又深奥。自古以来对它进行诠释的人无数，致使注疏阐述浩如烟海。

我国古代《易》学源远流长，大体来说，有象数、义理两大派别。两汉五经列学官，治《易》者分成施雠、孟喜、梁丘贺、费直、焦延寿若干家；东汉则有郑玄、荀爽、虞翻诸家，他们治《易》，大抵注重卦的形象和数字，故称象数《易》，而其著述多散佚。南北朝时，北学宗郑玄，南学主王璃。唐初，用王弼注、孔颖达疏的《周易正义》为官定《五经正义》之一，郑学以至整个汉易趋向衰微。三国魏王弼提出“得意忘象，得象忘言”，黜除象数说，专讲义理，不过注中有些老庄色彩。两宋理学大兴，程颐、朱熹注《易》，继承王氏传统，但一扫玄学气息，详于义理。两家也有不同之处，程氏说《易》，谓得其义，则象数在其中；而朱氏认为周易先是筮书，“先见象数，方得说理，不然，事无实证，则虚理易差”[②]。宋代还有从象数中衍化出来的陈抟、邵雍图画一派，企图用数字图式化讲解宇宙结构。程朱易学

---

①　白奚：论《〈易经〉的原初性质和百科性质》，载《首届海峡两岸青年易学论文发表会论文集》，（台北）中华易经学会 2000 年。

②　宋人王应麟云：“程子言《易》，谓得其义，则象数在其中。朱子以为先见象数，方得说理，不然，事无实证，则虚理易差。”

在宋代以后成为正统易学,对后世影响颇大,元明易学也多不能出此樊篱。不过义理派中也有解《易》或参证史事的,如杨万里辈。清代易学出现兴盛局面,朴学家重视古注,整理汉易等。乾隆中期,《四库全书》经部易类,辑出的易类书共166种,为易学史上大事。四库馆臣还为已收未收484部易书撰写提要,简介作者、内容,或考辨真伪,叙述版本源流,为后世易学研究者提供了很大方便。近代,《周易》研究步入更为多元角度阶段。易学研究不仅有了儒家易学、道家易学和墨家易学等不同的学派之分,也有了先秦易学、汉代易学、唐代易学、宋代易学、清代易学、现代易学和当代易学等不同的历史时期之别。王振复在《当代易学研究趋势》一文中指出:"考中国当代易学的研究及其成果,笔者以为大致上可以分为彼此有联系的六种趋势——传统易、考古易、历史易、科学易、预测易、文化易。"①在研究中,各学派乃至各专家真可谓仁者见仁,智者见智。大体上言,历史学家期待从《周易》中发现有关史前中国的新头绪,自然科学工作者从易象角度探求对宇宙秘密的古代理解,文学家认为"卦"、"爻"和"辞"乃是一种特殊风格的古代民歌。不过,即使对《周易》的研究斑驳纷繁,许多《周易》学者在一个问题上却有相同或近似的结论,那就是:《周易》为中国学术传统各学各派提供了一种原生思想类型。

20世纪80年代中期以来,我国的易学研究开始进入空前发展的时期。易学研究的领域在不断拓宽,研究的队伍在不断壮大,出现了新中国成立后少有的易学热。特别值得一提的是,考古新材料的发现,尤其是马王堆帛易及其他简帛资料的出土,全方位地激活了易学研究。学者们从天文学、物理学、考古学、文字学、文化学、人类学、解释学、社会学、政治学、哲学、美学、文学、史学、数学和医学等相关学科的视野出发进行易学研究,多角度、多渠道交叉研究《周易》,这已成为一股强劲的学术风尚,二十几年来,相关专著不胜枚举。但是,成就的背后,尚有如下不足:

(1)在基础研究领域,一般介绍性以及注释性的论著所占比重较大,精品力作并不多见,出现重复研究的现象;

(2)对易学内部象、数、理、占的基本内涵,缺乏真切的了解,没有建立起与易学这一专门之学的高度哲学性、开放性和包容性相对应的宏大学术研究视野;

(3)有些人仍不能将易学研究与占卜算卦区别开来,认为易学就是算卦之学,误导了民众,产生了一些负面效果,影响了正常的易学学术研究;

---

① 王振复:《当代易学研究趋势》,《学术月刊》1997年第5期。

（4）在周易美学领域，虽然著作和论文①颇多，但美学家们大抵只从宏观上对周易美学思想进行高屋建瓴的把握，哲学和美学共论，义理和象数亦没有分而论之，且从义理学的角度进行研究和探讨的较多，对《周易》象数美学的研究，还没有出现专门的论著，因此缺乏系统性和深入性。

作为民族文化的元典，《周易》和《老子》、《庄子》、《论语》等一样，对民族审美文化产生了深刻的影响。当代著名美学家宗白华曾经在《美学散步》中说："《易经》是儒家经典，包含了丰富的美学思想。"②《周易》的美学价值已开始为人们所认识，如刘纲纪认为："《周易》有关'大和'、'天文'、'人文'、'象'的理论为中国美学阐明各门艺术的发生及其美的本质提供了直接的理论依据……《周易》有关阴阳、刚柔、进退、开合、方圆、变化、神等的论述，为中国美学探求各门艺术的创造规律提供了直接的理论依据。"③席升阳认为："中华民族特有的生活方式、价值观念、伦理道德、审美意识、风俗习惯皆可在《周易》中找到基因，儒、庄、禅的美学思想自不例外。""易道的完备精微，使它的美学思想深邃浩瀚。作为占筮之学，六十四卦、三百八十四爻的符号系统存在着阴阳协调之美、结构对称之美、圜道循环之美；作为天人之学，其卦辞、爻辞中存在着刚柔相济之美、自强不息之美、动静有常之美；作为自然哲学，其象数中存在着星辰流转之美、奇偶合图之美、土木水火的相生相克之美，如此等等。"④

确实，《周易》揭示出不少审美规律，在中国美学发展史上具有特殊的地位与作用。中国古代美学范畴，如太极、阴阳、刚柔、动静、有无、虚实、美丑、悲喜、显隐、繁简、浓淡、黑白、大小、意象和玩味，等等，都与《周易》息息相关，且大多发轫于《周易》。尤其是关于天地人三才、天人合一、刚柔之气、观物取象和拟物制象等哲学思想内涵，以及神、感、文、象和意等范畴的阐述，成为从美学角度解释各种艺术现象以及建构、发展诸艺术理论的依据，并进而生发出丰富的具有中

---

① 就笔者所掌握的资料而言，周易美学方面的专著有四本：（1）王振复：《周易的美学智慧》，湖南出版社1991年版。（2）刘纲纪：《周易美学》，湖南教育出版社1992年版。（3）刘纲纪、范明华：《易学与美学》，沈阳出版社1997年版。（4）王明居：《扣寂寞而求音——〈周易〉符号美学》，安徽大学出版社1999年版。另外，颇多有关周易美学思想研究的文字散见于各哲学、美学著作，如唐明邦、萧汉明、陈望衡、刘大钧、吕绍纲、张善文、林忠军和王春才等众多专家学者所撰著的易学著作，都或多或少地涉及易学美学的内容。其他以单篇论文形式出现的相关研究成果也不在少数。见本论文的参考文献，此不赘述。
② 宗白华：《美学散步》，上海人民出版社1981年版，第43页。
③ 刘纲纪：《〈周易〉美学》，武汉大学出版社2006年版，第12页。
④ 席升阳：《〈周易〉中的真善美思想》，《洛阳工学院学报（社会科学版）》2000年第1期。

国特色的美学范畴,奠定了中国传统审美观念。《周易》对中国的审美观念和文学艺术活动的影响是如此深远:它孕育了中国文学艺术理论,其取象思维原则,对古代诗歌的比兴创作方法启迪极大;其"意"与"象"结合的思维模式,孕育了中国画的创作方法,美术家多认为"太极图乃书画秘诀";音乐、舞蹈家们则认为八卦是认识宇宙的构架,同时也是审美的符号;《周易》的阴阳协调原理,则深深地影响着中国建筑艺术和工艺技术,使之与西方艺术大异其趣。可以说,《易》不仅是中国古典美学范畴、美学理论和文学艺术的滥觞,而且还是中国古代文学艺术活动、审美活动乃至整个文化活动的源头。

正如人们所说:"《周易》是融象数与义理于一体的独特思想体系,具有创造性、灵活性,富有开拓未来的精神,它不只是中国传统文化的珍贵遗产,也堪称全人类文化宝库中的一颗璀璨的明珠"。① 易为中华古代文化之滥觞,文艺美学之母体,人文智慧之渊薮。国画大师李苦禅说:"《易》是三玄之一,又是最高的数理哲学,不仅搞哲学的要研究它,就是搞文学、史学、天文、历法、数学等的人也应研究它。我们作画的更要研究它!"但是,面对《周易》如此丰富、奥妙的内涵尤其是其中蕴涵的美学、艺术思想,该如何着手将其作一番梳理呢?

宋人杨万里有一句话不可忽视:"学易者不可不原象数。"(杨万里:《诚斋集卷第六十七·答袁机仲寄示易解书》)他正确而扼要地指出了"象数"乃是进入易学领域的途径,因此,笔者拟专题研究象数美学,并认为此研究对易学史、中国古代文化思想史、中国美学以及《周易》美学等研究来说,具有重要的意义。

易有易象、易数、易理三大内容,三者并重。"'象'就是以太极、八卦(含六十四卦等)、河图、洛书等去代表宇宙万象;'数'就是用数字及数学,去显示宇宙万象或卦、图、书等的排列组合与变化;'理'就是说明宇宙万象万数的生成、发展、变化之理。试看天地万物,有象就有数,有象有数就有理,三者相因而生,体用兼备,缺一不可。"②易学家们研究《周易》一般从两个角度出发,或从象数,或从义理。

"象"、"数"对称,最早见于《左传·僖公十五年》:"龟,象也;筮,数也。""象数"连用,大约出现在汉代。如《易纬·乾坤凿度》:"八卦变策,象数庶物,老天地限以为则。"看起来较晚,而实际上作为龟象筮数的"象数"应上溯到《周易》以前的远古时代。我们甚至可以说,中国人是用象数来把握宇宙的运行规律的。

---

① 唐明邦:《当代易学与时代精神》,湖北人民出版社 1999 年版,第 7—8 页。
② 黎凯旋:《易数浅说》,(台北)易学出版社 1992 年版,第 50 页。

"象数"是《周易》的根本,正如朱熹所言:"但象数乃作易根本,卜筮乃其用处之实。"(《四部丛刊·晦庵先生朱文公文集卷第四十五·书(知旧门人问答)·答虞士朋》)万物之至理通过象和数方能认识,理气象数相统一,方以智说:"为物不二之至理,隐不可见,质皆气也。征其端几,不离象数。"(《物理小识·象数理气征几论》)当今易学界也颇重视《周易》象数的研究。当代国学大师、《易》学名家黄寿祺先生曾指出:"夫《易》原本象数,发为义理,苟舍象数而谈义理,则《易》与《诗》、《书》、《礼》、《乐》何以异? 圣人又何必独为此艰深怪奇之词?《易》之理,原本天道,指明人事;必谓其专言人事,则天行、地势、先甲、后庚之语,皆为无稽,圣人又何必为此骈枝赘疣乎?"[1]可见,黄寿祺先生是把"象数"的地位摆在"义理"之前。研究其文学、艺术内涵自然应从象数入手。

《周易》象数具有丰富的美学思想。《周易》占筮的"象、数",是构成中国文化之基本框架与内容即艺术(文字)、审美、感性与科学(技术)、求真和理性的文化"原型"[2]。易之象数美学思想显隐在阴阳卦爻和《周易》文字中,期待着我们去寻求和赏识。

中国文化和美学尚象、重象,其哲学起点在《周易》的卦象符号。"象",既为中国古代文化基本符号的构成,又为中国古典美学意义发端。《周易》卦象图式"以— —"(阴)"——"(阳)二爻为内核,建立起"象"居其中,数、象、辞之间互动互指的功能模式,包含着非常丰富的系统结构思想、辩证思想以及美学思想。"象"是一个意蕴丰富的美学基元范畴,它的内涵和外延不断伸展,最终成为中国文化观念、思维特征和审美意识的深刻表征,这是历代哲学美学对易象的重新阐释和精神超越的结果。象的美学,是符号的美学,象征的美学,具象与抽象统一的美学;是物、象、意统一的美学,阴柔阳刚的美学,生命的美学;是似与不似、对立中和、天人合一的自由的美学;并且是线条的美学,简易的美学,"白贲无咎"的美学。

《周易》蕴涵朴素辩证的哲理因素,其卦爻系统和占筮筹算首先包含"数"的因子,从而建构起这门古老学问与现代自然科学尤其是数学的某些联系。但是,易数不是简单的数学符号和筹算,而是中国哲学、文化和天文学等的结合,是自然奥秘和人类生存状态的结合,有着浓厚的人文气息、象征蕴藉和美学韵味。中国古人用易数来表现浩渺宇宙之阴阳关系和变化,追究人类生命的过去和未来,

① 黄寿祺:《易学群书平议》,北京师范大学出版社 1988 年版,第 105 页。
② 参见王振复:《当代易学研究趋势》,《学术月刊》1997 年第 5 期。

并且赋予奇偶之数以天地之数的特殊理解,以表达一种对自然和人类的终极关怀,这都是中国人对世界的独特贡献。而且,这种认知方式在中国美学史上具有非常重要的影响,对中国书法、绘画、音乐、建筑美学影响尤其深远。

至于"图",也是古人很重要的言说方式。易图是以简易的图表来表现深奥的易理,某种程度上也是象,其中蕴涵诸多美学意味。历代易图的数量,据有人估计,到明末清初,已经数以千计。不过广有影响因而非常重要的易图却仍是三大类:"河图"、"洛书"类,"先天图"类和"太极图"类。"图"大部分不属于周易经传,而属于易学的范畴,所以本书不列专章阐述,笔者以后将专门就其与审美的关系进行探讨。

从《周易》丰富的美学思想中剔选其象数美学思想,突出其象数视角,是很具挑战性的一个课题,笔者将不遗余力地去完成,力求在全面总结古今学者研究成果的基础上,体现出学术价值,以及"兼容并包、综合创新"的精神。笔者学识有限,真正学习周易的时间也不过9年,而周易象数之学如此博大精深,挂一漏万,纰漏和谬误均在所难免,诚请方家指正。

第一章　易象与审美

第一节　"象"及其在《周易》中的地位

何谓八卦、六十四卦？何谓卦爻、卦象？何谓易象？

从古至今，多少能人贤士都在试图破译这些诱人的"谜"。当今，各种"破译"或"谜底"揭示更是层出不穷——

阴阳二爻是男女生殖器的符示；

阴阳二爻是太阳、月亮的象征；

八卦、六十四卦是我国最早的文字；

六十四卦就是六十四种遗传密码；

六十四卦蕴涵二进制之理，是电子计算机之母；

八卦排列规律就是化学元素周期律；

八卦可以预测太阳系第十颗行星

……

每种"破译"一出，就有轰动一时的新闻效应，或称为"前所未有"的"重大发现"，或称为"终于解开中国文化史的千古之谜"。[①] 但所有这些"破译"和"发现"，都不过是冰山一角，远未完全揭开其神秘面纱。

一、爻、卦、象

《周易》符号体系由八卦、六十四卦组成。《周易·系辞下》："古者伏羲氏之王天下也，仰则观象于天，俯则观法于地，观鸟兽之文与地之宜，近取诸身，远取诸物，于是始作八卦。"卦爻的制作不是依据某一事、某一物，而是通过对天地、山泽、风雷、水火、鸟兽、人物等即宇宙万物的综合观测，然后概括、抽象、简化而来的。卦的基本组成因素是"爻"。爻分阳爻、阴爻。阳爻符号为"——"，阴爻

---

① 张其成：《易道主干》，中国书店 1999 年版，第 17—18 页。

符号为"——"。作为卦的最小构成单位,爻是《周易》最基本的符号,据说是记述日月之影变化的专门符号,阳爻表示阳光,阴爻表示月光。《周易》六十四卦每一卦六爻,共384爻。

有学者认为,"爻"的直接起源与龟甲卜兆裂纹有关,兆纹虽有多种形状,但总体上说线条较直,一般没有曲线,从兆线的断连情况看,也只有断或连两种,易卦作者受此启发而发明阴阳爻。① 从先秦古籍如《周礼》、《左传》、《国语》等记载看卦爻符号早在夏商或西周时期就已经形成了。近来随着出土文物的陆续发现,证明阴阳卦爻至迟在战国中期就已经出现,据悉上海博物馆从海外购置的战国楚简上《易经》有些符号还是彩色的。

关于爻,《周易》中有多处说明:

《乾卦·文言》:

> 六爻发挥,旁通情也。

《系辞上》:

> 是故,君子所居而安者,易之序也。所乐而玩者,爻之辞也。
>
> 六爻之动,三极之道也。
>
> 爻者,言乎变者也。
>
> 圣人有以见天下之动,而观其会通,以行其典礼,系辞焉以断其吉凶,是故谓之爻。
>
> 是故,蓍之德,圆而神;卦之德,方以知;六爻之义,易以贡。

《系辞下》:

> 八卦成列,象在其中矣。因而重之,爻在其中矣。
>
> 夫乾,确然示人易矣。夫坤,𬯀然示人简矣。爻也者,效此者也。象也者,像此者也。
>
> 爻象动乎内,吉凶见乎外,功业见乎变,圣人之情见乎辞。
>
> 爻也者,效天下之动也。
>
> 六爻相杂,唯其时物也。
>
> 若夫杂物撰德,辨是与非,则非其中爻不备。
>
> 道有变动,故曰爻;爻有等,故曰物;物相杂,故曰文;文不当,故吉凶生焉。
>
> 八卦以象告,爻象以情言,刚柔杂居,而吉凶可见矣。

---

① 参见张其成:《象数易学》,中国书店2003年版。

《说卦》：

发挥於刚柔,而生爻。

"在天成象,在地成形,变化见矣"[1],爻的本质特征在于"效"和"动",即仿效天下万事万物的运动变化。人们通过对爻变的分析,达到通情明道的目的,并从中获得快乐。

爻与卦的关系是"体"与"用"的关系,卦是物之体,爻是物之用。爻,自动态角度观察,重在反映阴阳之动,反映物之变,物之化;卦,自静态的角度观察,重在反映阴阳之物,反映物之象,物之形。

张其成在其《象数易学》中写道:

卦爻符号就是卦象。《易传》有取象说、据数说、河图洛书说、揲蓍说,汉代以后有文字说、测影说,近代有男根女阴说、竹节蓍草说等。[2]

卦,即"易卦",是《周易》的符号体系,由阳爻、阴爻组成。从人类认识过程的演变中可以发现,人类思维总是从形象到抽象的。八卦、六十四卦是高度抽象的产物。其本源无疑也离不开先人对天地、宇宙万物形象的观察、分析,找出其共同点,删繁就简,以至于极,于是"——""— —"符号诞生,八卦、六十四卦也随之构成。从现有材料看,占卜龟兆当是其最初的应用,只是其具体演进过程还没有更多的文物材料以供研究,以致成了千古之谜。

易卦分为八卦、六十四卦两种。八卦每卦由三爻组成,象征天地间八种基本事物及其阴阳刚柔诸性;八卦相互组合重叠,组成六十四卦,每卦由六爻组成,象征事物间的矛盾联系。古代视占卜所得之卦判断吉凶。《周礼》称八卦为经卦,六十四卦为别卦。就《周易》经文而言,只有六十四卦,没有八卦。《周易》古经分为上下两篇,上篇30卦,下篇34卦。

八卦的"卦",是一个会意字,《说文解字》:"卦,所以筮也,从卜,圭声。"《周易正义》孔颖达引《易纬·乾坤凿度》说:"卦者,挂也。言悬物象以示于人,故谓之卦。"《周易·说卦》:"观变于阴阳而立卦。"有人这样解释:卦为土圭,即以泥筑成的土堆,作测日影之用。土圭长一尺五寸,立八尺之表以致日影;画其影而测之,以定方向、地位、时间。立八圭测日影,即从四正四隅上将观测到的日影加以总结和记录,这就形成八卦的图象。每卦又有三爻,代表天地人三才,三才的天部,包括整个天体运行和气象变化,这些星象之学,古称天文。地部指观测日

---

① 王弼等注:《周易》,《四部丛刊初编本·系辞上》。

② 张其成:《象数易学》,中国书店 2003 年版,第 19 页。

影来计算年周期的方法,用地之理了解生长化藏的全过程。人部指把天文、地理和人事结合,以便按照这些规律进行生产和生活。

八卦每卦的次序是自下而上的,最下一横叫初爻,中一横叫二爻,上一横叫三爻。八卦代表八种基本物象:乾为天,坤为地,震为雷,巽为风,艮为山,兑为泽,坎为水,离为火。卦在《周易》中主要用于占卜,后用以象征自然现象和人事变化,成为描述宇宙万物的模式符号。

八卦源于八种记号。或契之于木,或纠结而束之于绳,盖为纪时之符号,以纪八种时节。其语源似如下:

乾(☰):干也。冬至,至阳,进入干旱之季。

震(☳):从辰。辰、电古音通,震即雷/电。春初始雷。古农谚:三月三,龙抬头。

巽(☴):嘘也,嘘气也,来风。四季来风,日季风。

坎(☵):读为沆,地水涌出曰沆。又沆水即洪水。

离(☲):读为燎,燥火自生曰燎。秋也。

艮(☶):读为冈,山冈。又音转通岳,山岳。

兑(☱):读为泽(古音铎)。水淹皆曰泽(湖,海,沼泽)。

坤(☷):川也。川,大水也。夏至,至阴,雨季。是为至阴之象。

以八卦记序季节及相关的自然物候,此似为渔猎时代产生八卦之起源。[1]

在朱熹《周易本义》中有一首方便学易者记忆的八卦取象歌:

乾三连 坤六断 震仰盂 艮覆碗 离中虚 坎中满 兑上缺 巽下断

八卦之名为何称乾、坤、震、巽、坎、离、艮、兑,而不直接称天、地、雷、风、水、火、山、泽?《六艺论》说:"易者,阴阳之象,天地之所变化,政教之所由生。自人皇(即燧人氏)初起,历六纪九十一代至伏羲始作十言之教——乾、坤、震、巽、坎、离、艮、兑、消、息。"伏羲、圣人作卦的目的在垂教百姓,通神明,类万物。八卦卦符象征性极广、极强,所以不采用天、地……这种字形简单、含义浅近的名称,而选用"乾、坤"这种概括性强、包容量大、象征性广,而且字形较为复杂的名称,才能满足卦象的需要。

后世通行的八卦系统有两种。一种叫伏羲八卦,一种叫文王八卦(见下图)。

———————————

① 何新:《大易新解》,时事出版社 2002 年版,第 20 页。

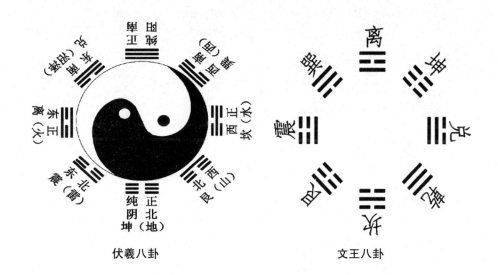

伏羲八卦　　　　　　　　文王八卦

　　伏羲八卦又叫先天八卦,文王八卦又叫后天八卦。两种不同的八卦系统反映出不同的宇宙观。伏羲八卦是宋代才出现的,据说出自陈抟老祖;文王八卦相传为周文王所作,在宋以前已广为流传。两个八卦系统又带出两个六十四卦系统。① 恰如陈望衡先生所言:"这两个系统一个侧重于自然规律,一个侧重于社会规律,各有其用,我们不应厚此薄彼,而应把两者结合起来,探索其中所包含的自然、社会、人生的奥秘。"②八卦两两相重形成六十四卦。古人把六十四卦象与卦名连称:

　　乾为天(䷀),天风姤(䷫),天山遯(䷠),天地否(䷋),天雷无妄(䷘),天泽履(䷉),天水讼(䷅),天火同人(䷌)。

　　坎为水(䷜),水泽节(䷻),水雷屯(䷂),水火既济(䷾),水山蹇(䷦),水风井(䷯),水天需(䷄),水地比(䷇)。

　　艮为山(䷳),山火贲(䷩),山天大畜(䷙),山泽损(䷨),山水蒙(䷃),山地剥(䷖),山雷颐(䷚),山风蛊(䷑)。

　　震为雷(䷲),雷地豫(䷏),雷水解(䷧),雷风恒(䷟),雷火丰(䷶),雷天大壮(䷡),雷山小过(䷽),雷泽归妹(䷵)。

　　巽为风(䷸),风天小畜(䷈),风火家人(䷤),风雷益(䷩),风地观

① 八卦和六十四卦的两种排序,本书因结构和篇幅的缘故,不详述。另外,本研究也没有参考帛书《周易》的卦名和卦序,而仅仅是围绕通行本《周易》进行的。

② 陈望衡:《占筮与哲理——〈周易〉蕴玄机》,(香港)中华书局(香港)有限公司1993年版,第32页。

（☴），风水涣（☴），风泽中孚（☴），风山渐（☴）。

离为火（☲），火山旅（☲），火风鼎（☲），火水未济（☲），火泽睽（☲），火雷噬嗑（☲），火地晋（☲），火天大有（☲）。

坤为地（☷），地雷复（☷），地泽临（☷），地天泰（☷），地风升（☷），地山谦（☷），地火明夷（☷），地水师（☷）。

兑为泽（☱），泽水困（☱），泽地萃（☱），泽山咸（☱），泽火革（☱），泽天夬（☱），泽风大过（☱），泽雷随（☱）。

六十四卦排列有一定的顺序。为了方便记忆，古人编了一首卦序歌：

乾坤屯蒙需讼师，比小畜兮履泰否，同人大有谦豫随，蛊临观兮噬嗑贲，剥复无妄大畜颐，大过坎离三十备。咸恒遯兮及大壮，晋与明夷家人睽，蹇解损益夬姤萃，升困井革鼎震继，艮渐归妹丰旅巽，兑涣节兮中孚至，小过既济兼未济，是为下经三十四。

《周易》六十四卦的排列，有着内在的根据，按照古人说法，这种排列反映了世界产生、发展和变化的过程，以乾坤为首，象征着世界万物开始于天地阴阳，乾为阳，为天；坤为阴，为地。乾坤之后为屯、蒙，屯、蒙，象征着事物刚刚开始，处于蒙昧时期。……上经终于坎、离，坎为月，离为日，有光明之义，象征万事万物生机勃勃地呈现出来。下经以咸恒为始，象征天地生成万物之后，出现人、家庭、社会，咸为交感之义。指男女交感，进行婚配。恒，恒久，指夫妇白头到老。社会形成以后，充满矛盾，一直到最后为既济、未济。既济，指成功，完成。未济表示事物发展无穷无尽，没有终止。《周易》作者力图使《周易》六十四卦排列符合世界进化过程。

"象"字，原为动物象之象形，字义如《说文》所言，"长鼻牙，南越大兽，三年一乳象，耳牙四足之形"。"象"字在后来的使用过程中，则假借或转注为象征、现象、形象，如《周易·系辞下》所言，"象也者，像也"。正是与像字同义的象，作为一个广泛应用的词语，在中国传统思维和文化中，显示出它具有深邃的本原性内涵与广大的整体性内涵。

象是《周易》重要构成因素，也是易学的重要范畴。"象"甚至是"易"的代名词，《简易道德经》①曰："易，上则日象，下则物象，有日万物显现，则易之象

---

① 《简易道德经》又称《简易经》和《五字经》，是山东胶州齐家数代家传之宝，据说是伏羲时期的作品。内容大体上分为三方面：(1)自然现象及道理；(2)中医与人体健康的知识；(3)运用简易功理疗治病的方法。

	天 ☰	澤 ☱	火 ☲	雷 ☳	風 ☴	水 ☵	山 ☶	地 ☷
天 ☰	乾	履	同人	無妄	姤	訟	退	否
澤 ☱	共	兌	革	隨	大過	困	咸	萃
火 ☲	大有	睽	離	噬嗑	鼎	未濟	旅	晉
雷 ☳	大壯	歸妹	豐	震	恒	解	小過	豫
風 ☴	小畜	中孚	家人	益	巽	渙	漸	觀
水 ☵	需	節	既濟	屯	井	坎	蹇	比
山 ☶	大畜	損	賁	頤	蠱	蒙	艮	剝
地 ☷	泰	臨	明夷	復	升	師	謙	坤

也。"言下之意，"易"就是"象"。

《周易·系辞上》论及"象"的词句有：

在天成象，在地成形，变化见矣。

圣人设卦观象，系辞焉而明吉凶，刚柔相推而生变化。

是故吉凶者，失得之象也；悔吝者，忧虞之象也；变化者，进退之象也；刚柔者，昼夜之象也。

是故君子居则观其象而玩其辞，动则观其变而玩其占，是以自天佑之，吉无不利。

象者，言乎象者也；爻者，言乎变者也。

生生之谓易，成象之谓乾，效法之谓坤，极数知来之谓占，通变之谓事，阴阳不测之谓神。

圣人有以见天下之赜，而拟诸其形容，像其物宜，是故谓之象。

分而为二以像两,挂一以像三,揲之以四以象四时,归奇于扐以象闰;五岁再闰,故再扐而后挂。

以制器者尚其象,以卜筮者尚其占。

极其数,遂定天下之象。

见乃谓之象,形乃谓之器。

两仪生四象,四象生八卦。

是故法象莫大乎天地,变通莫大乎四时,悬象著明莫在乎日月。

天垂象,见吉凶,圣人像之。

圣人立象以尽意。

是故夫象,圣人有以见天下之赜,而拟诸其形容,像其物宜,是故谓之象。

《周易·系辞下》论及"象"的词句有:

象也者,像此者也;爻象动乎内,吉凶见乎外,功业见乎变,圣人之情见乎辞。

古者包牺氏之王天下也,仰则观象于天,俯则观法于地,观鸟兽之文与地之宜,近取诸身,远取诸物,于是始作八卦,以通神明之德,以类万物之情。

是故《易》者,象也;象也者,像也。

象事知器,占事知来。

八卦以象告,爻象以情言。

在《系辞》中,"象"有如下几种含义:1. 天地自然万物之象;2. 卦象;3. 迹象;4. 象征;5. 模拟;等等。

南朝·梁文学理论批评家刘勰在《文心雕龙·原道》中云:

人文之元,肇自太极,幽赞神明,《易》象惟先。

日月叠璧,以垂丽天之象;山川焕绮,以铺理地之形……龙凤以藻绘呈瑞,虎豹以炳蔚凝姿;云霞雕色,有逾画工之妙,草木贲华,无待锦匠之奇;夫岂外饰?盖自然耳。

心生而言立,言立而文明,自然之道也。

刘勰以无可置疑的口气揭示出"易象"就是"自然之道"。

清代王夫之《周易外传·系辞下传第三章》云:

今夫象,玄黄纯杂,因以得文;长短纵横,因以得度;坚脆动止,因以得质量;大小同异,因以得情;日月星辰,因以得明;坟埴垆壤,因以得产;草木华实,因以得财;风雨散润,因以得节。其于耳启窍以得聪,目舍珠以得明,其致一也。象不胜多。而一之于《易》。

王夫之认为象有"文"、"度"、"质量"、"情"、"明"、"产"、"财"、"节"等形式和性质,虽不胜枚举,却都在《易》中得到统一。

大致看来,对于《周易》中卦象的划分,古代有不同的意见:有分为实象、假象两种的;有分为本画象、实取诸物之象和取象明义三种的;也有分为七种的,即:八卦之象,六画之象,象形之象,爻位之象,反对之象,方位之象,互体之象。《易传》中作为篇名的"象"是指《象传》,从上下经来看,它分为《象》上、《象》下两篇,从释一卦来看,又可分为两部分:大象、小象。大象是释卦象,小象是释爻象。《易传》曾对《易经》中的象,作过详细的剖析,从不同角度揭示了象的外观与内涵。其中的《象传》,又叫《象辞》,就是采用取象的方法来解释《易经》的。从宏观的方面解析《易》象者,谓之大象;从微观的角度阐述《易》象者,谓之小象。

关于易象,当代学人也各抒己见,旨在推陈出新。

台湾学者黎凯旋认为易象就是卦象,是取法自然之象:"所谓易象,通常是以太极、两仪、三才、四象、五行、乾坤六子、七日週期、八卦、九宫(即洛书)、十数(即河图)、十二辟卦、十六卦、三十二卦、六十四卦、八卦纳甲等的符号或图画,去表示宇宙万象及其交易变化之道。"①

刘纲纪认为易象有两重含义,其一指卦象,其二指事物之形象。②

蒋伯潜在《十三经概论·周易概论》中将《周易》之"象"分为现象、意象、法象:

(1)现象:"一切事物之自然人为的静态或动态,凡为人目省视之对象者,皆现象。"如《周易》"天垂象"、"在天成象"、"仰则观象于天"、"见乃谓之象",皆指"现象"而言。

(2)意象:主体离开具体事物后在脑中留下的形象,又分记忆意象(即"印象")和创见意象(即"想象")。"印象、想象、皆意象。"

(3)法象:"凡所取法之现象或意象,皆谓之法象。"一说,可见而无定形者,谓之象;可见而有定形者,谓之法。

当代学者张其成认为"象"在《周易》中主要有名词和动词两种意思③,他比

---

① 黎凯旋:《易数浅说》,(台北)易学出版社1992年版,第37页。

② 参见刘纲纪:《〈周易〉美学》,武汉大学出版社2006年版,第236页。

③ 参见张其成:《易道主干》,中国书店1999年版,第142—145页。

较全面地概括了"象"的内涵和外延，值得我们参考。

第一，作名词讲，"象"包括卦象、爻象、物象、意象等。

（1）卦象。卦象，指《周易》八卦、六十四卦的符号形象以及卦象所表示的万事万物之象。卦象是最重要的易象，在人们心目中，卦象往往等同于易象。

卦象主要有两层含义：一指"卦符"、"卦画"和"卦形"。卦象就是八卦和六十四卦的符号。二指八卦和六十四卦符号所象征的万事万物之象。八卦和六十四卦是古代圣人根据物象创造的，纷乱的物象经过简约化、规范化而成为卦形，卦形作为一种抽象符号，可以比拟、类推万事万物。

《周易·系辞上》："圣人设卦观象系辞焉。""八卦成列，象在其中矣。""立象以尽意，设卦以尽情伪。"易象是通过"卦"而表示的，由"设卦"到"观象"到"系辞"为圣人作《易》的三个阶段，卦可"通神明之德"、"类万物之情"。因为"卦"含有"象"，而"象"可以"尽情伪"。

卦象是《周易》及易学认知万事万物的中介。《周易》卦爻辞凡拟之以物时，一般地说，初爻之辞皆取象于下，上爻之辞皆取象于上，中爻之辞皆取象于中。

卦象同易理是密不可分的，"易者，象也"，这个"象"具体地说就是指卦象。卦象的产生符合从具体到抽象的认识规律，卦象比拟又可以使认识从一般到个别，因象明理，启发类比，诱发人们的想象力。但如拘泥于象，又会限制思维，撮末而碍理。

清代黄宗羲《易学象数论》将卦象分为七种：八卦之象、六画之象、象形之象、爻位之象、反对之象、方位之象、互体之象。

（2）爻象。爻象也有两层意思，一是指"爻符"、"爻画"，二是指爻所象征的事物。作为符号的爻象由爻性与爻位共同组成。爻性只有两种，即阳爻"——"和阴爻"— —"，所以爻象征的事物只有两类：阳爻象阳，象天，象君，象君子，象大人，象父，象男人，象奇数，象刚，象健，象动，象一切阳性事物；阴爻象阴，象地，象臣，象民，象小人，象母，象女人，象偶数，象柔，象软，象静，象一切阴性事物。

爻位指三爻卦中的初位、中位、上位，六爻卦中的初位、二位、三位、四位、五位、上位。爻性与爻位合成爻象。

《周易·系辞》分象为"大象"与"小象"，其中"大象"即指"卦象"，"小象"即指"爻象"。

（3）物象。物象指有形可见的、具体的事物之象以及虽无形可见但可以感受的事物之象。《周易·系辞上》说："见乃谓之象，形乃谓之器。"可"见"之"象"与有"形"之"器"，都称为"象"。这个意义的上"象"相当于现象。如果从物象的虚实意义上说，又可分为有形之"实"的物象与无形之"虚"的物象。

有形之实象为有形体的、实在的物象，如天、地、日、月、水、火、山、泽等。无形之虚象指无形体、非实在但却可以感受的现象，如风、气等。

物象既是卦爻创造的来源，又是卦爻象征的对象。因此有时"象"又指卦象所象征的万事万物之象。

（4）意象。意象是从物象中经过人为抽象、体悟而提炼出来具有感性形象的符号或概念。这种符号或概念具有特定意义："意"是"象"所蕴涵的意义，"象"是"意"借以外现的符号概念。"象"的特征是直观性、形象性。因此，意象不仅是直观形象的"象"，而且是蕴涵着特定意义的"意"。"意"是对物象的升华，物象是意象的基础。

《周易》的卦爻符号是典型的意象，可以说卦象、爻象本质上就是意象。它从物象中提炼而来，又比拟、象征万事万物之象；它本身虽非物象，却又概括了世间万象。此外，易学的"阴阳"、"五行"等概念也是意象，它们均超出了物象具体、实在的形象，而具有特定的、抽象的意义。

意象思维是《周易》和易学最重要的思维方式。所谓意象思维，是指运用带有直观、感性、形象的符号或概念，通过象征、类比推理认识和把握对象世界的思维方式。《周易》和易学即通过卦爻符号以及"阴阳"、"太极"、"五行"等文字概念，象征、比拟宇宙万事万物，从而把握客观世界，因此可以说，易学思维就是意象思维。这无疑极具美学意味。

第二，作动词讲，"象"通"像"，为象征、取象。《周易》用卦爻符号象征、模拟自然变化和人事吉凶。这也就是动词意义上的"法象"（取法万象）。《周易·系辞》说："是故易者，象也；象也者，像也。"又说："圣人有以见天下之赜，而拟诸其形容，象其物宜，是故谓之象。"唐孔颖达解释："谓卦为万物象者，法像万物，犹若乾卦之象法像于天下。"（《周易正义》）"拟诸形容，象其物宜"，就是"法像"。

"法象"作为动词，应写成"法像"，即取法外象。《周易·系辞》："是故法象莫大乎天地，变通莫大乎四时。"北宋张载《正蒙·太和》："盈天地之间者，法象而已矣。"王夫之："示人以可见者，此而已矣。"《周易·系辞》有："拟诸其形容，象其物宜"，"天垂象，见吉凶，圣人象之"，"分而为二以象两，挂一以象三，揲之以四以象四时，归奇于扐以象闰"，"象也者，像此者也"，这些文字中的"象"即是"法象"的意思。"法象"可充盈天地之间，取法最大之象是天地。

总之，《周易》的"象"，是一个多功能的中和体，是一个复合的符号系统。易象经漫长的占卜历史演化,其基本形态经过多次归纳整饰,它虽不完全脱离具象的特性,却又舍去了一般具象事物的偶然性,具有很大的统摄力。易象不再是具象的符号,也不是抽象的语言符号,它实际上是一种介于具象与抽象之间,具有高度象征比拟意义的图式符号。它既是变化之象,又是象征之象。它以"— —"(阴)"——"(阳)二爻为基本元素,以数的奇偶排列组合来演成八卦、六十四卦和三百八十四爻,从而形成不断递升的表意功能,既拟天地自然之象,又喻人文事象,揽天地宇宙、万物人生于易象结构中。易象的这种结构,实蕴涵着非常丰富的阴阳二分和系统结构思想,形成其特有的象征类比和直觉感悟的思维方式。易象,具有非常丰富的意味,也如冯友兰先生所说,成了一个空套子,成了宇宙代数学,具有了无所包又无所不包的特质和非常广泛的指涉意义。

也正如此,易象和审美密不可分。《周易·系辞》"观物取象"、"立象以尽意"之说被诗学借用并引申之,只是诗中之"象"已不是卦象,不是抽象的符号,而是具体可感的物象。当然,诗的意象手法的实际运用,则应该还在意象理论形成之前。相传舜禅位给禹之时,与群臣一起高唱《卿云歌》:"卿云烂兮,糺缦缦兮,日月光华,旦复旦兮!"这就是一首纯意象诗,显然此诗早于易象,也早于意象理论。

诗对意象的推重,是因为"言不尽意",逻辑语言不能完美地表达诗人心中之意,于是"立象以尽意",用意象诉诸感性来作另一种表达。"言征实则寡余味也,情直致则难动物也,故示以意象"。(王廷相:《王氏家藏集》卷二十八,《与郭价夫学士论诗书》)言、情、象完美结合,才能诗意盎然。意象入诗的目的和所要达成的效果,是以"象"征"意",是喻示,是象征,是"含不尽之意,见于言外"。

当然,易象和文学之"象"有很大不同。文学之"意象"是"中国古代美学范畴。意,指心意;象,指物象。意象即对象的感性形象与自己的心意状态融合而成的蕴于胸中的具体形象。该词原为哲学概念。南朝梁刘勰在《文心雕龙》中首次将其用于艺术创造,指出'独照之匠,窥意象而运斤',说明构思时须将外物形象与意趣、情感融合起来,以形成审美意象。"[1]"意象"是客观物象经过创作主体独特的审美活动而创造出来的物化或固化后的一种艺术形象,是主体与客体、心与物、意与象的有机融合统一,是思想情感与具体物象的完美结合。

钱锺书先生分析了易象和文学之"象"的异同。他赞同章学诚"易象与诗之比兴,尤为表里";"《易》之拟象不即,指示意义之符也;《诗》之比喻不离,体示

---

① 参见在线新华词典"意象"一词解释,http://xh.5156edu.com/html5/43328.html。

意义之迹也"。他在《管锥编》中写道：

> "象曰：天行健"；《正义》："或有实象，或有假象。实象者，若地上有水、地中生木升也；皆非虚言，故言实也。假象者，若天在山中、风自火出；如此之类，实无此象，假而为义，故谓之假也。"章学诚《文史通义》内篇一《易教》下："象之所包广矣，非徒《易》而已。《易》象虽包《六艺》，与诗之比兴，尤为表里。"①……《易》之有象，取譬明理也，"所以喻道，而非道也"（语本《淮南子·说山训》）。求道之能喻而理之能明，初不拘泥于某象，变其象也可；及道之既喻而理之既明，亦不恋于象，舍象也可。到岸舍筏、见月忽指、获鱼兔而弃筌蹄，胥得意忘言之谓也。词章之拟象比喻则异夫是。诗也者，有象之言，依象以成言；舍象忘言，是无诗矣，变象易言，是别为一诗甚且非诗矣。故《易》之拟象不即，指示意义之符也；《诗》之比喻不离，体示意义之迹也。不即者可以取代，不离者勿容更张。②……是故《易》之象，义理寄宿之遽庐也，乐饵以止过客之旅亭也。③

也就是说，"象"不单指《易》象，"象之所包""广"于《易》。从文艺学角度看，"《易》象"是"表"，"诗之比兴"是"里"，"比兴"的文艺美学意义无疑大于"《易》象"。而且，"《易》象"的目的是为了"明理"，"象"是为了"喻道"，而不是"道"，可以不拘泥于"某象"，也可以"变其象"，所以"不恋于象"，甚至可以"舍象"。而"词章之拟象比喻"则完全不是这样。"诗"是"有象之言"，而且还是"依象以成言"，如果"舍象忘言"，就没有诗的存在，而"变象易言"则使此诗非彼诗，面目全非，诗意全无。《易》之"拟象"，是"指示"意义的符号，目的在明理喻道，可"不即"，只要能够达到明理喻道的目的，就可以用别的象取代；《诗》之"比喻"，却是"体示"意义之迹，个人体验和情境抒发，不可"离"，也就是说他人不能随便用其他词语或者意象更改取代。所以，《易》象乃"义理"之所"寄宿"；其"乐"，即审美意味不过是为了吸引人们关注它。

尽管如此，易象仍是先秦哲学美学思维的重要起点和中心，由此引发出种种关系到"象"的阐释的理论学说，从而深刻影响着中国古代审美意识和范畴概念的演化生成。因此，深入研究"易象"美学思想无疑可以对明晰中国古代美学体系起到一个抛砖引玉的作用。

---

① 钱锺书：《管锥编》，第一册，中华书局1986年版，第11页。
② 钱锺书：《管锥编》，第一册，中华书局1986年版，第12页。
③ 钱锺书：《管锥编》，第一册，中华书局1986年版，第14页。

　　另外，还须做些说明的是，中华审美意识中说的"象"与西方审美意识中"象"有所不同，这种象不重在对客观事物作摹仿而重在主观个体对客观事物进行意象统一的把握。西方重实物临摹和写实，强调准确精密地再现生活之"象"，表现的是"真"。这种"真"更重视的是实物的外在"形体"。中国的"象"观念却不然，王弼说《周易》的卦象："触类可为其象，含义可为其征。"（王弼：《周易略例·明象》）"触类"强调象的概括性、一般性，"征"强调象的表意功能，它是一种象征。确实，中国的"象"更重神、意及其象征和比寓，要表达的是"道"，这种"道"主要在于物的灵魂"意"、自然本性和其通神性。《周易·系辞上》一方面说"象者，像也"。另一方面又强调"圣人有以见天下之赜，而拟诸形容，象其物宜，是故谓之象"。"象其物宜"，何谓"物宜"？就是物所应当有的样子，合乎其本性的样子。也就是说，"物宜"即物的本性。中国哲学最高概念是"道"，"道"作为宇宙本体，它的最基本的规定，是"本然"。中国美学讲的真，实为本然。意象在作为"道"的表征时，它就是美的，因此，美实为"道"之象。①

二、象在《周易》中的地位

　　我们认为，"象"在《周易》中处于最基础的地位。

　　《周易》使用的是由数、象、辞三个子系统整合起来的复合符号系统。对《周易》"象"、"数"进行全面阐释的是《易传》（即《十翼》）。《周易·系辞下》明确提出"易者，象也"的命题，确立了"象"在《周易》符号系统中的中心地位。

　　经统计，《易传》中"象"出现485次（如除去《象传》中"象曰"之"象"则为42次），"数"出现15次，从中我们即可看出其对"象"的重视。数，指揲筮操作中运演出来的常数奇偶的排列组合，《易传》认为其中深藏"天下之至赜"；但数自身并不能直接呈现这个"赜"，需要将其纳入卦爻之象，并由此推演到自然物象与人文事象，使深不可测的"赜"，呈现为经验事实，这才有了辨识的可能，所以"象"更有亲和性。而辞，则是宣示卦爻之象，叙述贞问之事、判定吉凶之兆的语言形式，即所谓"示辞"、"告辞"和"断辞"的总称。从后世记述可知，《周易》中数、象、辞复合符号系统的操作程序是：因数定象、观象系辞、玩其象辞而定吉凶。在数、象、辞三者之中，这居间的象，应该是核心地位，非常重要。而且，在筮数神秘功能被消解的同时，"象"的功能在《周易·系辞》中被凸显出来。《周

---

　　① 陈望衡：《华夏审美意识基因初探》，《华中师范大学学报（人文社会科学版）》2000年第5期。

易·系辞》明确指出，"八卦"的图式是圣人"法象"天地万物的结果。"八卦"原已存在于宇宙自身的运行秩序之中：

> 易有太极，是生两仪，两仪生四象，四象生八卦。

太极，作为最高本体，是高于天地的"一"，它经过一系列下行的裂变，产生出天地、四时和以八种自然物（天、地、雷、风、水、火、山、泽）为代表的万事万物，构成一个宇宙基本图式。"圣人"创造八卦，并不需借助于天命神意，而全凭"观物取象"的结果：

> 古者包牺氏之王天下也，仰则观象于天，俯则观法于地，观鸟兽之文，与地之宜，近取诸身，远取诸物，于是始作八卦，以通神明之德，以类万物之情。

这个意思，《周易·系辞》曾反复为说，三致其意。在《易传》中，"象"的功能和"数"的功能此长彼消。

《周易·系辞上》又云：

> 圣人设卦观象，系辞焉而明吉凶，刚柔相推而生变化。是故吉凶者，失得之象也；悔吝者，忧虞之象也；变化者，进退之象也；刚柔者，昼夜之象也。……是故君子居则观其象而玩其辞，动则观其变而玩其占，是以自天佑之，吉无不利。

这段文字将"象"的重要性说得非常充分。失得、悔吝、吉凶、进退、昼夜等有关人生命运、是非、得失的判断都蕴涵在易象之中，卦爻辞只是对"象"的提示罢了。

《周易·系辞上》"立象以尽意"的概念里充分肯定了"象"的特殊意义：

> 子曰："书不尽言，言不尽意。"然则圣人之意其不可见乎？子曰："圣人立象以尽意，设卦以尽情伪。"

这里将达意的两种工具"言"与"象"进行了比较，认为"言不尽意"，而"象"可以尽意，在载意上，"象"优于"言"。魏晋时的大玄学家王弼对《周易·系辞》的这一观点予以发挥，说："夫象者，出意者也。言者，明象者也。尽意莫若象，尽象莫若言。"（王弼：《周易略例·明象》）一是"言不尽意"，二是"尽意莫若象"，很明显，他认为"象"在尽意上优于"言"。这个观点对中国美学影响极其深远。与西方的美学传统比较，则可明显发现，西方的美学传统重"言"，所以小说戏剧非常发达；而中国美学的传统更重"象"，"美真同象"是中华民族审美意识的一个十分重要的特点。中华民族审美往往离不开"理"和"道"，于是突出喻道明理之"象"。为了突出"象"，有意削弱和淡化"言"，如佛家的"不立文字"即是此意。其实我们现在看来，"言"也有"象"所不及的优势。

"象"是《周易》重要的构成因素，甚至成了"易"的代名词。这一点先秦文献中也有论及。《左传·昭公二年》记载"见《易象》与《鲁春秋》"，其中"易象"就是指《周易》。孔颖达（574—648）在此句下疏曰："《易》文推衍爻卦，象物而为之辞……是故谓之《易象》。"象的地位也被历代象数易学家肯定。明理学家来知德（1526—1604）继承象数学派以象解《易》的传统，置象于第一位，他在其《来氏易注·自序》中写道："夫《易》者，象也。象也者，像也，此孔子之言也。曰像者，乃事理之仿佛可以想象也者。"继而说："有象则大小远近精粗千蹊万径之理，咸寓于其中，方可弥纶天地。无象，则所言者仅一理而已。"来氏最终提出"舍象不可以言易"的命题。认为卦爻象不仅模写天地万物之形象，而且模写万事万物之理，有象则一切理皆寓于其中，理数又不相分离，数即阴阳之理的量的规定性，所以他在《周易集注·系辞》中进一步明确指出："一部易经，说数即说理"，"圣人之易，不过模写其象数而已"。伏羲、文王、周公三圣之"易"都是依据卦爻象揭示或解说事物之理，故说"舍象不可以言易"。明末清初方以智（1611—1671）认为，天地之间充满了各种象，无处不有象，无处不是象，卦爻象和河洛图象是圣人对万象的类别所作的高度概括，任何深远的道理都可以通过象显示出来，没有离开万象和卦象而存在的虚无世界。此即所谓："虚空不得不卦，卦不得不辞。""总总之论，无非阴阳之象；不知不能，蕴于知能。"（方以智：《周易时论合编·系辞提纲》）天下万物，皆阴阳之象，乾坤之智能。明末清初王夫之（1619—1692）也认为象即《易》，他在《周易外传》中写道："象不胜多，而一之于《易》。……汇象以成《易》，举《易》而皆象，象即《易》也。"（王夫之：《周易外传》卷六）他还提出"易之全体在象"和"非象则无以见易"的命题，以卦象为《周易》的基础。在王夫之看来，卦象是有形有象的，其画为形，其阴阳为象；奇偶之数也是有形象的，但同卦象相比，只表示量的规定性，即阳为奇，阴为偶。数同卦象不容分割，其卦德卦义即在其中，无卦象则无易道可言，所以说"易之全体在象"（《周易内传·系辞下》）。他写道：

> 由理之固然者而言，则阴阳交易之理而成象，象成而数之以得数。由人之占易者而言，则积数以成象，象成而阴阳交易之理在焉。象者理之所自著也。故卦也，爻也，变也，辞也，皆象之所生也。非象则无以见易。然则舍六画奇偶往来应违之象以言易，其失明矣。（王夫之：《周易内传·系辞下》）

王夫之认为，从理而言，"象"的形成是"数"的基础；从占而言，"数"的积累又可以形成"象"，象成理在，可见象是理的显现形式。卦、爻、变、辞，都是由"象"而生。没有象就不能看到"易"，所以，谈"易"而不谈"象"是很不明智的。

　　总之,在古代易学领域,"象"一直被理解为是一种思想深层的表意方式,也是《周易》的深刻内容所在。"易"的一切,都必须通过"象"才能够显现,把握"象"才能认识"易"。正如宗白华所说:"象即中国形而上之道也。象具有丰富之内涵意义(立象以尽意),于是所制之器,亦能尽意,意义丰富,价值多方。宗教的,道德的,审美的,实用的溶于一象。"①

　　《周易》中"美"字共出现五次:

　　　　乾始能以美利利天下,不言所利。大矣哉!(《乾卦·爻辞》)

　　　　阴虽有美,含之;以从王事,弗敢成也。(《坤卦·文言》)

　　　　君子黄中通理,正位居体,美在其中,而畅於四支,发於事业,美之至也。(《坤卦·文言》)

　　　　坎为水。……其於马也,为美脊、为亟心、为下首、为薄蹄、为曳。(《周易·说卦》第十一章)

"美"在《乾》卦出现一次,《坤》卦出现三次,《说》卦说明"水卦"出现一次。什么是"美"的?"美利"是利他的美,大美不言;"阴美"是含美、隐美;"美中"是内美,"黄中"、"通理"、"正位"、"居中";"美至"是辐射美,由内而外,美的极致;"美脊"亦是美在中。

　　正如胡适先生所说:"《系辞传》说:'易也者象也。'这五个字是一部《易》的关键。"②《周易》美学的关键也在于"象",下面让我们来领略易象的审美意味。

第二节　"观"的审美方式及象的多样性

一、中正以观:周易"观"的哲学内涵

　　周易"观",内涵丰富、方式多样,主旨在"象"的创造,直接启发了"观物取象"的审美方式,构建了中国艺术独特的重象写意传统,对以生命体验为特色、强调天人合一和崇尚自在天然的中国美学有不可磨灭的贡献。

　　《周易》诸卦、《系辞》、《说卦》、《序卦》和《杂卦》都有提及"观"的思想。《说文》曰:"观,谛视也。"③《广雅·释诂一》曰:"观,视也。"④"观"就是"看",盯着"看",仔细揣摩。

---

① 宗白华:《宗白华全集》,第一卷,安徽教育出版社 1994 年版,第 611 页。
② 胡适:《中国哲学史大纲》(上),中华书局 1996 年版,第 69 页。
③ 许慎:《说文解字》,中华书局 1963 年版,第 177 页。
④ 张揖:《广雅》,文渊阁《四库全书》本,卷一。

　　《周易》还有一卦直接用"观"命名,即第二十卦,《观》卦。"风地"为观,巽上坤下(☴☷):

　　　　观:盥而不荐,有孚颙若。

　　　　彖曰:大观在上,顺而巽,中正以观天下。观,盥而不荐,有孚颙若,下观而化也。观天之神道,而四时不忒,圣人以神道设教,而天下服矣。

　　　　象曰:风行地上,观;先王以省方,观民设教。

　　　　初六:童观,小人无咎,君子吝。

　　　　象曰:初六童观,小人道也。

　　　　六二:窥观,利女贞。

　　　　象曰:窥观女贞,亦可丑也。

　　　　六三:观我生,进退。

　　　　象曰:观我生,进退;未失道也。

　　　　六四:观国之光,利用宾于王。

　　　　象曰:观国之光,尚宾也。

　　　　九五:观我生,君子无咎。

　　　　象曰:观我生,观民也。

　　　　上九:观其生,君子无咎。

　　　　象曰:观其生,志未平也。

"物大然得可观"(《序卦》),这说明,可观者乃是一种包涵深远广大的"象"。只有这样的"象"才值得观瞻、景仰。因此"观"之前需要"盥",即需要用水灌洗以净手、需要祭祀。整个仪式庄严恭敬,充满诚信。下卦坤为顺,上卦巽为入,教化顺利,深入人心。上九、九五阳爻,下面4个阴爻,卦象显示出能以中正之道居高临下地观天下。同时,在下的臣民观看到主祭人的精诚,也可以受到感化。圣人仰观上天神秘的大道,观察到天体运行,四季分毫不差,从不失度,从中得到启发,于是法天,把天下神秘的大道用来设立教化,这样天下人就会信服。风在地上吹行,就是观卦。先王学习此中的道理,到四方去考察民情,设立教化。

　　《观》卦中,观的对象是"天下"、"天之神道"、"民"、"生"、"国之光"等,观的方式有"大观"(中正以观)、"下观"、"童观"和"窥观"等,大观是宏观天下,下观是体察民情而教化天下。

　　《周易》第二十二卦"贲"中也提道:

　　　　观乎天文,以察时变;观乎人文,以化成天下。

观测天文,从而察知季节的变化;观察人文,从而用文明的手段进行教化天下。

《周易》第二十三卦《剥》中有：

> 彖曰：剥，剥也，柔变刚也。不利有攸往，小人长也。顺而止之，观象也。

顺着规律制止小人势力增长，这可以通过观察卦象看出来。

《周易》第二十七卦《颐》：

> 颐：贞吉。观颐，自求口实。

> 彖曰：颐贞吉，养正则吉也。观颐，观其所养也；自求口实，观其自养也。天地养万物，圣人养贤，以及万民；颐之时义大矣哉！

> 象曰：山下有雷，颐；君子以慎言语，节饮食。

> 初九：舍尔灵龟，观我朵颐，凶。象曰：观我朵颐，亦不足贵也。

《颐》卦是《观》卦之外观字出现最多的卦，观看养育，自己谋求食物，自食其力，颐养天年。养育之道是养育万物没有偏私，而初九舍弃灵龟养生之道，看着别人的食物垂涎欲滴，凶，不足为贵。

《周易》第三十一卦《咸》：

> 天地感而万物化生，圣人感人心而天下和平；观其所感，而天地万物之情可见矣！

留心观察天地感万物而使得万物化生，圣人感人心而使得天下和平，看到他们之间相互感应，天地万物的情理就可以发现。

《周易》第三十二卦《恒》：

> 日月得天，而能久照，时变化，而能久成，圣人久於其道，而天下化成；观其所恒，而天地万物之情可见矣！

《周易》第四十五卦《萃》：

> 观其所聚，而天地万物之情可见矣。

《恒》卦、《萃》卦，观的意义类似《咸》卦，通过观恒、观聚，发现天地万物的情理。

《周易·系辞上》第二章：

> 圣人设卦观象，系辞焉而明吉凶，刚柔相推而生变化。

> 是故，君子居则观其象，而玩其辞；动则观其变，而玩其占。

"设卦"是为了"观象"。"观象"和"玩辞"要结合起来。

《周易·系辞上》第四章：

> 易与天地准，故能弥纶天地之道。仰以观於天文，俯以察於地理，是故知幽明之故。

仰观天文，俯察地理，可以知幽明，即获得洞悉天地奥秘的智慧。

《周易·系辞上》第八章：

圣人有以见天下之赜，而拟诸其形容，象其物宜；是故谓之象。圣人有以见天下之动，而观其会通，以行其礼。

《周易·系辞上》第十二章：

圣人有以见天下之动，而观其会通，以行其典礼，系辞焉，以断其吉凶，是故谓之爻。

这两段指的都是圣人从天下的运动变化中，观察出它的普遍规律，模拟之而行人文之典礼。

《周易·系辞下》第一章：

吉凶者，贞胜者也。天地之道，贞观者也。

天地之道，是基于正道的大观。

《周易·系辞下》第二章：

古者包羲氏之王天下也，仰则观象於天，俯则观法於地，观鸟兽之文，与地之宜，近取诸身，远取诸物，於是始作八卦，以通神明之德，以类万物之情。

这句话最能全面地说明"观"，对"观"的内容、方式和目的都有所概括。《易》象起源在于"观"，即"观物取象"。"物"，指天文人文之物，包括自然社会中一切事物。"观"，指远近大小、上下宏微的观察。"观物"的启发就是强调多侧面、多层次地面对现实、反映人生。"取象"，指在"观物"过程中通过仔细的辨析，去伪取真，摄取其最有象征意义和指导意义的形式，并以简易明白的"卦象"来表示，以达到"通德"、"类情"的目的。

《周易·系辞下》第九章：

易之为书也，原始要终，以为质也……知者观其象辞，则思过半矣。

这里的"观"，是智慧的人通过看象辞，就想到了卦一半以上的意思，因此处"观"是理解力、思辨力和判断力。

《周易·说卦》第一章：

昔者，圣人之作易也，幽赞神明而生蓍。

观变於阴阳，而立卦；发挥於刚柔，而生爻；和顺於道德，而理於义；穷理尽性，以至於命。

指出卦是圣人观阴阳变化而创制的。

《周易·序卦》：

物大然后可观，故受之以观。可观而后有所合，故受之以噬嗑。

这里是推断卦的发展顺序，事物发展壮大则可观，观之并实施德政教化，这样人心民意就可以相合，序卦很有逻辑意味。

《周易·杂卦》：

临、观之义，或与或求。

把"观"讲成"求"，指看一看，从中学取对自己有益的内容。

以上种种，说明在《周易》中，"观"是一种很重要的理念。据黄宗羲《易学象数论》所论，《周易》的取象计有"八卦之象"、"六画之象"、"象形之象"、"爻位之象"、"反对之象"、"方位之象"和"互体之象"七种。

"观"美在"大"：《周易·序卦》："物大然后可观，故受之以观。"《周易》第二十卦《观》卦象曰："大观在上，顺而巽，中正以观天下。""大"，尊词，像人的正面形，有手有脚。天大地大人大，故大像人形。"大"在中国哲学意味上不单纯指形体的广大，还有原初、众多、周遍、含容、妙胜、不可思议等含义。"巽上坤下"，风在地上吹行，地顺风和，多么美的情形。"观"之所以"大"，主要是符合中正之道，正观、合德，符合客观自然规律，并且能使人有所习得。

《周易》中出现的"观"，主要包括如下内容：

（1）观"天地"。主要是指天象、天道、天文、地道和地理："观天之神道，而四时不忒，圣人以神道设教，而天下服矣。"[1]"观乎天文，以察时变。"[2]"易与天地准，故能弥纶天地之道。仰以观於天文，俯以察於地理，是故知幽明之故。"[3]天道运行，四时变化，周转不息；仰观天文，可以察时变、设教育、服天下。仰观俯察，可以洞知幽明，获得与天地一致的智慧。天道为神道，地道为地理，天道重象，地道重形，《周易》对天的崇拜远远超过地。另外，天地之观无疑摆在"观"德的首位，《周易·系辞下》第一章说道："吉凶者，贞胜者也。天地之道，贞观者也。"[4]"贞观"是中观、正观、大观，备受推崇，如唐太宗李世民、西夏崇宗李乾顺、日本的清和天皇和阳成天皇都用"贞观"作为年号，唐太宗二十三年的统治，观注民心、从谏如流，通过政治经济文教等方面一系列的改革，使大唐帝国空前繁荣，史称"贞观之治"。

（2）观"生"。主要指人对上者、下者、自己、人性、礼仪、社会、国家的观，对所养、自养的观，即人文的观。《周易》第二十卦《观》卦集中说明"观生"："观，盥而不荐，有孚颙若，下观而化也。"[5]祭祀者虔诚洁净、庄严诚信，观礼者从中得

---

① 王弼等注：《周易》，四部丛刊初编本，《观》卦象辞。

② 王弼等注：《周易》，四部丛刊初编本，《贲》卦象辞。

③ 王弼等注：《周易》，四部丛刊初编本，《系辞上》第四章。

④ 王弼等注：《周易》，四部丛刊初编本，《系辞下》。

⑤ 王弼等注：《周易》，四部丛刊初编本，《观》卦象辞。

到教化,这是下观上。"先王以省方,观民设教。"①统治者观察民情设置合适的教育机制,这是上观下。"观我生","进退"、"无咎"②,这是了解自己本性,与时偕行,行藏随时,没有过错,"观其生,君子无咎"③,观察他人本性,了解他人、学习他人,也可避免过错。"观国之光,利用宾于王。"④这是较早的关于国际关系的论述,国家与国家之间友好往来,学习他国的长处,发展本国,从而国强,树立地位。《周易》第二十七卦《颐》是《观》卦之外"观"字出现最多的卦,集中谈养生之道:"彖曰:颐贞吉,养正则吉。观颐,观其所养也;自求口实,观其自养也。天地养万物,圣人养贤,以及万民;颐之时大矣哉!"⑤通过观生,从而养生,守正方吉,自食其力。圣人从天地养万物之道学习养贤德和万民之道,故"君子以慎言语,节饮食"⑥。而"舍尔灵龟,观我朵颐"⑦,舍弃自己所有,羡馋他人美食,是缺乏修养的行为,"凶"。民以食为天,颐养之道非常重要。总之,观人文可以教化天下:"观乎人文,以化成天下。"⑧

(3)见"情"。观感、观恒、观聚都可以归于此类。第三十一卦《咸》:"天地感而万物化生,圣人感人心而天下和平;观其所感,而天地万物之情可见矣!"⑨感是生命不可或缺的,天和地交感,万物化生;圣人感动人心,所以万民拥戴,天下和平。第三十二卦《恒》:"日月得天,而能久照,四时变化,而能久成,圣人久於其道,而天下化成;观其所恒,而天地万物之情可见矣!"⑩恒久,一直是人类追求的主题之一,而这需要得天独厚的条件,恒是变化中的不变,要时时求变,才能久成。所以圣人要学习日月之道,懂得守恒,才能化成天下。第四十五卦《萃》:"彖曰:萃,聚也;顺以说,刚中而应,故聚也。王假有庙,致孝享也。利见大人亨,聚以正也。用大牲吉,利有攸往,顺天命也。观其所聚,而天地万物之情可见矣。"⑪和顺而且喜悦,"致孝"、"以正"、"大牲"、"顺天命",都是聚的条件,观此

---

① 王弼等注:《周易》,四部丛刊初编本,《观》卦象辞。
② 王弼等注:《周易》,四部丛刊初编本,《观》卦六三、九五爻辞。
③ 王弼等注:《周易》,四部丛刊初编本,《观》卦上九爻辞。
④ 王弼等注:《周易》,四部丛刊初编本,《观》卦六四爻辞。
⑤ 王弼等注:《周易》,四部丛刊初编本,《颐》卦象辞。
⑥ 王弼等注:《周易》,四部丛刊初编本,《颐》卦象辞。
⑦ 王弼等注:《周易》,四部丛刊初编本,《颐》卦初九爻辞。
⑧ 王弼等注:《周易》,四部丛刊初编本,《贲》卦象辞。
⑨ 王弼等注:《周易》,四部丛刊初编本,《咸》卦象辞。
⑩ 王弼等注:《周易》,四部丛刊初编本,《恒》卦象辞。
⑪ 王弼等注:《周易》,四部丛刊初编本,《萃》卦象辞。

可以领悟凝聚人心的道理。《咸》卦、《恒》卦和《萃》卦,都是通过观,发现天地万物的情理。

(4)观"会通"。即观天下万物之运动变化。《周易·系辞上》第八章:"圣人有以见天下之赜,而拟诸其形容,象其物宜;是故谓之象。圣人有以见天下之动,而观其会通,以行其礼。系辞焉,以断其吉凶;是故谓之爻。"①这里"见"和"观"是有区别的,"见"是无意识、不经意地兆见,"观"是有思想有情感地观察。"见"是"观"的基础,"观"是"见"的深化。圣人见天下之静深奥神秘,然后模拟形容,表现物本来的样子,这就是"象"。圣人见天下运动变化,仔细观察,从中发现交媾、和谐、会通之道,认识其中的普遍规律,模拟而行人文社会之典礼,并以"辞"说明,判断吉凶,这个就是"爻"。"象"静"爻"动,掌握"爻"的会通变化,趋吉避凶,意义重大。"会通"可以建构和谐,是社会"礼"制的前提,也是"久"的前提。《周易·系辞下》第二章写道:"《易》穷则变,变则通,通则久"②,会通之道非常重要,所以"观会通"是周易"观"的核心思想之一。

(5)观"卦"。包括观象、观变、观象辞等。《周易》第二十三卦《剥》中有:"彖曰:剥,剥也,柔变刚也。不利有攸往,小人长也。顺而止之,观象也。"③《周易·系辞上》第二章:"圣人设卦观象,系辞焉而明吉凶,刚柔相推而生变化……是故,君子居则观其象,而玩其辞;动则观其变,而玩其占。"④"观象"是静观,"玩辞";"观变"是动观,"玩占"。"玩",是一种研玩,有很强的审美意味,其乐无穷。"是一种探索未知,走向认知的'玩',从这种识破'天机'的'玩'中获得快乐。只有真正研《易》的人才能体味到这种快乐。这是一种高境界的快乐,智者的快乐……'居''玩'是寂寞的审美,仁者的审美,'动''玩'是豁然的审美,智者的审美,两者都是君子的审美活动。"⑤观阴阳之变是卦的起源。《周易·说卦》第一章:"观变於阴阳,而立卦;发挥於刚柔,而生爻;和顺於道德,而理於义;穷理尽性,以至於命。"⑥在《周易》看来,卦之阴阳、爻之刚柔、道德理义以及性、命,都是紧密相关的。《周易·系辞下》第九章:"易之为书也,原始要终,以为质

---

①　王弼等注:《周易》,四部丛刊初编本,《系辞上》。

②　王弼等注:《周易》,四部丛刊初编本,《系辞下》。

③　王弼等注:《周易》,四部丛刊初编本,《剥》卦彖辞。

④　王弼等注:《周易》,四部丛刊初编本,《系辞上》。

⑤　陈碧:《〈周易〉占筮及其美学智慧》,《西北师大学报(社会科学版)》,2006年第5期。

⑥　王弼等注:《周易》,四部丛刊初编本,《说卦》。

也"，"知者观其象辞，则思过半矣。"①观象辞，是理解之观、思辨之观、判断之观，需要高度的智慧，明白了象辞，对卦就懂了一半以上的意思。

以上"观"的分析，或有重合和遗漏之处。正如《春秋繁露·精华》篇云："《诗》无达诂，《易》无达占，《春秋》无达辞"②，"观"的哲学内涵本身也有其模糊性。

一方面，"观物"的方法论就是取类比象。取类比象是古人借象征的办法对天地万物进行总结和归类，它极大地简化了物质世界的复杂性和多样性。它用"近取诸身，远取诸物"的办法，根据经验世界的八种常见事物的性状特征，完成了以乾（天）、坤（地）、震（雷）、离（火）、坎（水）、兑（泽）、艮（山）、巽（风）八种自然物质为基因的物质世界的统一，用以囊括天地之情、万物之德。

另一方面，《周易》取类比象的方法和阴阳宇宙观的结合，极大地强化了其解释系统的抽象性和灵活性。它将"——"和"———"两个基本的符号组合成八经卦，象征和归纳了千变万化的物质世界，再由八经卦组成六十四别卦，反映了八类不同性质的物质的交互作用，又以三百八十四爻的错综变化揭示世界的变动不居，这就拟构了一个动态的宇宙模型。而由于阴阳符号的抽象性和"一卦多能"的复杂性，它又提供了一个多样性的诠释空间，使得中国各派的哲学理论都能从中汲取源头活水，也为中国古代的科学提供了解释的依据。

"观物取象"的方式标志着中华民族抽象思维能力的关键性跃迁，具有高度抽象性。我们知道，抽象思维能力的发生和发展既是人类文明进步的最为重要的主体性条件之一，又从一个侧面标志着人类理性发展的程度和水平。所以中国的意象思维不单纯是感性思维，还是理性思维，具有抽象性。《周易》区别于其他远古历史文献的最重要特点之一就是它的高度抽象性。这种抽象性主要在以下几个方面突出地表现出来。

首先，《周易》将世间无限多样和变化发展的事物规约为阴与阳二极，将阴阳看做宇宙万物赖以发生和演变的最基本因素，从阴阳的交感与互通来探寻世界演变的动因和规则，力求达到对于宇宙的生成、运动、变化和发展的终极原理的认识，实际上是一种终极探索与思考，表明了最初的哲学意识。这也正如庄子所言：《易》以道阴阳。"而"一阴一阳之谓道"，道在阴阳及其变化之中。当代易学家萧汉明教授认为，"阴阳五行说是中国传统思维最基本的思维形式之一。

---

① 王弼等注：《周易》，四部丛刊初编本，《系辞下》。
② 董仲舒：《春秋繁露》，文渊阁《四库全书》本，卷三。

如果把中国传统文化比作一条源远流长的大河,那么阴阳五行说便是决定它的大致走向和面貌变换的决定性因素之一。"阴阳大化和人生密切相关,成为世界的基础和法则,也成为《周易》解析世间万物的最基本概念、原则和方法。

其次,《周易》将阴阳符号化为阴爻和阳爻,用最为简洁直观的"— —"(阴)和"——"(阳)来加以标示,把极为复杂的世间万物规约为最简单直观的符号,体现了当时人们在符号思维方面所达到的水准。成熟的人类思维是一种符号化的思维。符号化的思维和符号化的行为是人类理性思维与人类活动的最重要特征。思维的水平与思维符号的水平之间有其正比相关性。德国学者恩斯特·卡西尔指出,"信号是物理的存在世界之一部分;符号则是人类的意义世界之一部分。信号是'操作者';而符号则是'指称者'。"爻是一种符号语言,它一方面简单和直观,同时又非常普遍和广泛,从而可以包含和指称非常丰富的对象和内容。此前,抽象思维大师黑格尔也认为:"那些图形的意义是极抽象的范畴,是最纯粹的理智规定。"①总之,能够用最为简洁直观的符号来标示普遍和丰富的内容,这无疑只有在思维高度发达的水平上才能做到。

再次,《周易》通过爻的变化来建构不同的经卦、别卦和重卦,表明了其作者对于世间复杂万物及其动态变化的整体把握。《易经》分别用三个阴爻或三个阳爻、一个阴爻和两个阳爻、两个阴爻和一个阳爻等不同的排列组合方式构成八个本卦,再由此八卦两两互相组合,成六十四别卦。整个《周易》,既有六十四卦的卦画和卦名,又有六十四卦的卦辞和三百八十四爻的爻辞,是卦画、卦名与卦辞、爻辞的有机组合。用如此简单的符号语言,《周易》试图建构一个庞大的宇宙发生与演化模型,即《周易·系辞上》所谓"易有太极,是生两仪,两仪生四象,四象生八卦",并力图从中揭示出天地万物以及人类社会发生的根源与发展的规律。以最为简单的爻及其变化来建构和表达最为复杂和抽象的事物,如果没有相当高度发展的抽象和理论思维,那是不可想象的。也许正因为如此,连对东方文明怀有偏见的黑格尔也高度评价《周易》在中国哲学中的地位,他说:"中国人也曾注意到抽象的思想和纯粹的范畴。古代的《易经》(论原则的书)是这类思想的基础。《易经》包含着中国人的智慧,(是有绝对权威的)。"②正是通过《周易》"观物取象"的观照方式,我们可以从一个侧面看到中华民族的原始初民在抽象理论思维方面所达到的高度和水平,仅凭这一点,就不能否认中国古代哲

---

① 黑格尔:《哲学史讲演录》,第 1 卷,商务印书馆 1959 年版,第 120 页。
② 黑格尔:《哲学史讲演录》,第 1 卷,商务印书馆 1959 年版,第 120 页。

学的哲理性和系统性,更不能说中国古代没有哲学思想。

周易"观"指远近大小、上下宏微的观察,强调合理性,方式多样,主要有:"中正以观"、"贞观"、"仰观"、"俯观"、"童观"、"窥观",等等,无论是综合观、直观、心观、意观还是最简单的眼观(上观、下观、远观、近观等),都要求既具体又变化,俯仰往返、由此观彼、由表及里,都是为了对"六合"进行把握或认识,通过个人体验,以达到"通神明之德"、"类万物之情"的思想境界、主客体统一的境界。这种"观"是为了认识物性,以尽心中之情,这是一种自明本心的内向性思维,是情感的自我体验,是在体验中把握"道"。这是中国古人的独特思维方式,是一种体验性思维;是一种动观,正是这种"观",使得我们得以通向游、通向乐、通向审美。宋代程颐在《易传序》中写道:"君子居则观其象而玩其辞,动则观其变而玩其占。得于辞不达其意者有矣,未有不得于辞而能通其意者也。至微者理也,至著者象也,体用一源,显微无间,观会通以行其典礼,则辞无所不备。"(程颐:《易传序》)君子在"观象"、"观变"中"玩"味其中的理和象,并且运用于"典礼"文明教化中。

"观"的目的是求、取。《周易·杂卦》:"临、观之义,或与或求。"①"观"是"求",指在兆见观察中学习,求取对自己有益的内容,"近取诸身,远取诸物"。"观"直接创造了"象",即"观物取象"。

那么具体来说,"观"有何得呢?

其一,明察。"察时变"、"察地理"、"知幽明",去蔽获智,掌握世界运动的普遍规律,这是人类一直的追求。

其二,教化。"神道设教"、"观民设教","化成天下"、"天下服",古人很重视教育作用。

其三,颐养。包括道德修养和身体保健,"通神明之德"、反观自身,"自求口实",修身养性。

其四,建制。通过观,可以建立礼制,"行其礼",这是法规化、制度化思想的萌芽。

其五,通情。"类万物之情",通过"观",获得一种情感体验,而情感正是通向游戏、审美和艺术的重要环节。

"观"通过个人体验,达到主客体统一的境界。这种"观"是为了认识物性,尽心中之情,是一种自明本心的内向性思维,是在体验中把握"道",这是中国古

---

① 王弼等注:《周易》,四部丛刊初编本,《说卦》。

人的独特思维方式。

这种"观"与西方的"观照"不同。西方美学史的"观照"这一范畴最早可追溯到柏拉图。柏拉图认为"美本身"是一种单一的"理念",审美可以自观看人间美的东西开始,继而高升到上界,体悟到美本身:"这时他凭临美的汪洋大海,凝神观照,心中起无限欣喜"①,此"观"的对象指抽象的概念。中世纪新柏拉图学派的领袖普洛丁,把"观照"解释成"收心内视"②,按他的见解,理念是最高的美,它不是视觉或听觉所能感受到的,而是按心灵去"观照","心灵由理性而美⋯⋯使物体能称为美的也是心灵"。③英国 17—18 世纪的新柏拉图主义美学家夏夫兹博里和其弟子哈齐生提出审美需要一种"内在的眼睛",即"内在感官"说,认为人天生就具有一种审辨美丑善恶的能力,这种天生就具有的能力又可称为"内在的节拍感",后人称之为"第六感官"。这种"内在的感官"是和人的理性相联系的。夏夫兹博里《道德家们》指出:"他欣赏美,要通过一种较高尚的途径,这就是他的心和他的理性。"④黑格尔在《美学》第一卷里提出了他的美学理论的核心定义:"美是理念的感性显现"⑤,他认为"观照"可以让"美的对象""变为自由和无限"⑥。可见西方的"观照"虽也要"凝神观照"、"收心内敛"、"内视"和"感性",虽然也"欣喜"、获得"美"、通向"自由和无限",但是"理性"才是其内核和根本;中国的"观"则更重感性,更重内心的体验和体验的个人性,以知天地之道,见万物和人的本性,乃至化成天下,其审美过程和结果都是主体性、体验性和情感性的。

二、八卦、六十四卦象形与象征的多样性:具象与抽象的统一

简单的长短线经过组合,形成神奇的不同卦象。八卦、六十四卦,卦卦体现象征意味的形态之美,是普适性与个别性的统一、写实性和象征性的统一、具象与抽象的统一。

《周易》,作为一部特殊的哲学著作,是通过"形象",一种"抽象"的形象,来

①　柏拉图:《柏拉图文艺对话集》,朱光潜译,人民文学出版社 1963 年版,第 272 页。
②　普洛丁:《论美》,参见《朱光潜全集》,安徽教育出版社 1987 年版,《论美》第九章。
③　普洛丁:《论美》,参见《朱光潜全集》,安徽教育出版社 1987 年版,《论美》第六章。
④　夏夫兹博里:《道德家》(The Moralists),第 3 部分第 2 节,转引自恩斯特·卡西尔:《人论》,甘阳译,上海译文出版社 2004 年版,第 207 页。
⑤　黑格尔:《美学》,第一卷,朱光潜译,商务印书馆 1986 年版,第 138 页。
⑥　黑格尔:《美学》,第一卷,朱光潜译,商务印书馆 1986 年版,第 146 页。

说明哲理的。这类"形象",以两种方式体现:一是依赖于卦形符号的暗示,一是借助于卦爻辞文字的描述——这两种方式所展示的《易》象,融会贯通、相互依存,共同表达《周易》的内在意义。《易》象的本质,在于摄取"形象"以尽"意",即立象尽意,这与"象征"的艺术功用互相吻合,显示着《周易》的基本美学表现特征。

那么,何谓"象征"呢?《韦氏国际新辞典》对"象征"(Symbol)是这样解释的:

> 象征是用一种事物来代表或暗示另一种事物的,是通过某种联系、联想、约定俗成或者偶然性而非故意的相似而构成的;特别是以一种看得见的符号来表示看不见的事物,如一种思潮、一种品质:例如狮子是勇敢的象征,十字架为基督教的象征。①

而"象征"专就文艺方面来说,在我国新版《辞海》则释为:

> (1)用具体事物表示某种抽象概念或思想感情。(2)文艺创作中的一种表现手法,指通过某一特定的具体形象来暗示另一事物或某种较为普遍的意义,利用象征物与被象征的内容在特定经验条件下的类似和联系,使后者得到强烈的表现。②

德国哲学家黑格尔在《美学》中论及"象征型艺术"时,对"象征"的含义曾作过较具体的阐析:

> 象征一般是直接呈现于感性观照的一种现成的外在事物,对这种外在事物并不直接就它本身来看,而是就它所暗示的一种较广泛较普遍的意义来看。因此,我们在象征里应该分出两个因素,第一是意义,其次是这意义的表现。意义就是一种观念或对象,不管它的内容是什么;表现是一种感性存在或一种形象。③

在这段话中,黑格尔把象征分为"意义"与"表现"两个因素,又从"表现"上升到"形象"。他运用抽象分析法,对象征的构成作了界定。通俗一点说,象征便是不直说本意,而以含蓄的感性存在物来暗示所要表达的意义。这样,象征也就有了隐喻性,可以造成一种朦胧的诗意美。故而,艺术家们大多喜欢运用象征。

黑格尔还说:

---

① *Webster's Third New International Dictionary*,G.& C.Merriam Company,1961,p.2316.
② 《辞海》编辑委员会编:《辞海》,上海辞书出版社 1990 年版,第 528 页。
③ 黑格尔:《美学》,第二卷,朱光潜译,商务印书馆 1986 年版,第 10 页。

　　　　"象征"无论就它的概念来说,还是就它在历史上出现的次第来说,都
　　是艺术的开始……①

按照黑格尔的观点,艺术一开始便是象征性的。象征首先是一种符号。它与单
纯的符号或记号不同,意义与表现意义的手段之关系不是一种任意的拼凑。在
艺术里,意义与象征的联系是密切吻合的。在人文思想史上,象征是一个被广泛
应用的概念。在哲学、美学、文学、历史、社会学、心理学、人类学领域中,人们对
"象征"作了多方面的讨论和种种规定。

　　前已论及,卦象把纷乱的物象简约化、规范化,符合从具体到抽象的认识规
律。同时,易卦作为一种抽象符号模式,又能使人们用以进行从一般到个别、从
简单到复杂的思维。那么,易象或者易卦是如何完成这一思维过程的呢? 我们
知道,占筮来的卦象,是抽象的,同现实生活本无直接关系,但人们可通过卦象进
行类比思考,用自己的经验解释卦象。因此,易卦能诱发人们的想象力,观物取
象,推演出变化无穷的卦象,使其思维功能得以充分发挥。

　　集中归纳八卦取象的是《说卦》。《说卦·第三章》说:

　　　　天地定位,山泽通气,雷风相薄,水火不相射,八卦相错。

这里在表达上基本上是四字句,体现出一种简易美和动态美,让人体味自然界的
生命力量之美。八卦所取的大象:

　　　　乾象天,坤象地,艮象山,兑象泽,坎象水,离象火,震象雷,巽象风。

大象即根本之象,这也是"易"的基础。

　　八卦相错,重之为六十四卦,阴阳相交,变化以生,而象之变易,亦各因时位
而异,但终不超越八卦大象。《说卦》首次对易卦取象作了系统整理,不仅归纳
了八卦的大象、属性之象、物象、身象、家庭之象,而且收集了一百一十四种广象:

　　　　天地定位,山泽通气,雷风相薄,水火不相射,八卦相错。雷以动之,风
　　以散之,雨以润之,日以烜之,艮以止之,兑以说之,乾以君之,坤以藏之。帝
　　出乎震,齐乎巽,相见乎离,致役乎坤,说言乎兑,战乎乾,劳乎坎,成言乎艮。
　　万物出乎震,震,东方也。齐乎巽,巽,东南也;齐也者,言万物之洁(潔)齐
　　也。离也者,明也,万物皆相见,南方之卦也,圣人南面而听天下,向明而治,
　　盖取诸此也。坤也者,地也,万物皆致养焉,故曰致役乎坤。兑,正秋也,万
　　物之所说也,故曰说言乎兑。战乎乾,乾,西北之卦也,言阴阳相薄也。坎
　　者,水也,正北方之卦也,劳卦也,万物之所归也,故曰:劳乎坎。艮,东北之

---

① 　黑格尔:《美学》,第二卷,朱光潜译,商务印书馆1986年版,第9页。

卦也。万物之所成终而成始也,故曰成言乎艮。

神也者,妙万物而为言者也。动万物者莫疾乎雷,挠万物者莫疾乎风,躁万物者莫熯乎火,说万物者莫说乎泽,润万物者莫润乎水,终万物始万物者莫盛乎艮。故水火相逮,雷风不相悖,山泽通气,然后能变化,既成万物也。

乾,健也。坤,顺也。震,动也。巽,入也。坎,陷也。离,丽也。艮,止也。兑,说也。

乾为马,坤为牛,震为龙,巽为鸡,坎为豕,离为雉,艮为狗,兑为羊。

乾为首,坤为腹,震为足,巽为股,坎为耳,离为目,艮为手,兑为口。

乾,天也,故称乎父。坤,地也,故称乎母。震一索而得男,故谓之长男。巽一索而得女,故谓之长女。坎再索而得男。故谓之中男。离谓之中男。离再索而得女,故谓之中女。艮三索而得男,故谓之少男。兑三索而得女,故谓之少女。

乾为天,为圆,为君,为父,为玉,为金,为寒,为冰,为大赤,为良马,为老马,为瘠马,为驳马,为木果。

坤为地,为母,为布,为釜,为吝啬,为均,为子母牛,为大舆,为文,为众,为柄,其于地也为黑。

震为雷,为龙,为玄黄,为旉,为大途,为长子,为决躁,为苍筤竹,为萑苇。其于马也为善鸣,为馵足,为作足,为的颡。其于稼也为反生。其究为健,为蕃鲜。

巽为木,为风,为长女,为绳直,为工,为白,为长,为高,为进退,为不果,为臭。其于人也为寡发,为广颡,为多白眼,为近利市三倍,其究为躁卦。

坎为水,为沟渎,为隐伏,为矫揉,为弓轮。其于人也,为加忧,为心病,为耳痛,为血卦,为赤。其于马也,为美脊,为亟心,为下首,为薄蹄,为曳。其于舆也,为多眚,为通,为月,为盗。其于木也,为坚多心。

离为火,为日,为电,为中女,为甲胄,为戈兵。其于人也,为大腹。为乾卦,为鳖,为蟹,为蠃,为蚌,为龟。其于木也,为科上槁。

艮为山,为径路,为小石,为门阙,为果蓏,为阍寺,为指,为狗,为鼠,为黔喙之属。其于木也,为坚多节。

兑为泽,为少女,为巫,为口舌,为毁折,为附决。其于地也,为刚卤。为妾,为羊。

正如《系辞》所言:"八卦成列,像在其中矣。"八卦之"象"不可谓不多也。

汉代易学家从《易经》等书中搜集大量逸失的象(称为"逸象"),著名的有孟喜搜集了四百四十多种逸象,荀爽等九家搜集了三十多种逸象,虞翻搜集了三百一十多种逸象,这些逸象有的是汉代好易之人自觉地搜集起来的,有的则是清代人(如惠栋)从汉朝诸人的易注中整理出来的。

卦象之象征美,塑造的形象可谓多矣。

(1)乾之象:圜、玉、金、寒、大赤、良马、老马、瘠马、驳马、王、先王、明君、圣人、贤人、武人、行人、神、盈、中、施、嘉、好、利、衣、言、物、易、立、直、敬、威、严、坚刚、道、德、盛德、行、牲、精、信、善、扬善、积善、良、仁、爱、愤、生、样、庆、天休、福、介福、禄、先、始、知、大、盈、茂、肥、清、治、大谋、高、扬、宗、族、甲、老、旧、古、大明、远、郊、野、门、道门、百、步、顶、朱、圭、著、瓜、龙。

(2)坤之象:布、釜、啬啬、均、子母牛、大舆、文、众、柄、黑、臣、顺臣、民、万民、小人、邑人、鬼、形、身、牝、躬、我、自、至、安、康、富、财、积、聚、萃、重、厚、致、用、包、寡、徐、营、下、容、裕、虚、书、近、疆、无疆、思、恶、理、体、礼、义、事、业、大业、庶政、俗、度、类、闭、藏、密、默、耻、欲、丑、积恶、迷、杀、乱、怒、害、过恶、终、敝、死、丧、冥、晦、夕、暮夜、暑、乙、年、十年、户、义门、阖、户、闭关、盍、土、阶、田、邑、国、邦、方、鬼高、裳、绂、车、輹、器、缶、囊、虎、黄牛、牝牛、拇、圖、苹、乱。

(3)震之象:玄黄、敷、大涂、决躁、苍筤竹、萑苇、马善鸣、马足、马作足、马的颡、稼反生、稼蕃鲜、常、主、诸侯、士、兄、夫、元夬、趾、出、行、征、作、逐、惊走、警卫、定、事、言、讲议、问、语、告、响、声、音、鸣、夜、交、徽、反、后、后世、从、守、左、生、尝、缓、宽仁、乐、笑、喜笑、笑言、道、陵、祭、禾稼、百谷、草莽、鼓、筐、马、麋鹿、邑、鹄、鼓、玉。

(4)巽之象:绳直、工、白、长、高、进退、不果、臭、人、寡发、人广颡、人多白眼、近利市三倍、命、命令、号诰、号、号咷、处女、妇、妻、商旅、随、处、入伏、利、齐、同、交、舞、谷、长木、苞、杨、果木、茅、白茅、兰、草木、草莽、杞、葛、薪、庸、床、绳、帛、腰带、鲋、鹳、鱼、通。

(5)坎之象:沟渎、隐伏、矫輮、弓轮、人加忧、心病、耳痛、赤、马美脊、马亟心、马下首、马薄蹄、马曳、舆多眚、舆通、月、盗、木坚多心、圣、云、玄云、川、大川、河、心、志、思、虑、忧、谋、惕、疑、艰、蹇、恤、悔、忘、劳、儒、涕泗、眚、疾病、疑疾、灾、破、罪、悖、欲、淫、寇盗、孚、平、法、罚、狱、则、经、习、入、内、聚、脊、腰、臀、膏、阴夜、岁、三岁、尸、酒、丛木、丛棘、蒺藜、棘匕、穿木、校、弧、弓弹、木、车、宫、律、可、栋、桎梏。

（6）离之象：戈兵、人大腹、女子、妇、孕、恶人、见、飞、爵、明、先、甲、黄、戒、折首、刀、斧、资斧、矢、飞矢、黄矢、网、罟、瓮、鸟、飞鸟、鹤、隹、鸿、牝牛、隼、夏。

（7）艮之象：门阙、阍寺、指、鼠、木坚多节、弟、小子、君子、贤人、童、童蒙、僮仆、官、友、阍、时、丰、星、沫、霆、果、慎、节、待、制、执、小、多、厚、取、舍、求、写实、道、穴、居、石、城、宫室、庐、牖、居、门庭、宗庙、社稷、鼻肱、背、腓、皮、肤、小木、硕果、豹、狼、小狐、尾、虎。

（8）兑之象：口舌、毁折、附决、刚卤、妹、妙、妻、朋、友、讲习、刑人、小、少、密、通、见、右、下、少知、契、常、辅颊、孔穴。①

八卦取象之客观依据如下：

《乾》卦：迭三阳，象征阳气上升而为天。《淮南子·天文训》谓："宇宙生气，气有涯垠，清阳者薄靡而为天。"

《坤》卦：迭三阴，象征阴气下聚而为地。《黄帝素问》谓："积阴为地，故地者浊阴也。"

《震》卦：上两阴下降，下一阳上升，象征阴阳冲突，暴发为雷。《淮南子·地形训》谓"阴阳相薄为雷"是也。

《巽》卦：二阳升腾于一阴之上。《庄子》谓"大块噫气，其名为风"。故陆绩谓"风，土气也"。陆绩又谓"巽，坤之所生"。坤为土，巽二阳动上，一阴静下，像地上阳气流动。故为风。

《坎》卦：上下为阴，中蓄一阳，象征水以阴为表，内中却蕴藏着阳质。故宋衷谓："坎，阳在中，内光明，有似于水。"《说文》谓水："象众水并流，中有微阳之气。"如水之浇滋、饮用，无不产生热量。现代科学证明，水分子中含有一个氧原子和两个氢原子；氢、氧者，可燃、助燃之物也。

《离》卦：上下为阳，中蓄一阴，象征火以阳为表，故崔憬云："取卦阳在外，象火之外照也。"内中却蕴藏着阴质，如火之燃烧，无不伴随着其中水气的散发，《淮南子·说林训》谓："火中有水"是也。

《艮》卦：上为阳，二阴蓄其下，象征石凝为山。《春秋说题辞》云："阴含阳，故石凝为山。"艮二阴含一阳，即石凝为山之象也。其下却藏有大量阴气，如重山峻岭，草木兴旺，是为阴之滋养，故《春秋说题辞》又云："山之为言宣也，含泽布气调五神也。"

---

①　参见张其成：《易道主干》，中国书店 1999 年版，第 92—93 页。

《兑》卦:上为阴,二阳蓄其下,象征泽为阴湿之所。宋衷云:"阴在上,令下湿,故为泽。"其说是也。其下却藏有大量阳气,如茫茫沼泽,水居泽面,热气却蓄于泽下。①

以上既可以看出易象之象形美、象征美,又可以看出哲理的意味,如"坎"之"水中有火"、"离"之"火中有水"。

易卦的象可以无限。但无论其取象怎样无限、情况如何复杂,规律却只有一个,即只要动态、功能、属性相同就可以归为同一类"象",有一义一象,一义多象,多义多象等多种情况。

比较各种统计结果,可以看出从春秋到战国,《易传》在八卦取象上有一明显变更:自觉贯串政治伦常的等级秩序观念。《左传》、《国语》中乾为"天子",坤、坎为"众",离为"公侯",已启其端,《易传》则更事张扬,每一卦都有多种人文事象与之相应,而且莫不具有鲜明的政治伦常等级色彩。除天比朝廷、地比民或臣民、水比民众之外,更有雷比刑、风比教令、离比文与文明一类较为抽象的比附,尤其坎比之于水,又由水比之于雨、云,再由雨、云比之为"恩赏";离比之于火,又由火比之于日、电,再由日、电比之为"明德"、"明察"。

由经卦和别卦的卦象继续引申,六十四卦所象征的是更为具体纷繁的自然事象与人文事象。这种引申类比,在《易传》出现之前,已在春秋各国普遍流行。《左传·庄公二十二年》载,周史奉陈厉公之命为其子敬仲占卦,其所作的解说中,即提道:"坤,土也;巽,风也;乾,天也;风为天于土上,山也。"《国语·晋语》载,晋公子重耳(即晋文公)曾自占一卦,卜问能否取得晋国,得到的本卦是屯,之卦是豫,筮史以为"不吉",司空季子却以为"吉",并作了完全有利于晋公子的解释:"震,东也;坎,水也;坤,土也;屯,厚也;豫,乐也。东班外内,顺以训之,泉原以资之,土厚而乐其实,不有晋国,何以当之!"李镜池先生综计《左传》、《国语》所载卦象,已涉及天文地理人事诸多方面:

乾——天、天子、金、王;

坤——土、马、母、众、顺、帛;

震——车、雷、兄、长男、足;

巽——风;

坎——水、夫、众、劳;

① 张善文:《周易与文学》,福建教育出版社1997年版,第64—65页。

离——火、日、鸟、牛、公侯；

艮——山、"子人为言"、庭；

兑——泽；

屯——厚、固；

豫——乐；

明夷——日；

比——入；

随——出户。

六十四卦每一卦都有特殊的卦象。《周易·系辞下》列举了《离》、《益》、《噬嗑》、《乾》、《坤》、《涣》、《随》、《豫》、《小过》、《睽》、《大壮》、《大过》和《夬》等诸卦的各种取象：

作结绳而为网罟，以佃以渔，盖取诸《离》。包牺氏没，神农氏作，斫木为耜，揉木为耒，耒耨之利，以教天下，盖取诸《益》。日中为市，致天下之民，聚天下之货，交易而退，各得其所，盖取诸《噬嗑》。神农氏没，黄帝、尧、舜氏作，通其变，使民不倦，神而化之，使民宜之。《易》穷则变，变则通，通则久。是以"自天佑之，吉无不利"。黄帝、尧、舜垂衣裳而天下治，盖取诸《乾》、《坤》。刳木为舟，剡木为楫，舟楫之利，以济不通，致远以利天下，盖取诸《涣》。服牛乘马，引重致远，以利天下，盖取诸《随》。重门击柝，以待暴客，盖取诸《豫》。断木为杵，掘地为臼，杵臼之利，万民以济，盖取诸《小过》。弦木为弧，剡木为矢，弧矢之利，以威天下，盖取诸《睽》。上古穴居而野处，后世圣人易之以宫室，上栋下宇，以待风雨，盖取诸《大壮》。古之葬者，厚衣之以薪，葬之中野，不封不树，丧期无数。后世圣人易之以棺椁，盖取诸《大过》。上古结绳而治，后世圣人易之以书契，百官以治，万民以察，盖取诸《夬》。是故《易》者，像也；象也者，像也。象者，材也；爻也者，效天下之动者也。是故吉凶生而悔吝著也。

六十四卦每一卦的整体象，都极尽象形和象征之能事，比如：把《颐》卦（䷚）的六爻整体看成一个嘴巴。把《噬嗑》卦（䷔）全卦看成一个带着全副刑具的囚犯，也可以把全卦看成是一张咬着刚硬之物的大嘴。《鼎》卦（䷱）：把鼎的六爻整体看成一个大鼎的形象。下边是鼎足，中间是鼎身，六五是鼎耳，上爻是插在鼎耳中抬鼎的杠子，古人称铉。《小过》卦（䷽）：中间两个刚爻是鸟身，上下两个柔爻是鸟翼，故《象传》曰：有飞鸟之象焉。《豫》卦（䷏）：一个刚爻插在五个柔爻之中，爻辞有："朋盍簪"，把全卦六爻看成是头发中插入了簪子。《大过》卦

（☳）是栋挠之象,又是棺椁之象。《大壮》卦(☳)是"上栋下宇,以待风雨"①之象。《离》卦(☲)是网罟之象。《观》卦(☴)是宗庙之象。中孚的六爻全象是节齿对合,《象传》说:"乘木舟虚也。"显然象作者又把中孚的卦画看成是一条中空的大船,等等。可以说每一卦都有独特的象。同时,卦象又是具象与抽象的统一。卦象是先人智慧的结晶,具有相对固定的象征意义。《周易》卦象所折射的意蕴,便是民族传统情感符号的表现。卦象所具有的暗示性,其象外之象,言外之意,只有经过特定民族文化熏陶的人,才会由领会到这类意象的象征意蕴而品味其深远的诗意和优美的意境。如艮卦象"山"的一个特殊卦,三《易》中有《连山易》,可见"艮"在中华传统中的重要意义。艮即山即止,孔子曰:"仁者乐山,智者乐水",老子曰:"不见可欲,使心不乱","艮"的思想意义具有独特的中华民族文化背景。

《周易》八卦符号,除了具有图画的形象美、意义的象征美外,还具有文字的象形美。《易纬·乾凿度》曰:"☰,古文天字。☷,古文地字。☲,古文火字。☵,古文水字。☴,古文风字。☳,古文雷字。☶,古文山字。☱,古文泽字。"此说为历代学者所接受。梁启超、刘师培均主之。梁启超在《古书真伪及其年氏》一书中认为:"八卦是古代的象形文字却很可信。"又说:"我们看坎、离二卦便知道,坎卦作☵像水,最初的篆文水字也作≈,后来因写字的方便,改作氵,却失了本意;离卦作☲像火,篆文作火,也有先后的源流关系。"②刘师培在《经学教科书》第22课《论〈易经〉与文字之关系》中说:

乾、坤、坎、离之卦形,即天、地、水、火之字形。

乾为天,今"天"字草书作了,像乾卦之形。坤为地,古"坤"字或作巛,像坤卦之倒形。坎为水,篆文"水"字作氵,像坎卦之倒形。离为火,古"火"字作火,像离卦之形。

由此类推,六十四卦,恐怕也与中国文字有不可剥离的关系。

八卦、六十四卦的形象既是具体的,又是概括的;既是感性的,又是抽象的。其象形和象征丰富多样,涵盖的范围十分广阔,玄奥精深,内容繁富,它是远古人生活图画的简缩化、符号化,牵涉到宗教、哲学、政治、经济、军事、交通、农业、畜牧、渔猎、婚俗、诗歌、乐舞、工艺等诸多方面。易象中所反映的客观世界十分广袤,郭沫若在《中国古代社会研究·〈周易〉时代的社会生活》中,就作过详细的

① 王弼等注:《周易》,四部丛刊初编本,《系辞下》。

② 《周易研究论文集》,第1辑,北京师范大学出版社1987年版,第72页。

概括:就生活的基础而言,有渔猎、牧畜、商旅(交通)、耕种;就社会的结构而言,有家族关系(如男子出嫁、女酋长的存在、母系制向父系制推移)、政治组织(如天子、王公—大君—国君、侯、武人—师、臣官、史巫等位阶)、行政事项(如享祀、战争、赏罚)、阶级;就精神的生产而言,有宗教、艺术、思想。它的触角是多方面的,所表现的生活内容是非常丰富的。

总之,卦象既有形象的感性,又有抽象的理性;既有微观的具体性,又有宏观的概括性。其中有很深的中国意味,也包含着先人们大量的审美信息,隐藏着、积淀着诱人的美感,贮存着关于自然美、社会美、艺术美等多方面的观念,它们被简化、压缩在卦画及卦爻辞符号系统中,仿佛是矿藏中的金、银,深深地埋藏着,等待我们去挖掘。

不过,《周易》毕竟是卜筮之书,而不是美学专著。它只是为中国古典美学提供了审美的资料,这些资料储存着中国远古原始、质朴的审美信息。虽然这种甚至无意识的审美还仅仅处于萌芽状态,但很纯真,具有开创意义。它是中国古典美学思想的最初积淀,并为其产生与发展提供了借鉴与契机。

三、大美在象:周易"观"的中国美学意义

《周易》"观"的内容、形式和目的都具有丰富性、虚实性和人文性,其直接成果是卦象。八卦、六十四卦,具有根源性、无限性和多样性,蕴涵着耐人玩味的美学思想,正所谓:大美在象。

"(易)者,象也。"①"象",实际构成中国美学的逻辑起点。"象"这个元范畴,一开始就不是对眼前客观对象的形式模仿,而是偏重以意象显示事理的象征方面。"以《易传》为代表的巫学解释学实际开启了中国文学解释学重象、重意、重味、重整体直觉感悟的独特传统,引发中国美学与艺术对'尽意之象'的不懈追求。"②周易"观物取象"是物我双向交流、交融的过程,是以整个身心去直觉、领略、想象、体察、感悟和表现天地自然的"大美"。庄子云:"天地有大美而不言,四时有明法而不议,万物有成理而不说。"③"大美"无华,"虚静恬淡,寂寞无为",在素淡静远中展现生命之美;"大象"无形,注重的是非客观形式的形而上的美,"覆载天地刻雕众形而不为巧"④,是艺术创作的源泉。

---

①　王弼等注:《周易》,四部丛刊初编本,《系辞下》。

②　成立:《"辨于味"及其他——中国古典文学解释理论初探》,《名作欣赏》1997 年第 5 期。

③　庄子:《南华真经》,郭象注,四部丛刊初编本,卷七《庄子外篇知北游第二十二》。

④　庄子:《南华真经》,郭象注,四部丛刊初编本,卷三《庄子内篇大宗师第六》。

象之大美,在于摄"象"以尽"意",即立象尽意,这与"象征"的艺术功用互相吻合,显示着《周易》的基本美学表现特征。黑格尔在《美学》中说:"'象征'无论就它的概念来说,还是就它在历史上出现的次第来说,都是艺术的开始……"①卦象是先人智慧的结晶,具有相对固定的象征意义。《周易》卦象所折射的意蕴,是极为丰富的。八卦、六十四卦的"象"有表面的、原初的、延伸的、象征的、哲理的和奥秘的等多层含义,贮存着关于自然美、社会美和艺术美等多方面的观念。这导致中国的审美具有随感式、体验式和印象式等特点,只求心领神会,不拘抽象界定。

"观物取象"最初是以认识世界、教化世人为主要目的,后来对艺术创作也起到启迪作用,并进而成为美学理论中的一个专有名词。"象"之取舍,能够表现对事物、对现实的认知和情感态度。"观物取象"的认识过程,实际上启发了我们对艺术创作规律法则的探索。

《周易》"观"是中国历史上诸多"观"之见解的滥觞,对中国乐、诗、画等领域的文艺创作理念有潜移默化的作用。

(1)"乐",可以观。《礼记·乐记》直接提出"乐观其深矣":"故观其舞而知其德,闻其谥而知其行。""君子乐得其道,小人乐得其欲。以道制欲,则乐而不乱;以欲忘道,则惑而不乐。是故君子反情以和其志,广乐以成其教。乐行而民乡方,可以观德矣。"②"乐",是"德"的表现。"君子"通过"乐"获得"道","小人"通过"乐"满足"欲",存道制欲,观乐即观德。"闻笑声,则鲜如也斯喜。闻歌谣,则蹈如也斯奋。听琴瑟之声,则如也斯叹。观《赉》《武》,则齐如也斯作。观《韶》、《夏》,则勉如也斯俭。"③"乐"是心、德的反映,观"乐"可以修养心性,提升道德,影响实践。"吴公子札来聘……请观于周乐……"④周乐即古礼,此处"观"即观礼。观赏尽善尽美的乐舞,可以化感人心。在中国的古典戏曲中也同样提出了"观"的美学命题,"观听咸宜"强调了"观"在戏曲中不可或缺的地位。清代李渔在《闲情偶寄·词曲部·词别繁简》书:"笠翁手则握笔……考其关目,试其声音,好则直书,否则搁笔;此其所以观听咸宜也。"⑤"观"指阅读,文字欣

①　黑格尔:《美学》,第二卷,朱光潜译,商务印书馆1986年版,第9页。

②　郑玄注:《纂图互注礼记》,四部丛刊初编本,卷十一《乐记第十九》。

③　刘昕岚:《郭店楚简〈性自命出〉篇笺释》,载武汉大学中国文化研究院:《郭店楚简国际学术研讨会论文集》,湖北人民出版社2000年版,第330—354页。

④　左丘明:《春秋左传注疏》,杜氏注,孔颖达疏,文渊阁《四库全书》本,卷三十九。

⑤　李渔:《闲情偶寄》,卷二,浙江古籍出版社1985年版,第44页。

赏;"听"指听戏,听觉效果,李渔从文学性和演出性并重而提出戏曲创作标准,主张剧情曲意清楚可观。

（2）"诗",可以观。孔子提出美学命题"兴、观、群、怨",还提出"观物比德"。即:自然物象之所以美,在于审美主体可从审美客体中意味到某种人格美,所谓"智者乐水,仁者乐山"①。东汉王充提出"观文以知情",意指观赏文章可获知作者的审美情感,其《论衡·佚文篇》还提出"足蹈于地,迹有好丑……故夫占迹以睹足,观文以知情"②。梁朝刘勰在《文心雕龙·知音》上说道:"凡操千曲而后晓声,观千剑而后识器。故圆照之象,务先博观……是以将阅文情,先标六观……"③在这里,刘勰强调"观"的全面性、客观性和灵活性对于文艺批评的重要性,同时也展示了审美的实践性思维的观点。宋代邵雍提出美学命题"以物观物"④,主张人应摒弃自我情感"观"外物,任物本性才能不带偏见,达到"观"的神明境界。"不以我观物者,以物观物之谓也。"⑤清代刘宝楠《论语正义》释"诗可以观":"谓学诗可以论事也……世治乱不同,音亦随异,故学诗可以观风俗而知其盛衰。"⑥认为从诗中可以观察社会政治之平稳和动乱以及民风之盛衰。

（3）"画",可以观。南朝宋宗炳在《画山水序》中提出"观画畅神",即怡悦性情,"是以观画图者……畅神而已"⑦,"畅神"是人与自然山水的一种愉快的情感邂逅。这里,"观"是一种移情现象、愉悦效应、主客合一。宗炳还提出:"澄怀味象",也即"澄怀观道","圣人含道应物,贤者澄怀味象"⑧,这是一种独特的审美理论。借此,他把人之观照自然山水,与人之创作与欣赏山水画,用"体道"沟通起来,这一观点触及了自然美和艺术美、审美主客体与"观"的关系,自然、艺术、欣赏活动都被赋予了深层的人本意义。北宋沈括从观画的角度提出美学命题"以大观小",《梦溪笔谈·书画》上写道:"大都山水之法,盖以大观小","以大观小,如人观假山"⑨。宗白华解释说,中国陆地广大深远,中国人多用登

---

① 朱熹:《四书集注·论语集注》,文渊阁《四库全书》本,卷三《雍也第六》。
② 王充:《论衡》,文渊阁《四库全书》本,卷二十。
③ 刘勰:《文心雕龙》,文渊阁《四库全书》本,卷十。
④ 邵雍:《伊川击壤集》,四部丛刊初编本,卷首自序。
⑤ 邵雍:《皇极经世书》,文渊阁《四库全书》本,卷十二《观物篇六十二》。
⑥ 刘宝楠:《论语正义》,卷二十,中华书局1990年版,第690页。
⑦ 贺复徵:《文章辨体汇选》,文渊阁《四库全书》本,卷三一四。
⑧ 贺复徵:《文章辨体汇选》,文渊阁《四库全书》本,卷三一四。
⑨ 沈括:《梦溪笔谈》,文渊阁《四库全书》本,卷十七。

高望远的风景审美方法,从高处把握全面,故形成中国山水画中"以大观小"的特点。"画家的眼睛不是从固定角度集中于一个透视的焦点,而是流动着飘瞥上下四方,一目千里,把握大自然的内部节奏,把全部景界组织成一幅气韵生动的艺术画面"①。近代梁启超也提出"美术的关键在观察自然"②,由观察自然之美而达观察自然之真,由艺术而进入科学,反映了真善美合一的审美理想,这也在另一层面上反映了人与自然的和谐。

"观"的审美方式对中国美学有很深的影响。

(1)"观"引发了中国文艺的现实主义传统。

《观》卦虽然是针对君子道德而言,但也影响和启发了文学艺术家们对文艺创作进行新的规范,并且形成了"观风"和"风化"的艺术原则:作品应当反映现实人生,沟通上下。《观》卦阐发观仰盛美善德可以化感人心的道理,表现于文学,如《诗经·烝民》:"吉甫作诵,穆如清风。"③就是称颂其诗的德美,如化养万物的清风能使人受到感染。《诗大序》:"上以风化下,下以风刺上"④,提倡君上化感下民,下民风刺君上,君上要从观风中省察自己的行为,有则改之,必无咎害。"观生观民"启发了后代文学家以积极主动的姿态通过创作去讽谏社会政治,从而形成了古典现实主义关怀社会民生的优良传统。到汉武帝设置乐府,采集歌谣,《汉书·艺文志》:"赵、代之讴,秦、楚之风,皆感于哀乐,缘事而发。"⑤所谓"感于哀乐,缘事而发",就是鼓励文学家敢于面对惨淡人生,为民请命。发展到唐代杜甫、白居易的新乐府运动,知识分子则以反映揭露社会黑暗作为己任,"观生观民"的原始理论,通过"观风"、"风化"的途径,在文学领域充满了蓬勃的活力。

(2)古代"神道设教"的产物成为我们现在审美的对象。

因为认识到"观"可以教化天下,古代统治者通过祭祀等礼仪活动凝聚人心,威慑百姓,达到天下臣服的德育目的。随着时代的流逝,庙宇、祠堂等都不再有以前的作用,"观"从道德意义已经向到审美意义转变。钱锺书先生早就发现了这一点:"《象》:'圣人以神道设教,而天下服矣。'……而这些当时作为警示世人、教服天下的载体,传流到今天,已经失去了它的原初意义,而成为研究历史、

---

① 宗白华:《中国美学史论集》,安徽教育出版社 2000 年版,第 35 页。

② 梁启超:《饮冰室文集》,中华书局 1989 年版,卷三十八。

③ 郑玄注、孔颖达疏:《毛诗注疏》,文渊阁《四库全书》本,卷二十五。

④ 郑玄注、孔颖达疏:《毛诗注疏》,文渊阁《四库全书》本,卷一。

⑤ 班固:《汉书》,文渊阁《四库全书》本,卷三十。

欣赏文物的审美对象。"①钱先生认为中国古代之"观"主要在"教化",而这种"教化"更多是在利用宗教鬼神以"愚民"。西方亦如此。不过,"神道设教"的产物经过历史演变,现在已成为我们"研究历史、欣赏文物的审美对象"。确实,"观"的最初目的不是审美,而在于认知世界,而且更多时候上层政治机构"观物""设教",是为了更好地统治下层百姓。不过,现在,世界各地古老的宗教设施和器皿,已经成为历史厚重的珍贵文物,成为我们的审美对象,使我们在理性反思的同时获得审美惊奇和享受。

(3)"观物"理论是后世"物感"说滥觞的基元。

"物感"的前提条件无疑是"观物",是"流连万象之际",并且"沉吟视听之区"②。正是从《周易》"观"中受到启发,"物感"之说才得以滥觞和发展,中国艺术也因此形成与西方"模仿"说迥异的"物感"传统。《礼记·乐记》叙述音乐的产生:"凡音之起,由人心生也。人心之动,物使之然出。感于物而动,故形于声。声相应,故生变;变成方,谓之音。比音而乐之,及干戚羽旄,谓之乐。"③乐自心生,心感而动,乃生其音。《乐记》"诗言其志也。歌咏其声也,舞动其容也。三者本于心,然后乐气从之"④。诗、乐、舞都离不开一个"感"字,而"感"是"观"的结果。刘勰《文心雕龙·明诗篇》曰:"人禀七情,应物斯感。感物吟志,莫非自然。"⑤钟嵘《诗品序》:"气之动物,物之感人,故摇荡性情,形诸舞咏。"⑥《汉书·艺文志》:"感于哀乐,缘事而发。"陆机《文赋》:"遵四时以叹逝,瞻万物而思纷;悲落叶于劲秋,喜柔条于芳春。"⑦绘画也源于"物象":"画者画也,度物名胜而取其真。"⑧"观"而"感",是一种天人合一的审美方式。

(4)"观物取象"奠定了中国美学的重象特色,即大美在象。

《周易》通过"观"阐明的道与器、象与形、虚与实以及意、象、言之间的关系奠定了中国美学意象创造理论的哲学基础,庄子美学又从自然生命之道的高度对其加以淋漓尽致的发挥:"大白若辱,大方无隅,大器晚成,大音希声,大象无

---

① 钱锺书:《管锥编》,第一册,中华书局1986年版,第18页。
② 刘勰:《文心雕龙》,文渊阁《四库全书》本,卷十。
③ 郑玄注:《纂图互注礼记》,四部丛刊初编本,卷十一。
④ 郑玄注:《纂图互注礼记》,四部丛刊初编本,卷十一。
⑤ 刘勰:《文心雕龙》,文渊阁《四库全书》本,卷二。
⑥ 钟嵘:《诗品》,文渊阁《四库全书》本,卷一。
⑦ 萧统:《文选注》,李善注,文渊阁《四库全书》本,卷十七。
⑧ 荆浩:《笔记法》,文渊阁《四库全书》本。

形。"①中国的"象"是形而上的美。发展到谈玄之风盛行的魏晋南北朝时代，"象"得到进一步阐释。王弼"得意忘象"，刘勰"窥意象而运斤"，宗炳："圣人含道应物，贤者澄怀味象"，谢赫"取之象外"等理论纷纷推出，蔚为大观。再后来，盛唐诸人论"意境"，笪重光提出"虚实相生"的妙境观，都无不因"象"而生。这种放眼宏观、与道相通、仰俯天地、主客交融的"观物取象"方法终于成为中国艺术的意象创造的基本方法。"中国艺术的审美理想，从'意象'论、'气韵'论、'品味'论到'境界'论、'妙悟'论、'性灵'论，都以这种偏重'象'的时间性美学传统为指归。"②

（5）"观"的审美方式形成了中国艺术独特的"游"的审美境界。

中国艺术家不单用双目来观看空间万象，还用心灵之明眸来欣赏世界万物："我们的诗和画中所表现的空间意识，不是像那代表希腊空间感觉的有轮廓的立体雕像，不是像那表现埃及空间感的墓中的甬道，也不是那代表近代欧洲精神的伦勃朗的油画中渺茫无际追寻无着的深空，而是'俯仰自得'的节奏化的音乐化了的中国人的宇宙感。"③"游"大异于西方文化，却颇契于审美和艺术鉴赏。"俯仰往还，远近取去，是中国哲人的观照法，也是诗人的观照法。而这观照法表现在我们的诗中画中，构成我们诗画中空间意识的特质。"④中国古代艺术家采用"游"的方式来观察自然界。这种"游"不单是眼的俯仰，还是心的游弋，是超越一切束缚、无羁的游，正如庄子的"逍遥游"，达到一种完全自由的境界。这又是一种以开放型视野、全方位的观察的"游"，即所谓对景"步步移"、"面面看"，如同王羲之登兰亭，"仰观宇宙之大，俯察品类之盛，游目骋怀，极视听之娱"⑤。仰俯远近的游目，与《周易》"仰则观象于天，俯则观法于地"⑥有特殊的渊源。

第三节　阴阳之道及"感"的美学意味

一、天地万物之美：阳刚、阴柔美

天地万物之美，无穷无尽，却可以阴柔和阳刚两类概括之。

---

① 老子：《道德经》，四部丛刊初编本，《德经》下《同异第四十一》。
② 成立：《"辨于味"及其他——中国古典文学解释理论初探》，《名作欣赏》1997 年第 5 期。
③ 宗白华：《宗白华全集》，第二卷，安徽教育出版社 1994 年版，第 423 页。
④ 宗白华：《宗白华全集》，第二卷，安徽教育出版社 1994 年版，第 436 页。
⑤ 张溥：《汉魏六朝百三家集·晋王羲之集》，文渊阁《四库全书》本，卷五十九《兰亭集序》。
⑥ 王弼等注：《周易》，四部丛刊初编本，《系辞下》。

　　阴、阳之分,其源长远。"阴阳"是中国古代哲学的一对范畴。"阴阳"的最初含义是很朴素的,表示阳光的向背,向日为阳,背日为阴,后来引申为气候的寒暖,方位的上下、左右、内外,运动状态的躁动和宁静等。中国古代哲学家们进而体会到自然界中的一切现象都存在着相互对立而又相互作用的关系,就用"阴阳"这一对范畴来表示自然天象和人事中的两种基本势力及其相互关系和由此导致的变化发展过程,并认为阴阳的对立和消长是事物本身所固有的,进而认为阴阳的对立和消长是宇宙的基本规律。阴阳之间的关系可以用五个方面概括:阴阳一体、阴阳对立、阴阳互根、阴阳消长和阴阳转化。

太极图

　　"阴"、"阳"二字,殷墟甲骨文中已经出现,当时被用来解释一些奇异现象和事物发生、发展、变化及消亡的根本原因。"阴阳"这个哲学概念在春秋战国很多典籍被提到,如《管子·四时》:"是故阴阳者,天地之大理也;四时者,阴阳之大经也。"《老子》:"万物负阴而抱阳,冲气以为和。"(《老子·第四十一章》)《国语》中伯阳父说:"夫天地之气,不失其序;若过其序,民乱之也。阳伏而不能出,阴迫而不能,于是有地震。"(《国语·周语上》)范蠡说:"阳至而阴,阴至而阳;日困而还,月盈而匡。古之善用兵者,因天地之常,与之俱行。"(《国语·越语》)《庄子·知北游》:"阴阳四时运行,各得其序,然若忘而存,油然不形而神。"《庄子·田子方》:"至阴肃肃,至阳赫赫,肃肃出乎天,赫赫发乎地,两者交通成和,而物生焉。"《荀子·天论》:"列星随旋,日月递炤,四时代御,阴阳大化。"《荀子·礼论》:"天地合而万物生,阴阳接而变化起。"《黄帝内经》:"阴阳者,天地之道也,万物之纲纪,变化之父母,生杀之本始,神明之府也。"(《黄帝内经·素问·

阴阳应象大论》）如此等等。

《易经》虽尚未明确提出"阴阳"的概念，却显然蕴涵着"阴阳"的观念，正如《说卦》所言，"观变于阴阳而立卦。"据近人梁启超考证，《易经》六十四卦卦爻辞中只有中孚卦的九二爻辞提到了"阴"字："鸣鹤在阴，其子和之。"但此处的"阴"义为"荫"，并不是"阴阳"的"阴"的意义。此外，梁启超还考证出：《仪礼》全书无"阴"、"阳"二字；《尚书》言"阴"、"阳"者各三处；《诗经》言"阴"者八处，言"阳"者十四处，言"阴阳"者一处。梁启超在《阴阳五行说之来历》中指出这些典籍提到的"所谓阴阳者，不过是自然界中一种粗浅微末之现象，绝不含何等深邃之意义"。这种评价是基本符合史实的。但六十四卦的符号却是以阴爻和阳爻作为基础的，卦名中也出现了"乾"—"坤"、"泰"—"否"、"剥"—"复"、"损"—"益"等矛盾对立的概念范畴。《易》的两仪符号、对立卦名以及卦爻辞用语，都说明《易经》是以"阴阳"观念为基础构建起来的符号体系，距离"阴阳"哲学概念的提出只有一步之遥了。到了《易传》，有关阴阳的论述就很多了。《易传》把阴阳提到了一个新的哲学高度，赋予阴阳以博大精深的美的含义。阴阳两爻内涵得到不断的充实和深化，最终达到了这样的高度，以至世间一切事物乃至事物的内部构成和外在形式，都可以用阴阳这一对范畴来考察、分析和处理。这样，阴阳范畴就自然进入了美学层次，在与刚柔的结合中演化为阳刚、阴柔的概念，成为中国美学的核心范畴，无论其涉及哪一类型的美，都能发挥其核心范畴的作用。《周易》中类似阴阳这一类基本范畴，如刚柔、动静、形神、虚实和有无，等等，也都成为中国美学思想体系中的核心概念。

阳爻之阳刚美，阴爻之阴柔美，是周易卦象美中很重要的表征。

众所周知，阳刚与阴柔是易学的基本范畴。易象系统就是依靠阴爻"－－"和阳爻"——"两种基本符号组成成"四象"（太阴、少阴和少阳、太阳）、"八卦"（坤、艮、坎、巽和震、离、兑、乾），然后由八卦相重，得八八六十四卦。所谓"一阴一阳之谓道"，"阴阳不测之谓神"，就是说宇宙万物虽然极其纷繁，变化莫测，其实归根究底，它们的生生化化，无非是以阳刚与阴柔为代码的两种势力或属性在四维时空中互斥互补、对立统一造成的。

《周易》中，刚与柔，是一对矛盾的范畴。

《系辞上》云：

> 动静有常，刚柔断矣。
>
> 是故刚柔相摩，八卦相荡。
>
> 刚柔相推，而生变化。

刚柔者,昼夜之象也。

《系辞下》云:

刚柔相推,变在其中矣。

刚柔者,立本者也。

君子知微知彰,知柔知刚,万夫之望。

阴阳合德,而刚柔有体。

刚柔相易。

刚柔杂居,而吉凶可见矣。

柔之为道,不利远者。其要无咎,其用柔中也。三与五同功而异位。三多凶,五多功,贵贱之等也。其柔危,其刚胜邪?

刚柔的关系,是互动的关系,"相摩"、"相推";刚柔的关系,是互变的关系,"相易";刚柔的关系,是杂糅的关系,"杂居";刚柔的关系,还是统一的关系,"阴阳合德"、"刚柔有体"。刚与柔,相生相克,相反相成。刚与柔,可以相互撞击,彼此渗透,相荡相济,亦刚亦柔,形成亦此亦彼的美。

《周易·说卦》说:"观变于阴阳而立卦,发挥于刚柔而生爻",即指天地万物有阴有阳,因而创立阴阳两类卦象以象征之。阳为刚,阴为柔,万物有刚有柔,先人将物之刚柔两性加以发挥,并创造刚、柔两类爻象以象征之。

《周易》并未明确提出"阳刚之美"这样的观念,但从《周易》的卦象来看,它对阳刚之美是十分重视的。阳刚之象或刚健之美,是生命坚强有力的表现。《周易》的"刚健"之美有其雄强的气势力量,又是一种坦诚、直率、刚决、单纯的美,表现在"直"、"方"上。如《豫》卦"雷出地奋"的乐,即是充满阳刚之美的乐。又《大壮》卦,"雷在天上,大壮",也是壮美或阳刚之美。而"雷在天上"这样的景象,也是颇能给人以壮美或阳刚之美的感受的。《周易》卦象阳刚之美最突出表现在乾卦中。因为乾代表天,且具有纯阳至刚的特点,因此乾的美,实际是阳刚之美最集中的表现。阳刚之美乃是一种"大"美和"刚健"之美。阳刚之美还具有一种不可移易的整一性和纯粹性。也具有宇宙生命运动、变化的整一性和纯粹性。

阳刚之美的最高境界是与天之生命精神同一的。天是"万物资始"(《乾卦·象》)的源泉。"云行雨施,品物流行","乾道变化,各正性命","首出庶物,万国咸宁"(《乾卦·象》),天能行云施雨,万物因之得以滋养化育,人类因之而备有生命之必需。万事万物皆受天道变化的支配、与天之生命节律同构。天道因此而为阳刚之美的最高理想,"大哉乾乎! 刚健中正,纯粹精也。""乾始能以美利利天下,不言所利,大矣哉!"(《乾卦·文言》)天道刚健博大的大美,是主体对阳刚之美的永恒追求,"天行健,君子以自强不息"(《乾卦·象》)。如《同人》卦,上乾象天,下离象火,是火光冲天,光明灿烂之象,体现了"文明以健,中正而应"(《同人卦·象》)这样一种刚健中正的美学精神。《同人》卦所体现的这一美学精神是"应乎乾"(《同人卦·象》),即与天道相顺应的。"同人"光辉天宇之象启示主体去追求文明刚健之德。审美主体从中体悟了美的生命节律,"能通天下之志"(同上)。

正如《周易》没有明确提出"阳刚之美"的概念一样,《周易》也没有明确提出"阴柔之美"的概念。但《周易》卦象却间接地用线条描绘和说明了可归入阴柔之美的各种现象,如:《坤》卦("天地变化,草木蕃")、《蛊》卦("山下有风")、《升》卦("地中生木")、《中孚》卦("鸣鹤在阴")之类,都颇能给人以优美(阴柔之美)的感受。阴柔之美体现最突出的,是《坤卦》。坤为地,具有纯阴至柔的特点,因此坤的美,也当是阴柔之美最集中的表现。

从卦象中我们可以看出:"阴柔之美"指的是一种宽厚博大的母性美。在《周易》的思想中,坤象征地,象征母。《周易·说卦》谓:"坤地也,故称乎母",而大地和母亲均具有化育、承受和包容的品性。《坤卦·象》中说:"坤厚载物,德合无疆",《坤卦·象》中说:"地势坤,君子以厚德载物。""阴柔之美"又是一种包容广大的、内含的美。"坤"卦的经文和传文中曾说:"坤""含弘光大"、"含章可贞"、"含万物而化光"、"有美含之","弘"、"光"、"大"、"章"、"贞"均与"美"相通,而"含"的意思即指包含、内含。因此,"阴柔之美"实际是一种含蓄的美。同时,"阴柔之美"指的是一种柔顺的、静态的美。《坤卦·象》中说:"至哉坤元,万物资生,乃顺承天","顺"是坤的一个基本特征。同时,《坤卦·文言》中又说,坤具有"至静"的特点。"阴柔之美"或坤之美的表现是平和、柔顺、安稳、平静。"坤"之美或阴柔之美,其基本精神是执著于现实人生的,而且同样也是生命力的一种表现。所以,《坤卦·文言》中说:"坤,至柔而动也刚,至静而德方",在至柔、至顺和至静中又表现出刚健的力量,这是《周易》所讲的阴柔之美的重要特点。阴柔之美的最高境界是与地之生命精神相契合。地的生命精神是顺承天道,资生万物,"地厚载物,德合无疆"(《坤卦·象》)。地之美表现出来,"含弘光大,品物咸亨"(《坤卦·象》),对审美主体有巨大的感动作用。"君子'黄'中通理"(《坤卦·文言》),自觉地与坤道之美同律,"正位居体"(《坤卦·文言》)。

所以,一旦了悟阴柔美与阳刚美的内在精神,也就抓住了美的生命本质,

"仰以观于天文,俯以察于地理,是故知幽明之故"(《周易·系辞上》)。感知了美的生命本质,方能够"与天地相似,故不违",与天地同律,"知周乎万物,而道济天下"(《周易·系辞上》)。在《周易》中,"乾"有阳刚美,"坤"有阴柔美。《周易》的阳刚之美相济相荡,大体是和谐中包含着斗争,而阴柔之美则往往是差别中追求着和谐,阳刚之美更倾向于严肃性和斗争性,而阴柔之美则更倾向于愉悦性和统一性。表面看来,这两种不同类型的美似乎如冰炭之不能同器,却又确实可以统于一体,它显示出这两种美实际是互为表里、相互补充的,有时它们甚至还可共同构成一个矛盾统一的艺术体。《周易》对阴阳两美兼收并蓄,这对于后人是很有启发的,《周易》中这种美学意蕴,实开风格美论之先声。历代很多关于阳刚与阴柔的见解,实际上都是在《周易》阴阳刚柔说的基础上,在具有阳刚美和阴柔美的"易象"的启发下所作的引申和发挥的(如"飞龙在天","云从龙,风从虎"等,即具有阳刚之美的"易象";"鸣鹤在阴,其子和之","枯杨生稊"等,即具有阴柔之美的"易象")。

易卦的特性是阴阳裂变、刚柔相济。卦爻符号变易中的多种形态,显示了《周易》符号阴阳美的多样性。孔颖达在《周易正义·序卦》疏中所提出的"二二相耦,非覆即变"说,就显隐着六爻符号的对称美、整一美、倒置美、对立美。孔说:"六十四卦,二二相耦,非覆即变。覆者,表里视之,遂成两卦。屯、蒙、需、讼、师、比之类是也;变者反覆,唯成一卦,则变以对之。乾、坤、坎、离、大过、颐、中孚、小过之类是也。"所谓"二二相耦"即以两卦为一对,进行排列,具有阴阳裂变的美。就爻性与爻位的关系而言,则显示了爻性之动与爻位之静的对立统一的根本特点。从此出发,衍生出当位状态,显示出阴阳相重的契合美;又衍生出应位状态,显示出阴阳相间的呼应美;又衍生出承乘状态,显示出阴阳相比的顺达美;又衍生出往来状态,显示出阴阳相渗的流通美;而这一切,都从不同角度中体现了万事万物变化不息、运动不止的状态。

二、"一阴一阳之谓道":人类的生命美学

《周易》有近三十处提到"生":

《彖》曰:至哉坤元,万物资生,乃顺承天。(《坤》卦)

《彖》曰:屯,刚柔始交而难生。(《屯》卦)

六三,观我生,进退。(《观》卦)

九五,观我生,君子无咎。(《观》卦)

上九,观其生,君子无咎。(《观》卦)

九二,枯杨生稊,老夫得其女妻,无不利。(《大过》卦)

九五,枯杨生华,老妇得其士夫,无咎无誉。(《大过》卦)

《彖》曰:……天地感而万物化生,圣人感人心而天下和平。(《咸》卦)

《彖》曰:天施地生,其益无方。(《益》卦)

《彖》曰:地中生木,升。(《升》卦)

方以类聚,物以群分,吉凶生矣。(《系辞上·第一章》)

圣人设卦观象,系辞焉而明吉凶,刚柔相推而生变化。(《系辞上·第二章》)

原始反终,故知死生之说。(《系辞上·第四章》)

生生之谓易,成象之谓乾,效法之谓坤,极数知来之谓占,通变之谓事,阴阳不测之谓神。(《系辞上·第五章》)

夫乾,其静也专,其动也直,是以大生焉。夫坤,其静也翕,其动也辟,是以广生焉。(《系辞上·第六章》)

子曰:乱之所生也,则言语以为阶。(《系辞上·第八章》)

是故,易有太极,是生两仪,两仪生四象,四象生八卦,八卦定吉凶,吉凶生大业。是故,天生神物,圣人执之。(《系辞上·第十一章》)

天地之大德曰生,圣人之大宝曰位。(《系辞下·第一章》)

是故,吉凶生,而悔吝著也。(《系辞下·第三章》)

日往则月来,月往则日来,日月相推而明生焉。(《系辞下·第五章》)

往者屈也,来者信也,屈信相感而利生焉。天地絪缊,万物化醇。男女构精,万物化生。(《系辞下·第五章》)

文不当,故吉凶生焉(《系辞下·第十章》)

是故,爱恶相攻而吉凶生;远近相取而悔吝生,情伪相感而利害生。(《系辞下·第十二章》)

昔者,圣人之作易也,幽赞神明而生蓍;发挥於刚柔,而生爻。(《说卦》)

震为雷……其於稼也,为反生。(《说卦》)

有天地,然后万物生焉。(《序卦》)

屯者,盈也,屯者物之始生也。物生必蒙,故受之以蒙。(《序卦》)

“生”是一个会意词,甲骨文字形,上面是初生的草木,下面是地面或土壤。本义:草木从土里生长出来;滋长。《说文》曰:“生,进也。象草木生出土上。”《周易》中“生”动词解有:孕生、产生、发生、长出、使……生、发明等;名词解有:生命、生存、本性等。

《周易》也有六处提到"死"：

> 六五：贞疾，恒不死。（《豫》卦）
>
> 九四：突如其来如，焚如，死如，弃如。（《离》卦）
>
> 象曰：说以犯难，民忘其死。（《兑》卦）
>
> 象曰：泽上有风，中孚；君子以议狱缓死。（《中孚》卦）
>
> 原始反终，故知死生之说。（《系辞上·第四章》）
>
> 子曰：非所困而困焉，名必辱。非所据而据焉，身必危。既辱且危，死期将至，妻其可得见邪？（《系辞下·第五章》）

六处中，有一处"不死"，有一处"忘死"，还有一处"缓死"，另外一处"知死生"是和"生"相提并论，而真正说"死"的只有"死如"和"死期"二处，可见《周易》重生，而淡死。孔子曰："未知生，焉知死？"中国哲学对死亡，大多数时候采取一种回避的态度，《周易》就是一个明证。

《周易》认为天地万物都是由阴阳二气交感而生，所谓"天地交而万物通也，上下交而其志同也"（《泰卦·象》），"天地不交而万物不通也，上下不交而天下无邦也"（《否卦·象》），"天地不交而万物不兴"（《归妹卦·象》），所以说："有天地然后万物生焉。盈天地之间者，唯万物（《序卦》）。"天为阳，地为阴，天地交感也就是阴阳相交变易。阴阳的交合、变化，是万物生、变的根由。乾为阳，为天；坤为阴，为地——这是从天、地总体上的把握。天的晴、晦、昼、夜，又成阴、阳；地的表、里、向、背，也有阴、阳之别。人，男为阳，女为阴，乾像男，坤像女。具体到个体的人，乾为首，坤为腹，左为阳，右为阴……天地交，云行雨施，地生万物；男女交，孕嗣生息。

美既附丽于万物，那么美的存在无不是阴阳交媾的结晶。如《小畜》卦，上巽象风为阴，下乾象天为阳，"柔得位而上下应之"（《小畜卦·象》），是"风行天上"（《小畜卦·象》）"密云不雨"（《小畜卦·卦辞》）之象。《大畜》卦下乾上艮，艮为山，是天在山中，天之光明辉映群山，草木鸟兽生意盎然的美丽景象。天道刚健，山性浑厚，天光山色，相映成辉，"刚健笃实，辉光日新"（《大畜卦·象》）。《姤》卦是乾上巽下，"天下有风"，吹拂万物，感应于人类社会，"后以施命诰四方"（《姤卦·象》）。乾为阳，巽为阴，"柔遇刚也"，"天地相遇，品物咸章也。刚遇中正，天下大行也"（《姤卦·象》）。天地相遇，阴阳交流，万物盛长，这里"生"之"大行"，是万物分合离遇的"生"之法则。

阴阳两个相互对峙的方面虽然相互对立、相互排斥，但相反而又相成，即相资相济、相互补充，阳中有阴、阴中有阳，宇宙中没有孤阴孤阳之物，也没有纯阴纯阳之事。《周易·系辞上》说:"夫乾,其静也专,其动也直,是以大生焉。夫坤,其静也翕,其动也辟,是以广生焉。"专,读作抟,即抟聚。翕即合闭。这是说,乾的性能之所以为大生,是因为其静时处于抟聚状态,动时则伸直;坤的性能之所以为广生,是因为其静时处于合闭状态,动时则辟开。如此看来,乾坤两卦,表示纯阳之乾又包含有阴静的方面,纯阴之坤也包含有阳动的方面。正如《文言》所说:"坤至柔而动也刚,至静而德方。"坤为阴,其性柔顺而静止;刚健为乾的德性,属阳。坤作为柔静的代表,其中包含有运动和刚健的性能。《系辞》解释乾坤两卦说:"乾知太始,坤作成物。"《彖》说:"大哉乾元,万物资始";"至哉坤元,万物资生"。认为阴阳之功能相互配合,一主始有,一主生成,即"阴阳合德",方有生化万物之大业。如《说卦》所说:"水火相逮,雷风不相悖,山泽通气,然后能变化,既成万物也。"阴阳既相互依存,又相互渗透,有阳就有阴,有阴就有阳与之相对应,两者间存在交接美。

阴阳既有相合的一面,又有相搏的一面。《说卦》云:"战乎乾。乾,西北之卦也,言阴阳相薄也。"清代陈梦雷《周易浅说》卷八"说卦传"云:"乾曰阴阳相薄者,九十月之交,阴盛阳微,阴疑于阳必战。"高亨《周易大传今注》卷六"说卦"注云:"薄借为搏。《说卦》以八卦配八方,乾为西北,故曰:'乾,西北之卦也。'以八卦配四时,乾为秋末冬初四十五日之季节。此季节阴气与阳气相搏斗,故曰:'言阴阳相搏也。'阴阳相搏斗,万物自在阴阳搏斗之中,故曰:'战乎乾。'"

阴阳对立,必然相搏。或阳胜阴,或阴胜阳,或阴阳纠缠、难解难分;若阴阳和谐,则美在其中。故《乾卦·文言》曰:"潜龙勿用,阳气潜藏。"《坤卦·文言》曰:"阴虽有美,含之以从王事,弗敢成也。"这里既肯定了阳的功能,又赞扬了阴的美。阴与阳,虽有相斥的一面,也有相吸的一面。从阴阳相搏到阴阳合德,便臻于美的境界。这就是《坤卦·文言》所说:"正位居体,美在其中,而畅于四支,发于事业,美之至也。"

卦象阴阳两个相互对待的方面又总是处于相互推移或相互消长的过程之中,一阴一阳处于动态的境地,相互转化,流转不止。《周易》所谓"一阴一阳之谓道",其含义之一,就是阴阳互变,以此说明卦爻象和事物变化的法则。《系辞》说:"刚柔相推,变在其中。"阴阳相互推移和转化,是事物变易的基本形式。"相推"不仅包含阴阳互变,而且包括屈伸往来,互相消长。如其所说:"日往则月来,月往则日来,日月相推而明生焉。寒往则暑来,暑往则寒来,寒暑相推而岁成焉。往者屈也,来者信也,屈信相感而利生焉。"《彖》也说:"天地盈虚,与时消息"，"君子尚消息盈虚，天行也"。"天行"即天道。阴阳变易总是处于盈虚、消长的过程，这是天地万物的基本法则。到了汉代，易学家们则把此种变化的形式称为阴阳消息。汉易卦气说以阴阳偶之数解释阴阳二气，以六十四卦中阴阳爻象的变化解释阴阳二气消长及节气变化的过程。其中有十二辟卦，代表十二个月和一年二十四节气中的中气。如《复》卦为一阳生，表示阳气始动，当十一月冬至；《临》卦二阳生，《泰》卦三阳生，《大壮》卦四阳生，《夬》卦五阳生，至《乾》卦六爻皆阳，表示阳气极盛，当四月小满；其后，《姤》卦为一阴生，表示阴气始动，当五月夏至；《遁》卦二阴生，《否》卦三阴生，《观》卦四阴生，《剥》卦五阴生，至《坤》卦六爻皆阴，表示阴气极盛，当十月小雪。盛极而衰，阴极阳生，然后，复卦一阳又起，如此循环无穷。以此说明一年四季乃阴阳即寒暖二气互为消长的过程。李洲在《易学综述》中认为，十二辟卦的阴阳消长体现了生命的成长衰变。"坤"代表怀孕，"复"表示婴儿出生，"临"表示进入少年，"泰"表示进入青年，"大壮"表示进入青年旺盛时期，"夬"表示进入青年最旺盛时期，"乾"表示最盛时期，"姤"表示开始衰变，"遁"、"否"、"观"、"剥"都是逐渐衰老的阶段，直到"坤"为死亡，生命走完了一个周期。①

《周易》不仅以周流为化生万物之根源，而且将生命的最高境界也归之于周流。《周易·系辞上》曰："是故圣人以通天下之志，以定天下之业，以断天下之疑。是故蓍之德圆而神，卦之德方以知，六爻之义易以贡。"蓍是占筮用的蓍草，"德"意近性质。韩康伯解云："圆运，运而不穷；方止，止而有分。言蓍以圆象神，卦以方象知也。唯变所适，无所不周，故曰圆，卦列爻分，各有其体，故曰方也。"《周易》以"周流"来描绘道的神秘特性，在此基础上又把"周流"作为一种终极境界。

一阴一阳中蕴涵着生之道。《周易·系辞上》："《易》与天地准"，"生生之谓易"。《系辞下》："天地之大德曰生。"生的法则在《周易》中升华为生命的最高原则。"象"在中国古代美学中，之所以成为一个基元范畴，就在于它是一个有生命的存在，体现着"道"、"气"，秉有"道"、"气"一体，宇宙万物和合交通的生机和活力。天地的生命秩序强化了主体的生命意识，主体的生命意识又赋予客体以人的生命情感。天地自然由之而具有生生不息、积极乐观的生命节律，乐观的人生意识充实了阴阳之道。这是一种理性与情感互渗的充满生命感和美感的人生哲学的表现。人生观和审美观浑然一体，表现了生命意识的自觉。

_____

① 参见李洲：《易学综述》，中国广播电视出版社 1991 年版。

《系辞》认为，万事万物的产生，其根源在于作为"易之蕴"（《周易·系辞上》）、"易之门"（《周易·系辞下》）的乾、坤两卦。《周易·系辞上》讲："乾道成男，坤道成女；乾知大始，坤作成物。"乾，代表天，指称父，是男性的象征；坤，代表地，指称母，是女性的象征。揣摩《周易》卦象，我们不难发现《周易》中遗留的生殖崇拜文化的印痕。从"－－"和"——"这两个神秘符号可以看出：男根女阴遂被纳入八卦的象征阈，这可谓八卦符号的显意义或象征意蕴。钱玄同在《答顾颉刚先生书》中说："我以为原始的《易》卦，是生殖器崇拜时代底东西，乾、坤二卦即是两性底生殖器底符号。"郭沫若在《中国古代社会研究·〈周易〉时代的社会生活》中说："八卦的根柢我们很鲜明地可以看出是古代生殖器崇拜的孑遗。画一以象男根，分而为二以象女阴，所以由此而演出男女、父母、阴阳、刚柔、天地的观念。"又说："八卦就这样得着二重的秘密性：一重是生殖器的秘密，二重是数学的秘密。"①还有范文澜等也持此种观点。阴阳二爻记录着人类文化悠远的发端——原始生殖崇拜信息，尽管它们已从符号构成上因抽象化而被提纯，其始于"象形"的基础仍不难推想；而男女交媾，阴阳相迭，则生命繁衍不息。这一点还可以从远古其他国家的生殖崇拜推论，如印度古代古坊，上细下粗，后演变为塔，其构造形状，就含有生殖器崇拜的成分。在古埃及、叙利亚、希腊和印加等文明发祥地，用崇拜生殖器的方式去崇拜人的生殖力和生命力的情景，也处处可见（如下图古印加的陶偶，生殖器硕大、几乎与人等高，明显的生殖器崇拜）。正如黑格尔说："东方所强调和崇敬的往往是自然界的普遍的生命力，不是思想意识的精神性和威力，而是生殖方面的创造力……对自然界普遍的生殖力的看法是用雌雄生殖器的形状来表现和崇拜的。"②当然，把卦爻诠释为男女生殖器的观点把问题看得太简单了，因为固然卦爻的产生与男根、女阴有一定关系（即所谓"近取诸身"），但卦爻绝不是单纯来源于男根女阴（还有"远取诸物"），我们认为卦爻不仅仅单纯代表男女生殖器，它们还有更深广的象征意蕴。

《说卦》具体阐述了八卦模写的生命形式：

乾……阴阳相薄（即搏）也。

坤……万物皆致养也。

震……万物出乎震。

巽……言万物之絜齐也。

---

① 郭沫若：《郭沫若全集》，历史编第一卷，人民出版社1982年版，第33页。
② 黑格尔：《美学》，第三卷（上），朱光潜译，商务印书馆1986年版。

古印加的陶偶

象征男女交合的0和1,以及由此而演变成的十字架

坎……万物之所归也。

离……万物皆相见。

艮……万物之所成终,而所成始也。

兑……万物之所说也。

对八卦大系统复写的宇宙化生过程,《序卦》作了系统的概括:

有天地然后有万物,盈天地之间者唯万物,故受之以屯。……屯者,物始生也,故受之以蒙。蒙者,蒙也,物之稚也……有天地然后有万物,有万物然后有男女,有男女然后有夫妇……夫妇之道不可不久也,故受之以恒……有过物者必济,故受之以既济;物不可穷也,故受之以未济。

不仅八卦再现的是宇宙生命本体,而且由八卦衍生的六十四卦同样也再现了宇宙生命的整体过程,八卦卦象美学的生命意味因六十四卦的错综衍演而更加强化。八卦及六十四卦,本质上是对化育万物、致养万物和终始万物的生命机制的再现。在《周易》看来,任何事物都是有条件的存在,它总要向他物过渡。《序卦》反复强调"物不可以终通"、"物不可以终否"、"物不可以终壮"、"物不可以终动"以及"物不可以终止",等等。所以,《周易》特别强调"生"这一天地万物之大德,强调生生不已的生命之火的薪传过程。"物相遇而后聚,故受之以《萃》。萃者,聚也。聚而上者谓之升,故受之以《升》。升而不已必困,故受之以《困》。因乎上者必反下,故受之以《井》……"(《序卦》)

既然生命运动无处不在、无时不有,那么美的创造自然就是对生命的模写、再现和歌颂。如《豫》卦,上震象雷,是"雷出地奋",惊雷震动万物,万物生机勃勃的春之景象。从宇宙运化的规律看,春天是生命勃发之际。小宇宙生命的欢欣与大宇宙生命的激悦融为一体,春天洋溢着生命的亢奋和热情。所以,当春雷提示生命复苏的时候,"先王以作乐崇德,殷荐上帝,以配祖考"(《豫卦·象》)。雷声是万物复苏的歌声,音乐是人类生命的礼赞。先王创作音乐,是为了歌颂天地资生万物的伟大,歌颂祖考繁衍养育子孙的功德。一方面是"天地感,万物化生"(《咸卦·彖》),一方面是"圣人感人心,而天下和平"(《咸卦·彖》)。所以,"观其所感,而天下之情可见矣"(《咸卦·彖》)。通过观照和复现宇宙生命的创化,通过对自然与人文之美的感知,可以纵览生命之美的全部意蕴。

儒家生命美学最集中地体现于《周易》"一阴一阳之谓道"的生命美学智慧之中。《周易·系辞上》云:"生生之谓易。"《系辞下》云:"天地之大德曰生。"说明"易"的实质在于"生生",即蕴生生命,生生不已,而这也正是天地之大德。这表明对"易"的哲学思考与审美观照是始终以"生"为核心展开的。可见,《周易》的思想是建构于原始生殖崇拜文化基础之上的。

《周易》首先体现出以人的生殖繁衍为宇宙间原初之美、伟大之美的思想。《周易》以乾坤两卦开首,而乾坤两卦代表着《周易》思想主旨。《周易·系辞上》说:"乾坤其《易》之蕴耶! 乾坤成列而《易》立乎其中矣。乾坤毁则无以见《易》,《易》不可见,则乾坤或几乎息矣。"

而乾坤两卦,正是人类原始生殖崇拜思想的反映。《系辞下》云:"乾坤,其《易》之门邪?乾,阳物也;坤,阴物也。"又云:"乾道成男,坤道成女。"《周易·系辞上》还更直接描述两性行为:"夫乾,其静也专,其动也直,是以大生焉。夫坤,其静也翕,其动也辟,是以广生焉。"而在两性生殖基础上,推衍出万物化生的生命哲学思想。《系辞下》云:"天地绸缪,万物化醇,男女构精,万物化生。"而这也便是"生生之谓易",体现出原始生殖崇拜思想遗迹。中国文化思想中,美与人类生殖有着密切关系,人类生殖乃是美之底蕴。

周易卦象之生命魅力还体现在其周流变化中可以体现气韵之美,而气韵是中国美学一个非常重要的概念。

"气"在《易经》中并没有提及,在《易传》中提到六次。

同声相应,同气相求。(《乾卦·文言》)

潜龙勿用,阳气潜藏。(《乾卦·文言》)

柔上而刚下,二气感应以相与。(《咸卦·象辞》)

精气为物,游魂为变。(《系辞上》)

天地定位,山泽通气。(《说卦》)

山泽通气,然后能变化,既成万物也。(《说卦》)

"气"是《易传》的重要范畴,虽然从文字上看,《易传》提到"气"字并不多,但实际上《易传》所论述的"阴阳"就是所谓的"二气",刚柔二爻(两仪)可看成阴阳二气,六十四卦、三百八十四爻甚至都可以看成是"气"的符号。这便使生命由物的概念转化为精神的概念。生命既为物质,又为精神,这是一种独特的生命观,这是《易传》对中国美学的突出贡献,也是中国美学对世界美学的特别贡献。

审美感性是对"生"之本体的感悟,是生命充实旺盛的美的物象给予主体心理的作用。审美主体内在的生命脉搏与审美客体所特有的生命情感的律动相谐调、相应和时,主体心理就升腾起美的旋律。审美感知不是受动的映象过程,而是主动的会通过程。阴阳交感的规律是宇宙最根本的规律,《周易》的宇宙模式论,是充满生命激情的生命本体论。对生命的崇拜,渗透于《周易》灵魂底层。这一万物化生的生命交响曲,不仅吹响了生命有机体衍生的号角,同时也奏出了一曲生命之美的颂歌。在《周易》诸卦中,"生"并不拘泥于生殖崇拜,也并不局限在"男女构精",而是由此出发,推衍或拓展到了宇宙生命的全过程,包容了一切生命行为、生命活力和生命情感等。而且后者在《周易》诸卦中尤为重要。比如,《咸》卦便是生命美感的典范,其《象》曰:"咸,感也。柔上而刚下,二气感应以相与,止而说……天地感而万物化生,圣人感人心而天下和平;观其所感,而天地万物之情可见矣!"生命交感之美简直妙不可言(后文将详细论及)。又如离卦所展现的是"日月丽乎天,百谷草木丽乎土,重明以丽乎正,乃化成天下"。①王弼注:"丽,犹著也,各得所著之宜。"孔颖达疏:"丽,犹谓附著也。"这是一幅充满生机的壮丽图景。万物欣欣向荣,勃发着生命力,笼罩着美的光辉。这正是畜养母牛("利贞,亨,畜牝牛吉")、"广生"、"大生"的大好时光。由于"丽"指一物附着于另一物,故又引申为人或事物形式的美好。如楚宋玉《登徒子好色赋》云:"体貌闲丽,所受于天也。"人体的美,是上天所赐,和天同丽。又如《恒》卦是对恒久之道的赞美。《恒》卦所表现的是"雷风相与"②的自然恒久之象,因而,"日月得天而能久照,四时变化而能久成,圣人久于其道而天下化成"。面对天地万物生生不已的变化过程,"天地万物之情可见矣"。在《周易》中,天地总是厚涵着生命意志、洋溢着生命情趣、充满着美的意象:"在天成象,在地成形,变化见矣。是故刚柔相摩,八卦相荡,鼓之以雷霆,润之以风雨,日月运行,一寒一暑,乾道成男,坤道成女,"③在这里所感受到的充盈着生命精神的天地之美,是美的生命本体。

美是人类对审美对象的发现和认同,美令人欣赏,并带给人喜悦,美因而从本质上包容了人的生命情感。同时,人性的价值也在美的世界中得到弘扬。所以,如果失却了"生"的精神,一切美的存在、美的创造也便失去了意义,美的欣赏更无从谈起。

由于《周易》美学生命本体论的影响,中国古代美学特别强调美的生命力,力求在事物运动的过程中抓住美之真谛。所以无论是审美批评还是审美创造,都不重单薄的形似,而是以风神骨气为上,讲求"气韵生动",把生命精神的表现视为审美创造的最高原则,也把对生命精神的感悟视为审美欣赏的最高境界。刘勰由此出发提出"文律运周,日新其业。变则其久,通则不乏。趋时必果,乘机无怯"(《文心雕龙·通变》)。王夫之认为"自然之华,因流动生变而成其绮丽"(《古诗评选·卷五》)。叶燮认为"变化不测,不可端倪,天地之至神也,即至文也","乾坤一日不息,则人之智慧心思,必无尽与穷之日","时有变而诗因之","诗递变而时随之","递变递盛,诗之流也"(《原诗·内篇》)。

《周易》卦象这种循环往复的周流之生命观被运用到艺术领域,中国艺术便

① 王弼等注:《周易》,四部丛刊初编本,《离卦·象》。
② 王弼等注:《周易》,四部丛刊初编本,《恒卦·象》。
③ 王弼等注:《周易》,四部丛刊初编本,《系辞上》。

散发出独特的韵味。中国艺术总是以生机为运,强调生烟万变、灵气奔会、活泼玲珑,以见氤氲流行之妙。《文心雕龙》强调为文要有往复回环之妙,其《附会》篇云:文章应"首尾周密,表里一体",达到"首尾圆合"之境界。

正是由于《周易》突出体现一种生命美学的智慧,决定了它在人的生死问题上的特殊的生命美学思考与价值取向。从以上研究我们知道,《周易》十分重视人的生殖、生命及其生命境界之美,言"生"的论述丰富,而言"死"的内容却极少。谈到"死"时,也只是说"原始反终,故知死生之说。"(《周易·系辞上》)所谓"始"也即是"生",所谓"终"也即是"死","原"也即是察,"反"也即是求。考察万物之始,故知其所以生,究求万物之终,故知其所以死。人有生必有死,推原出生为何物,即知死为何物,知生则知死。显然,《周易》独特的审美视角,是执著于"生"的。这对后来中国美学有极大的影响,如孔子就有"未知生,焉知死"(《论语·先进》)的强烈重生倾向。正如王夫之所指出的:"由至新而言之,则死亦生之大造矣。"(《周易外传》卷三)死是大生!

因此,我们可以这样说:"生生"的美学智慧构成了中国传统文化精神的重要组成部分,鲜明地体现出生命的"刚健、笃实、辉光、日新"(《大畜卦·象》)的大美。

三、"立象尽意"的中国美学意味

"立象以尽意",是个复杂而模糊的易学概念。它本于《周易·系辞上》:

> 子曰:"书不尽言,言不尽意。"然则,圣人之意,其不可见乎? 子曰:"圣人立象以尽意,设卦以尽情伪,系辞焉以尽其言,变而通之以尽利,鼓之舞之以尽神。"

清代易学家陈梦雷在《周易浅述》卷七中说:

> 言之所传有尽,象之所示无穷。立象尽意,指伏羲所画之卦爻,包含变化无有穷尽,虽无言而吉凶同患之意悉具于中,所谓尽意也。

"言"的外化则为"象","言"的内化则为"意"。"言",即有活生生的"象"为造型,又有切实的"意"为底蕴。"象"为"言"之形式,"意"为"言"之内容。"立象"可以"尽意",即立有限之"象"只可部分地尽无限之"意";但"立象"又不可以完全"尽意",即立有限之"象"不可以毫无遗漏地尽无限之"意"。

中国先人觉察到,人类固然要依靠语言文字去表情达意,但是"书不尽言,言不尽意";特别是在表达精深微妙的思想感情时,更突出地显露其局限性。所以别出心裁,采取"立象以尽意"的象征方法,寓无形于有形,寓无限于有限,让人们在玩味象征性的"卦象"时能够触类旁通、入神致用。

　　如果说,观物取象是对原象的复制与掌握,因而是再造之象的话;那么,立象以尽意便是在观物取象的基础上,对物象的冶炼、概括,以立抽象之"象"。而唯其如此,"象"才可以尽万事、万物和万象之"意"。如果说,取象(心取)是对观物(目观)的超越;那么,立象以尽意便是对观物取象的超越。这种超越表现在尽意上,因而它已非平常的物象,而是经过思想熔炉浇铸的意象,这是体现主观创造精神的创造之象。

　　"观物取象"与"立象以尽意"虽然都是主客观的统一,但前者强调的是"象"的客观性,后者强调的是"意"的主观性。

　　"象",有大有小;"意",有显有幽。《周易·系辞下》曰:"夫《易》,彰往而察来,而微显阐幽。"韩康伯注曰:"《易》无往不彰,无来不察,而微以之显,幽以之阐。"

　　《系辞下》又曰:

　　　　其称名也小,其取类也大。

韩康伯释之为:"托象以明义,因小以喻大。"这里表明,象是小的。象的形状,可大可小,有大有小,它是不确定的、模糊的。至于意,则"其道甚大,百物不废"(《系辞下》),因为它是广大深远、无所不包的易理、义理。

　　《周易》言意观的核心内容就是"立象以尽意"。需要强调的是,《周易》并不主张单纯以"象"尽意,或以"言"尽意,而是主张言象结合、言象相佐而尽意。《周易·系辞上》可为之佐证:"是故君子居则观其象而玩其辞,动则观其变而玩其占,是以自天佑之,吉无不利。"君子只有"观其象而玩其辞",言象兼用,才能正确理解卦象和爻辞的意图,把握其中的真谛。

　　"立象以尽意"是人们认识世界、把握世界的一种手段或途径。实际上"象"与"言"一样可以说明某种现象或某种事物,揭示或提示其中的某种含义。而"尽意"却并不一定能够全尽其意。如前所言,意在"其道正大,百物不废",岂可一言或一象可以"尽"之! 它其实是既可尽,又不可尽。可尽者,表层之物;而不可尽者,在其莫可穷尽之意、无限之意。"托象以明义,以小喻大",既是"喻",当然只是暗示,只是指明其大概,而不可穷尽其微妙,因为这是不可穷尽的。正如王振复先生所认为的那样:

　　　　就《周易》意象美学智慧的整体而言,"立象以尽意"("言尽意")应与"言不尽意"命题,"活参"起来看,其真义在于"不尽"之"尽"。因而归根结蒂，"立象"能否"尽意"呢？在"尽"与"不尽"之间。①
可以说《周易》兼言"言不尽意"与"立象以尽意"，以两者互参，而不以为悖，正体现了辩证的哲学智慧和深邃的美学智慧。

前已指出，《周易》"立象"源于"观物"，而目的是为了"尽意"，为了内在情志的深入表现。《周易·系辞上》曰："观其象而玩其辞"，即根据"象"的特征来安排文辞。任举一例罢："坤卦上六"之"龙战于野，其血玄黄"就颇值得玩味。"上六"当指坤之阴柔已至巅峰之末，处于最高位，其所挟持的力量和威灵也如同乾"龙"，与"上九"之"亢龙有悔"相对应。坤"龙"阴柔的力量十分强大，竟敢和乾"龙"挑战于野。坤血玄，乾血黄，情景惨烈。把玩《坤》卦上六八字爻辞，其含蕴一言难尽。《周易》这类取象立意对中国美学的启迪是无穷尽的。中国艺术中的"逼真"美学观，当渊源于此。逼真既指形象的具体真实，也指情志的不掺虚假，"象""辞"必须和谐统一，引人入胜，激起审美欲望，让人玩味无穷。"立象尽意"表现于艺术创作就是排斥空洞抽象的写理说教；而"立象"也并非简单地图示意志情感。诗歌创作中重视比兴、典故的应用，以富于变化的形象表达曲折深婉的情感，实际上反映了《周易》上述精神。

立象尽意，其中之"意"是一种"感"。

《周易》第三十一卦是《咸》卦，即无心而感。"象曰：咸，感也。柔上而刚下，二气感应以相与，止而说……天地感而万物化生，圣人感人心而天下和平；观其所感，而天地万物之情可见矣！"感是"柔"处于"上"而思下，"刚"处于"下"而欲上，于是"二气感应以相与"，如胶似漆，"止而说"。而"感"的作用大矣："圣人"应该认识到"天地感而万物化生"的巨大生命力量，做到"感人心"而使"天下和平"；"感"实际上是以情感人，咸卦对"感"的肯定、歌颂和赞美显然是对情感的肯定，"无心"其实有"心"，有天地之大"心"、无所不在的情和自然而然的"感"，那么"咸"的力量就大大超过"理"。古人将《周易》之《咸》卦放在下经第一卦，用心可谓良苦也。或者说不是有意为之，而是"咸"的感染力如此深入人心，使人不由得不认识到它的存在和巨大魅力。《咸》卦各爻辞还用诗意的语言生动地描写了男欢女爱"感"的过程：

初六：咸其拇。

六二：咸其腓，凶，居吉。

九三：咸其股，执其随，往吝。

① 王振复：《周易的美学智慧》，湖南教育出版社 1991 年版，第 20 页。

九四：贞吉悔亡,憧憧往来,朋从尔思。

九五：咸其脢,无悔。

上六：咸其辅,颊,舌。

你看,那对钟情的男女,先是脚拇趾试探地相触,接着小腿相碰,然后大腿相随,并进而把握配偶随之而来的感应,依顺他(她)的心意,再接着脊背相摸,最后嘴唇轻吻、脸颊抚摸、舌头交织,终于到达如痴如醉的"感"的合二为一境界。这既是一个生动的爱情故事,又寓意着生命的起源。人是万物之灵,以人的性爱来象征天地万物之感,简直再恰当不过了。《咸》卦的语言和情景,简直是诗一样的美,真是妙极了。宗白华先生《美学散步》对此有深刻动人的分析,读者可以参看。有意思的是,中国人的恋爱几乎都离不开肉体行为,中国几乎从来没有柏拉图式的精神爱恋产生,更多的却是肉体感受。这是从古至今存在于中国甚至存在于世界的一个现象,从《咸》卦就可以看出这一点。不过,我们不必去探究肉体之爱和灵魂之爱孰先孰后、孰重孰轻,两者必须结合,才是生命之爱。我们可以相信,《咸》卦充分说明立象尽意之"意"在感,在情,在生命之爱的歌颂。

立象尽意目的固是尽"意",而周易的"意"却是以重生为主旨的。经过对《咸》卦的剖析,充分证明这种重生、重身心感受的精神对中国美学有很深的影响。方东美说：

> 生之心,原本于爱,爱之情取象乎《易》,故《易》以道阴阳,建天地人物之情以成其爱。爱者阴阳和会、继善成性之谓,所以合天地,摩刚柔,定人道,类物情,会典礼。爱有五相四义：五相者,一曰雌雄和会,二曰男女构精,三曰日月贞明,四曰天地交泰,五曰乾坤定位。四义者,一曰睽通,二曰慕说,三曰交泰,四曰恒久。[①]

此五相四义,方东美取《周易》中《睽卦·象》、《暌卦·象》、《革卦·象》、《兑卦·象》、《咸卦·象》、《随卦·象》、《家人卦·象》、《恒卦·象》及《系辞》中相关的词句加以阐说,正如宗白华先生举《咸》卦以阐发先人对男欢女爱的生命感受表达之热情大胆一样,方氏凸显了人们对"情爱"的品味和赞美。孟子说："食、色,性也。"此"色"当指美色,指男女之间之性爱。日人笠原仲二在《古代中国人的美意识》[②]一书中从字源学的角度剖析了"色"字的构成,他认为"色"字上部代表"人",下部"巴"代表大腿,"色"实是男女性爱、性交过程的形象化表现。

---

① 方东美：《哲学三慧》,载《方东美集》,群言出版社 1993 年版,第 347—348 页。

② ［日］笠原仲二著：《古代中国人的美意识》,杨若薇译,三联书店 1988 年版。

这样的分析不无道理。将其与《周易》之《咸》、《恒》、《睽》、《家人》和《兑》等卦象、卦辞对照分析，则更能说明先人们对美色、对情爱之大胆追求而毫无掩饰，这颇能说明中国古代文学何以如此重视对生命本性的感受，也颇能引发人们艺术美感的情思。

对生命本体的礼赞不唯《周易》所独有，《诗经》中便保存有极为丰富的生命颂歌，脍炙人口的《卫风·硕人》就是一首专门歌颂女性美为主旨的民歌。"手如柔荑，肤如凝脂，领如蝤蛴，齿如瓠犀，螓首蛾眉，巧笑倩兮，美目盼兮"，就活脱脱地描写了一个美貌无匹的少女容颜及其生动诱人的表情。这既是美丽女性的肖像画，又是充满生命激情的青春颂歌。其千古不衰的全部奥妙就在充盈于全诗的生命之美的诱惑力。那首被《毛诗序》认为"恶无礼也"的《召南·野有死麕》则无疑是一首关于青年男女相亲相爱的青春恋歌，也是一首生命的欢快颂歌或进行曲，你看：

> 野有死麕，白茅包之。有女怀春，吉士诱之。
>
> 林有朴樕，野有死鹿，白茅纯束。有女如玉。
>
> 舒而脱脱兮，无感我帨兮，无使尨也吠。

那种女子动情，男子挑逗；男子性急地求欢，女子悄言"无感我帨"、"无使尨也吠"（不要急急忙忙地扯我的裙子，别惹起恶狗的吠叫）的情景，将男女幽会时男子急忙而慌乱，女子害怕又欣喜的情境描写得惟妙惟肖。联系《咸》卦爻辞加以想象和剖析，你不得不赞叹先人对于生命的青春之恋是怀着怎样的热情，倾注着怎样的生命之力度！中国人的哲学是生命哲学，中国人的美学是生命美学，中国人的文学艺术是对生命的礼赞，性爱是不衰的主题或含蕴——这种说法是一点也不为过的！《老子》也讲"玄之又玄，众妙之门"（第一章），"谷神不死，是谓玄牝。玄牝之门，是谓天地之根。绵绵若存，用之不勤。"（第六章）"玄"为黑色，"众妙之门"本指女性（"妙"）生殖器，"玄牝之门"则直指黑色的女性生殖器。在老子看来，天地万物之"根"就在于两性的繁衍生殖，所以离不开"玄牝之门"，离不开牡牝、男女的相交。"天地之根"，"根"之一字，非仅指"玄牝之门"或女阴，且亦兼指使"玄牝之门"这生殖之神"绵绵若存"而且"用之不勤"的根本所在：男"根"。天地"交泰"而生万物，男女"交媾"而有子孙。岂独有"玄牝之门"，无使之"构精"的"男根"，而能使"万物"滋生、子孙繁衍？！先秦文化中这种深植底里的生殖崇拜既保存在大量的诗歌创作中，又深嵌于诸子哲学中。老子的所谓"道"，不管其如何奇妙，归根结底还离不开天地交泰、男女构精而使万物生生不息，及其中"用之不勤"的生命含蕴。正如清代学人戴震所谓"气化流行,生生不息,是故谓之道"(《孟子字义疏证》)。而所有先秦这些文化观念,生殖崇拜意识,无不源于《周易》,根之于《周易》。而《周易》所留下的生殖崇拜文化其一个基本特征就是将"男女构精"的生命行为神圣化,并使之上升为万物化育的根本规律,从中演化出一系列生命文化、生命哲学、生命美学以及艺术作品中永不凋谢的主题。毫无疑问,《周易》的阴阳生命本体论对后世审美的本体论、审美发生论和审美创造论等都产生了巨大影响。

总之,《周易》认为,任何生命、万事万物以及任何美的产生和存在,无不是阴阳交感的产物。"昔者圣人之作《易》也,将以顺性命之理,是以立天之道曰阴与阳,立地之道曰柔与刚,立人之道曰仁与义。"(《周易·系辞下》)事物存在的根本,在于阴(柔、仁)与阳(刚、义)的交互作用。阴阳交感的过程,是生育万物的过程。这一过程不是僵死的,而是充满了生命活力。《屯》卦、《解》卦就充分展示了这一生机演化的过程。《屯》卦(䷂),上坎为云、下震为雷,是阴云密布、电闪雷鸣、山雨欲来之象。但是,尽管有云行于上,雷鸣于下,却仍然是将雨未雨,处于"刚柔始变而难生"(《屯卦·彖》)的阵痛之中。《序卦》讲"盈天地之间者唯万物也,故受之以《屯》。屯者,盈也。屯者,物之始生也"。《屯》卦所表现的正是事物初萌之际的美的兴象。雷雨具有元大、亨美、利物和贞正之美德,"雷雨之动满盈,天造草昧"(《屯卦·彖》)。万物之美经历了雷雨的洗礼,将会更充分地显现出来。而《解》卦(䷧)的组合恰好与《屯》卦(䷂)相对,震上坎下,它所展示的是天地开通、阴阳交流、春风拂面以及冰消雪融的景象。《解》卦之象给人以万物复苏、生意盎然之感,"天地解而雷雨作,雷雨作,而百果草木皆甲坼"(《解卦·彖》)。所以,《周易》颂赞"解之时,大矣哉"(《解卦·彖》)。

在《周易》作者的眼中,万事万物都是活生生的存在。"天施地生,其益无方"(《益卦·彖》),天泽惠万物,地生育万物,万物秉承的天地生命情愫是无穷无尽的。"天地不交,万物不兴"(《归妹卦·彖》),没有天地互感、阴阳交易,万物就没有了生机,美也就无从表现出来。反之,"天地感,万物化生;圣人感人心,而天下和平"(《咸卦·彖》)。无论是自然美还是社会美,都是生命意志的表现。天与地、物与物、人与人以及天地与万物与人类,都是交相感应的生命有机体。美的存在各有所感、各有所应,其交感变化的机制不同,其美的形态异彩纷呈。"天地睽而其事同也,男女睽而其志通,万物睽而其事类也"(《睽卦·彖》)。生命的孕育、发展、变化和成熟,非常具有审美意味。天地"交"而万物"兴"生,其"兴"即兴起和发展,是蒙昧的"生";天地"感"而万物"化"生,质的变化和飞跃,是教化之"生";最终达到"睽",即"同"、"通"、"类",具有审美的各种形态之"生"，即"乐"的境界、美的境界。美所存在的客体是饱涵生命意味的存在，不了解这一点，就不可能真正体认《周易》美学的基本精神，也就不可能真正认识美的存在本质。

对生命极旨的追求，使《周易》把美的体认不是看做受动的映象过程，而是看做积极的人生行动。所以，我们在《周易》中看到其反反复复地对"天地万物之情"的强调。应当注意的是，《周易》强调圣人感化人生和天地感化万物的同构性、主动性，认识到天地交感的生命运化是宇宙运动变化的永恒秩序。正因为"天地之道恒久而不已"，"终则有始"（《恒卦·彖》），所以，观照日月推移、四时变化和人事代序等的永恒规律，体察阴阳合德、刚柔有体，以观大化流行的不息、运动，则"天地万物之情可见矣"（《恒卦·彖》）。审美主体须调动自身一切审美官能，才能做到"体天地之撰，类万物之情"（《周易·系辞下》），得到真正的审美享受和生命感悟。

第四节　象的超越与大和之美

一、象的超越：在似与不似之间，走向审美自由

"立象以尽意"和"得意而忘象"是一对矛盾。前者是《周易·系辞上》对《易经》的哲学阐释，后者是王弼《明象》对《易经》的哲学阐释。但二者并没有把"意"和"象"合成"意象"这一新的哲学美学范畴。直至梁代，刘勰始用"意象"一词来表现文学创作的构思特点。他在《文心雕龙·神思》中说："独照之匠，窥意象而运斤。"

《周易》卦象可以"范围天地之化而不过，曲成万物而不遗"（《周易·系辞上》）。"象"首先是指呈现在眼前之现象、形象，如天、地、人以及万物之象。但是，这只是象的一个较浅的层面。实际上，人们在眼观外在之象这个层面时，已包括了对于这个层面的超出。透过这个象，人们可由此延伸出象外象、象外意和象外境等。当人们眼观感受这一"象"时，便不可避免地染上了"意"，并受制于"意"，而"意"又衍生出"象"、"境"和更深层的"意"，《周易》卦象象征美的最高境界即如此。

卦象不是静止的、僵化的，而是在"流动与转化"的。《周易·系辞上》说："见乃谓之象。"韩康伯注曰："兆见曰象。"这表明，卦象本身具有显见、显兆的流动。在这个过程中，外在的、感知的"象"逐渐被淡化，进而转化或生成某种把握整体内涵的"气象"或"意象"。作为把握整体性内涵的"气象"，无疑已是更高

层次精神之象的"意象"。这是一种超越时空的染上了个人情志的独特之"象"，一种凝瞬间于永恒之"象"。这就是说，这一转化为"意象"的眼观之"象"，承载着主体之"意"，因此，其所蕴藏的审美内涵是丰富、深邃，且具有不确定性的。

审美主体如要把握这一"意象"的深邃含蕴，首先得经历一个对"象"以及表"象"之"言"的破译、否定过程，然后才能谈及对"意"的领悟。王弼曾提出一个著名的命题，就是："得象而忘言"，"得意而忘象"，阐明了言、意和象的关系，即言的媒介意义、象的承载意义和意的核心意义。其中包含着形象大于思想（象以意尽，但意不以象尽）、接受超越文本等丰富的美学思想，对后世美学、艺术学和文学等启发极大，影响甚为深远。王弼对此有很多耐人寻味的阐述：

> 夫象者，出意者也。言者，明象者也。尽意莫若象，尽象莫若言。言生于象，故可寻言以观象；象生于意，故可寻象以观意。

> 意以象尽，象以言著。故言者所以明象，得象而忘言；象者所以存意，得意而忘象。犹蹄者所以在兔，得兔而忘蹄；筌者所以在鱼，得鱼而忘筌也。

> 然则，言者，象之蹄也；象者，意之筌也。是故，存言者，非得象者也；存象者，非得意者也。象生于意而存象焉，则所存者乃非其象也；言生于象而存言焉，则所存者乃非其言也。

> 然则，忘象者，乃得意者也；忘言者，乃得象者也。得意在忘象，得象在忘言。故立象以尽意，而象可忘也；重画以尽情，而画可忘也。

> 是故触类可为其象，合义可为其征。义苟在健，何必马乎？类苟在顺，何必牛乎？爻苟合顺，何必"坤"乃为牛？义苟应键，何必"乾"乃为马？而或（借为惑字）者定马于"乾"，案文责卦，有马无"乾"，则伪说滋漫，难可纪矣。互体不足，遂及卦变；变又不足，推至五行。一失其原，巧愈弥甚。纵复或值，而义无所取。盖存象忘意之由也。忘象以求其意，义斯见矣。（王弼：《周易略例·明象》）

筌，捕鱼之竹器。蹄，捕兔之工具。唐人邢璹对《周易略例·明象》中的这个例证曾作过注释："蹄以喻言，兔以喻象。存蹄得兔，得兔忘蹄。"又说，"求鱼在筌，得鱼弃筌"；"蹄以喻言，筌以比象。"这种解释深得要旨，正如"筌"、"蹄"是取得"鱼"的手段和工具一样，所谓"言"、"象"也只是承载"意"的手段和工具，是其载体和津梁，人们通过对"言"、"象"的破译、品味和剥离、否定而终于领悟其所深含于中的"意"，获得其终极价值，那么其本身自然就会被弃置，被忘却。实际上这一"忘却"从审美主体一开始对其进行品味、破译时就已经开始了。而且，正如韩康伯在《系辞上注》中说："夫非忘象者，则无以制象；非遗数者，无以极数。"也只有对表现在人面前的"象"、"数"遗忘，才能"制"，才能"极"。也就是说，必须要超越表面现象，才能达到味道的境界、审美的极致。这令人想起柏拉图曾经说过的一句话："灵魂透过肉体的栅栏观看世界。""意"即是灵魂，也即中国古人要追求的美。

《周易·系辞下》说："易者象也，象也者，像也。"易象"法象万物"并"拟诸其形容"、"象其物宜"、"以行其典礼"，易象具有具象性或形象性，是对世界的模拟和折现。《易经》由八个经卦和六十四个重卦，构建起无所不包的宇宙存在图式(作静态观)和宇宙演化流程画面(作动态观)，区区六十四卦却涵纳大千世界的万事万物及其演变规律，以最基本的易象材料表述了最复杂的世界，以有限的符号惊人地集中了最深邃、最丰富的思想。易象独创了超越实象的众象之"象"，一种不固定具体物象的"象"。

《周易》实际上是先把卦爻图像与自然现象联系起来，然后再跟社会现象相沟通。从龟卜的符号经自然现象最后直指人事状况，其互相渗透的关联是建立在比拟这一思维方法上的。当思维的许多具体内容被历史长河的流动所冲刷掉之后，思维方法却深深扎根在民族文化的心理结构中，并且表现在源远流长的民族文化发展进程中。《周易》思维所运用的比拟方法，从夏、商、周直到今天，仍活跃在中华民族的审美活动中，并且在不同的文化层面闪现出耀眼的光彩。

如上所叙，我们已经看到：由于卦象摄取了各种人所熟知的象征物，创造了生动而初具典型性的象征形象，兼之卦爻辞富有哲理色彩的暗示性，使其象征意义鲜明化、深刻化、含蓄化。可以说，出现于卦爻辞之前的阴阳符号、八卦符号就显示着符号性的象征，创造了许多鲜明、可感和初具典型意义的象征形象。这种象征符号的出现，突出表明我们先民的智慧是无与伦比的。

朱熹曰："《易》说一个物，非真是一个物。如说龙，非真龙。"(《朱子语类·卷六十七·易三·纲领下·读易之法》)透过卦象，人们的审美心理能够突破对客观时空的束缚，创造一种独立的美感时空和境界。受到卦象的启发，古人所醉心的审美意象的超象显现，即"境生于象外"、"意生于言外"和象外之象，也总是借助有限之意象，以表达无限之意蕴。

中国的意境理论可谓源远流长。最先可以追溯到先秦哲学，如老子的"大象无形"、《周易》的"立象尽意"。接着南朝刘勰《文心雕龙·隐秀》评诗提出"境玄思澹"之语，意境说初见端倪。唐代意境说正式形成并日趋成熟，王昌龄的《诗格》首创了"意境"一词，皎然在《诗式》中提出"取境说"，司空图提出"思与境谐"，刘禹锡提出"境生于象外"。宋人严羽《沧浪诗话》中提出"言有尽而意无穷"之说,对意境理论多有探讨。到了清末,王国维的《人间词话》对境界说进行了总结,并提出"意与境浑"一说。

钟嵘评阮籍《咏怀》诗,"言在耳目之内,情寄八荒之表",就是强调了审美意象的象外之意、象外之象、韵外之致和味外之旨的,也就是由审美意象的浅层面、象的感官情感层面,达到象的精神寄托层面,即富有意境的层面。意象表层是实象,是诗人之情感与纯粹表象融合而成;象外之意乃由此构成之虚象,是意象的情感的虚化,须由鉴赏者的审美经验和审美联想而生发出的象外之象,但又必须"得其环中","返虚入浑",在实体意象的范围之内。表层意象是形似,而超象显现是神似,"离形得似"此之谓也。虽然,表层意象通过联想可致意象翻飞联翩而来,实际上这是化实为虚、实一虚万。虚中有实、实中有虚,方为上乘,审美意象的超象显现就是这种"虚实相生,无画处皆成妙境"(笪重光:《画筌》)的上乘境界。

正是通过前面对卦象演化过程的梳理,我们才确认:以象征为本的《周易》卦象符号,无疑是我国古代文艺象征的滥觞。我国古代的美学思想、文学艺术理论也正源于《周易》思想及其思维方式。

正是在"卦象"的象征思维的影响下,我国的诗学和美学强调虚实相生、隐秀相成,因而我国的诗、画、戏曲、舞蹈以至园林艺术、纪念性建筑等,大都以情景相依、兴味无穷的意境见长,引人注目。这无疑是卦象思维对中国美学的独到贡献。

值得指出的是,卦象与汉字有着一脉相通之处。如果说,卦象包含着后人所谓的美学内容,那么,汉字也同样具有审美属性。例如象形文字的山、水、田、地就包含着至今仍可为人激赏的审美意象。卦形所显示的象,是表现性形式。卦象与中国古象形文字的美学本质是一样的,卦象符号与中国古文字的形成与流变,奠定了中国民族各类艺术的整体性风格特征——以象见意。这"象",是具象符号。卦形乍看似是抽象符号,而实质上它们是自然诸物的本质或形式结构的表现体,所以它们是具象性符号,是意在其中的表现性形式,而不是意在其外的纯代指性的抽象符号(如拼音文字)。这些符号与其象征之对象,似而又不似,在其似与不似之间,"象其物宜"而已。"象其物宜,是故谓之'象'。"《系辞》的作者早就点明了卦象的表现性。正因如此,才可"立象以尽意",才可"观其象而玩其辞"。"承袭了卦象的特征,中国的视觉艺术(舞蹈、绘画、戏曲等)的可视形象也都在似与不似之间,也都是似与不似之间的具象符号,而不是纯写实性的物相再现。"①

卦象美的一个突出特征是象征性。"圣人立象以尽意",正是因卦象具有的象征性才得以成立,正是通过有限之"象"表达无限之"意"。"圣人有以见天下之赜而拟诸其形容",才有了象。这一"象"所表达的即是人的主观意念、情感和义理,即抽象又富有意蕴。所以王弼指出:"触类可为其象,合意可为其征。"(王弼:《周易略例·明象》)另外,《周易》卦象"称名也小,取类也大"②,韩康伯注:"托象以明义,因小以喻大。"卦象的生成规律就是这样巧妙地以小总多,以一总万,以抽象寓具体,以有限之形式表现人的意识及宇宙万物、事物发展之规律。

二、对立和谐:中和之美

从《周易》卦象中可以发现的另一个重要思想就是对立的事物可以达到和谐统一,并且赋予这种和谐以美好的品质。阴阳两爻的对立统一构成了一个卦象,又将八种有差异的卦象组合成一个系统。八卦之中,乾(☰)与坤(☷),是三阳同三阴的对称和谐;坎(☵)与离(☲),是二阴一阳同二阳一阴的对称和谐;震(☳)与艮(☶)对称和谐;巽(☴)与兑(☱)对称和谐。八卦构成四对矛盾和谐统一体。将这四对卦象排列在一个圆周上,可以构成先天八卦或后天八卦。两种排列方式,区别在于八卦所代表的方位不同。先天八卦(伏羲八卦),是离东、坎西、乾南、坤北、震东北、兑东南、巽西南、艮西、北。后天八卦(文王八卦),是震东、兑西、离南、坎北、巽东南、艮东北、坤西南、乾西北。八卦所取方位虽有不同,而其东西、南北二卦之间的对称和谐原则却是一致的。

这些相互对立的卦象,同时又具有必然统一的趋向。它们所表示的八种自然现象,同样具有相互联系、相互制约的对立统一关系,天与地、雷与风、水与火、山与泽,这些性质相对的事物却具有一种特殊的内在联系。六十四卦之间的对称和谐关系也很突出。乾(☰)与坤(☷)、否(䷋)与泰(䷊)、剥(䷖)与复(䷗)、损(䷨)与益(䷩)、鼎(䷱)与革(䷰)、坎(☵)与离(☲)、谦(䷎)与豫(䷏)、既济(䷾)与未济(䷿),等等,从卦象上看,是阴阳对称的;从卦名含义上看,是对立统一的。二者相反相成,构成矛盾双方,形成固定的思维模式。这些对立统一的卦象,为取象比类的思维方法提供了有益的启示。

---

① 钱世明:《周易象说》,上海书店 1999 年版,"自序"。
② 王弼等注:《周易》,四部丛刊初编本,《系辞下》。

八卦和六十四卦的对称、互补以及和谐原则,后来发展为太极图(见下图)。[①] 太极图中的阴阳两仪,中间呈现 S 形曲线,表示阴阳消长、刚柔互补、稳定和谐的分界线。由于太极、两仪、四象、八卦、六十四卦中包含的阴阳消长、对称和谐原则具有普遍性,形成中华民族象数思维中的致思准则。这种准则逐渐渗透到中国美学中。

太极图

易学哲学的自然观,肯定宇宙万物都由阴阳二气所构成。天、地、人三才,无不是一阴一阳的对立统一。天道、地道、人道,即是对立双方消长演变的规律性。"立天之道,曰阴与阳;立地之道,曰柔与刚;立人之道,曰仁与义。"(《说卦》)阴阳、柔刚和仁义,相反相成,对称互补,构成统一和谐的宇宙万物和社会人际关系。一部《周易》就是对这种对称、互补以及和谐关系的概括和探讨。

这就充分显示了《周易》所包含的辩证法的深刻性与普遍性。由这一哲学思想而催化的中国古代美学思想,也就必然重视多样统一的美学观念。如《国

---

① 参见唐明邦:《当代易学与时代精神》,湖北人民出版社 1999 年版,第 180 页。

语》中记载着郑国史伯这样一段话:"夫和实生物,同则不继。以他平他谓之和,故能丰长而物归之。若以同裨同,尽乃弃矣。……声一无听,物一无文,味一无果,物一不讲。"这段话充分显示了只有多样性或对立性因素的统一才能达到一种协调均衡的高度和谐,这种和谐使得整体具有美的价值。美来源于"和",因而美就是"和","和"就是美。这种思想为中国人所普遍接受,在中国美学思想史上有着极为重要的地位。

易学强调阴阳平衡,讲求中和之道,正如《三统历》所讲:"阴阳相交,不得中不生,故《易》尚中和,二五为中,相应为和",认为这是五行生克的理想要求,也是事物运动所达到的最佳状态。乾嘉汉学的领军人物惠栋认为孔子之字"仲尼"就是"中和",他说:"称仲尼者,安昌侯张禹说曰:仲者,中也。尼者,和也。言孔子有中和之德,故曰仲尼。"(《易大谊》)孔子论定六经,是立中和之本而赞天地之化育。(参见《易例·上》,"中和"条)"中"不是一种空间上的意义,而是一种哲学上的意义,是"恰当",指合乎事理和本然。而"和"指阴阳交感,是一种融洽、动态、化生,是生命的圆融、创造,是人与自然、人与人、灵与肉、情与理等多层次的"和"。

《周易》崇尚"中和",首先表现在横向结构上即卦象爻位上崇尚中爻。中爻,即处中位之爻。中爻意味着在位置结构上处于最佳的不偏不倚、无过无不及的平衡点或统一点。在由六爻构成的卦象中,第二爻为下卦之"中",是阴之"中"位,第五爻为上卦之"中",是阳之"中"位。二五阴阳得位称为"中",二五阴阳相应称为"和",阴阳既中正当位,又相应,叫做"中和"。这种"中和"也叫"太和",这是卦象中最美满的关系,是最和谐、最圆满、无对抗以及无缺陷的理想状态,象征事物守持中道、行为不偏。这种关系,在《否》、《比》、《观》、《遁》、《蹇》、《同人》、《既济》、《家人》、《无妄》、《益》、《随》、《咸》和《革》等卦中都存在。从更广阔的视角及整个体系看,《周易》的六十四卦本身都有阴阳平衡中和的意义,每卦三个阴位三个阳位也体现了客观的中和平衡协调规律。

二、五为"中",相应为"和",有"中和"之美。柔居二位、刚居五位,一般都得"大吉"、"元吉"和"贞吉"。如果柔爻居五位,刚爻居二位,虽未得位但却得"中"而相应,可以互补而协同,仍保持着对立面的和谐与稳定,同样可以得吉辞。如果二、五之位的刚柔既不当位又不相应,虽然不协同,但按《周易》实例规定,"中"大于"正",在一定卦时的制约下,柔得五之中位又意味着柔有阳刚之助而不过柔,刚得二之中位又意味着刚有阴柔之补而不过刚,刚柔互补而适中,同样,可以得吉辞。据统计,《彖》言"中"者共有 45 处,涉及 37 卦。《彖》言"中"

者共有 52 处,涉及 41 卦。对"中"的称谓又有 39 种之多,如"中正"、"正中"、"得中"、"刚中"、"柔中"、"中行"、"使中"、"在中"、"中直"、"大中"、"积中"、"中道"、"行中"、"未出中"、"久中"、"位中"、"中未变"、"中有庆"、"中不自乱"、"中心为正"、"中心为实"等,最后又强调"时中"。所谓"时中"就是根据客观条件的变化,随时进行调整而执"中",以达到灵活运用。另外,六爻之间,有相互比应的关系。上下卦之间,初与四比应,二与五比应,三与上比应。阴爻与阳爻相比,谓之"有应"、"相应",也称"和"。阴爻同阴爻,阳爻同阳爻相比,谓之"无应",也称"不和"①。

　　在"大和"状态下,事物可以得到稳定的发展,故曰"乃利贞"。"和"字之用是有其确切内涵的。矛盾双方的"大和"状态又叫做"中",所以"大和"又作"中和"。清代惠栋说:"天地位,育万物,中和之效也。《三统历》曰:阴阳虽交,不得中不和,故《易》尚中和。"(《易例·上》)

　　我国的传统哲学、医学、美学,等等,都以"中和"为最高标准。从现存资料看,《周易》提出"中正以观"、"中正而应"、"保合太和,乃利贞"等命题,从认识论、控制论的角度,奠定了"中和"论的哲学基础。《今文尚书·尧典》提出"八音克谐,无相夺伦,神人以和"和《论语·尧曰》引用唐尧禅位时对虞舜交代"允执厥(其)中"的四字方针,可说是"中和"论的滥觞。而宣扬"中庸"之道、强调"过犹不及"的孔子,赞美《关雎》"乐而不淫,哀而不伤",贬抑"质胜文"、"文胜质"而推崇"文质彬彬"等,更是影响深远,被后人奉为美学的指南。其后,《礼记·乐论》说"乐者,天地之和也"。《吕氏春秋·适音》说"乐之务,在于和心"。特别是集中国古代文论之大成的《文心雕龙》把"情深而不诡,风清而不杂,事信而不诞,义直而不回,体约而不芜,文丽而不淫"奉为美学最高理想,并在创作论中强调"采乏风骨"和"风骨乏采",不如"风清骨峻,遍体光华"更符合《周易》"文明以健"的标准;在批评论中提倡"品列成文",必须循"理"度"势","不屑古今,擘肌分理,唯务折衷",等等,都是尚中贵和的范例。

三、"与天地合其德":天人合一的审美境界

　　前文已提到,"观物取象"更多的时候被直接用于"神道设教",也就是说,中国古代社会一直很重视道德、思想教化,虽然有时手段近乎宗教迷信,但是其道德教化的作用是非同小可的。《周易》贯穿着这种精神,其《系辞下》从剖析诸卦

---

① 参见张其成:《易道主干》,中国书店 1999 年版,第 87 页。

出发,对"德"进行充分肯定和推崇:

> 是故君子作《易》者,其有忧患乎? 是故《履》,德之基也,《谦》,德之柄
> 也,《复》,德之本也,《恒》,德之固也,《损》,德之修也,《益》,德之裕也,
> 《困》,德之辨也,《井》,德之地也,《巽》,德之制也。

其实不单以上诸卦与"德"紧密联系,其他卦也莫不如此,重德思想贯彻《易》始终,此即"与天地合其德"的审美追求,最终达到天人合一的审美境界,即"太和"的境界。"合"的境界始终是《周易》之所衷,下面我们试分析之。

阴阳之"太和"是天地大化流行的根本,又曰"大和","大""太"一声之转。"太和"二字在《周易》乾卦的《彖辞》中有言:"乾道变化,各正性命,保合太和,乃利贞。"意思是,乾道的变化体现在万事万物各自合其本性、自由自在的生命运动中,这样便能保合着大自然的太和元气,自然就利于事物的生长发展了。所谓"太和",就是阴阳对立面力量均衡无偏胜,矛盾双方处于和谐统一的状态。矛盾双方的"大和"状态又叫做"中",所以"大和"又作"中和"。北宋张载将"太和"解释为气的最高和谐状态,并提出"太和所谓道"的命题,认为气化过程中的阴阳二气的高度和谐就是天地万物的本体和法则。他重要的哲学著作《正蒙》之第一篇即为《太和篇》。《太和篇》开首第一句云:

> 太和所谓道,中涵浮沉、升降动静,相感之性,是生絪缊。相荡胜负,屈
> 伸之始。其来也几微易简,其究也广大坚固。起知于易者乾乎! 效法于简
> 者坤乎! 散舒而可象为气,清通而不可象为神。不如野马、絪缊,不足谓之
> 太和。

张载认为"太和"即"道",认为其中变化万千,充满活力,极简又极深,变化神通。王夫之注《正蒙》说:"太和,和之至也。道者,天地人物之通理,即所谓太极也。阴阳异撰,而其絪缊于太虚之中,合同而不相悖害,浑沦无间,和之至矣。"南宋朱熹训"太和"为"阴阳会合,中(一作'冲')和之气。"(朱熹《周易本义》)清代惠栋说:"天地位,育万物,中和之效也。《三统历》曰:阴阳虽交,不得中不和,故《易》尚中和。"(《易例·上》)可见,"太和"是中国历代各家所共同追求的最高价值境界。周易卦象崇尚太和,其间蕴涵着丰富的美学思想。

《周易》卦象之美很多思想体现了中国美学重视德的传统。儒家传统重视"中庸",而其源头应该来自《周易》之太和观中。"中"德优于"正"德。《彖》、《象》认为,一般情况下,虽不当位,如居中位,亦吉。《周易·系辞下》:"二多誉""五多功",如噬嗑卦的六五爻并不当位,但居上卦之中,故《象》曰:"柔得中而上行,虽不当位,利用狱也",《未济》卦,六爻皆不当位,《象》解释其卦辞:

"未济,亨,柔得中也。"因六五爻居中位,故吉。《小象》解此卦九二爻辞:"九二,贞吉,中以行正也。"中位是对当位的补充,与先秦儒家的中庸思想相合。如阴爻居于二位,阳爻居于五位,二、五为中位,又分别为阴位和阳位,六二(阴爻居二位)、九五(阳爻居五位)则是既"中"且"正",在《周易》爻中尤为美善,称为"中正"。"中正"哲学被人们广泛使用,如蒋中正的名字就来源于《易经·豫卦》六二的爻辞和象传:"六二,介于石,不终日,贞吉。《象》曰,不终日,贞吉;以中正也。"

我们可以从卦象中人与天、地的关系来领略"太和"之庸德美。

《说卦》云:"兼三才而两之,故《易》六画而成卦。"这卦形的构成,正包含了天、地和人"三才"之象。上画为天,中画为人,下画为地。"两之"而后,即成重卦。重卦的六划各有所象,上、五为天,四、三为人,二、初为地。伏羲画卦,就是仰观天、俯察地,"与天地准",以自然阴阳变化为准则。这就从一开始便确立了天、地——自然,与人的不可分割的统一关系。天、地是"人体",人体也是"天地",自然与人通融浑然。"三才"都基于阴阳,虽然阴阳交变在自然与人体上表现不同,本质则一,所以"三才"的并提,可以说,就是我国自然与人、人与自然相统一的观念的始源。从《周易》诸卦《象》中,我们可以明显看出这一点来。试举几例以说明:

《乾卦·象》:"天行健,君子以自强不息。"

《坤卦·象》:"地势坤,君子以厚德载物。"

《屯卦·象》:"云雷屯。君子以经纶。"

《蒙卦·象》:"山下出泉,蒙。君子以果行育德。"

《泰卦·象》:"天地交,泰。后以财成天地之道,辅相天地之宜,以左右民。"

《否卦·象》:"天地不交,否。君子以俭德辟难,不可荣以禄。"

《坎卦·象》:"水洊至,习坎。君子以常德行,习教事。"

《离卦·象》:"明两作,离。大人以继明照于四方。"

《既济卦·象》:"水在火上,既济。君子以思患而预防之。"

《未济卦·象》:"火在水上,未济。君子以慎辨物居方。"

可以看出,卦象所表现的,无一不是自然与人——三才同论的。自然之理,也总是人类用世之道。卦象常用自然之象以喻人世之事,其理也正在此。

周易卦象体现出阴阳相合,而以"天人合一"为中心,正如当代哲人陈望衡先生所言:"阴阳相合含义很丰富,大类而分之,可以分为天地相合、天人相合、

人人相合、情理相合,而其中,天人相合是中心。"①陈先生还对"天"之义进行了总结:

> "天"有三义:一为自然之天,二为伦理之天,三为神明之天。道家哲学多取第一义,儒家哲学多取第二义,宗教哲学(佛教、道教哲学)多取第三义。……不管怎样,都主张"天人合一",并以之视为人生最高境界。②

陈先生还进一步说道:"《周易》的'天人合一'思想可以视为以上三说的源头。"③而这种"天人合一"是以"天地之大德曰生"的"生生"之德为中介的。其"大人与天地合其德",即主体以"时中"的变通日新精神和实践行为顺应统一于天地的生生日新规律,从而实现天、地、万物与人一体的动态和谐。显然,这种"时中"天人合一论,不是以功能的具体内容互补相"参",而是与其性质上的相合,即人在生存活动中以天地"生生之德"的新陈代谢规律为自己的生活准则,以时中变通日新的生存原则与天地相顺应、相和合。它运用的是一种"推天道明人事"的思维模式,是以"天道"与"人道"具有相通一致的"生生之德"走向天人合一的。这是天地人共同之道、相通之理:"立天之道曰阴与阳,立地之道曰柔与刚,立人之道曰仁与义。"天道、地道和人道虽然形式内容不一,有"天人之分",但在本质上却是合一的,即都是易道,都是易道的体现。易德是一种超越,是对自然与社会万象的超越,正是从这一超越开始,构建出关于宇宙和人的哲学。正是在这种关于宇宙的中和哲学和主体的时中哲学上,体现出中国古代哲人的最高智慧,显示着中华民族最高的生存智慧。

《周易》这种"天人合一"——天道、地道与人道相通的思想,虽然有先民的蒙昧意识在内,但其核心却不是简单的凑合,而是在对不同类型事物之间存在的深刻内在联系和相互作用进行整体把握的基础上确立起来的。它建立在万物由阴阳两种力量推动,在矛盾中产生变化,最后达到相互沟通的认识上。《乾》卦有这样一段话正好说明这一点:

> 夫大人者,与天地合其德,与日月合其明,与四时合其序,与鬼神合其吉凶,先天而天弗违,后天而奉天时。天且弗违,而况于人乎? 况于鬼神乎?

---

① 陈望衡:《玄妙的太和之道——中国古代哲人的境界观》,天津教育出版社 2002 年版,第640 页。
② 陈望衡:《玄妙的太和之道——中国古代哲人的境界观》,天津教育出版社 2002 年版,第640 页。
③ 陈望衡:《玄妙的太和之道——中国古代哲人的境界观》,天津教育出版社 2002 年版,第641 页。

《周易》在此对人的活动与自然规律的两相契合,给予了高度的赞美和充分的肯定。

阴阳对称、刚柔相济的思维准则亦体现于古代政治原则中。封建统治者的统治术,有一条基本准则:阳德、阴刑,刑德并用,宽猛相济。

儒家言《周易》,始于孔子,孔子强调以"德"代占,认为善学易的人,不在于占筮是否灵验,而在于把握其辞所包含的道德意义。这一重要思想说明,先秦儒家言易象、易辞核心在于其与德教和礼乐文化的关系。孔子的诗"兴、观、群、怨"之说,亦可以从"象"通礼乐的角度去理解;"迩之事父,远之事君"①亦与"阴虽有美,含之以从王事"(《坤卦·文言》)之类的经文一致,所重视的都是"象"在社会伦理规范方面的巨大作用。正是由于孔子所奠定的崇德的易学传统,先秦儒家美学无不重德,如荀子《乐记》重"象"的比附象征意义的"比德"说就是一个典型代表。

荀子《大略》篇,集中言《诗》、《易》,对《易》卦象卦辞作出儒家的解释,其基本态度承袭孔子:

> 《易》之咸,见夫妇。夫妇之道,不可不正也,君臣父子之本也。咸,感也,以高下下,以男下女,柔上而刚下。聘士之义,亲迎之道,重始也。
>
> 《易》曰:"复自道,何其咎?"春秋贤穆公,以为能变也。
>
> 以贤易不肖,不待卜而后知吉。
>
> 善为《诗》者不说,善为《易》者不占,善为礼者不相,其心同也。

"以德代占"、"善为易者不占",核心就在于以"象"比德。"咸"即感,就是男女相感、夫妇相爱的意思。由《咸》卦卦名,可推及夫妇之道。从卦象上看,《咸》卦艮(☶)下兑(☱)上,艮为山,兑为泽,山居泽下,所以说"以高下下"。又艮为少男,兑为少女,男居女下,乃迎娶之象,表现士之礼德。这种以"象"比德的思想,荀子在《法行》篇中把它形象地浓缩为"夫玉者,君子比德焉"的命题。在《乐论》中,荀子还明确将"德"与音乐形象意义融会起来,成为其关于音乐艺术本质的规定:"凡奸声感人而逆气应之,逆气成象而乱生焉;正声感人而顺气应之,顺气成象而治生焉。唱和有应,善恶相象,故君子慎其所去就也。"《乐记》可以说直接承继了荀子思想,其中言音乐形象的意义,也是以"德"为旨归的:"乐者,德之华也","乐者,心之动也;声者,乐之象也;文采节奏,声之饰也;君子

---

① 《论语·阳货》:"诗可以兴,可以观、可以群、可以怨;迩之事父、远之事君;多识于鸟兽草木之名。"

动其本。"(《乐象》)"以象比德"思想,还出现先秦其他儒家的一些典籍中。据易学专家李镜池先生统计,《左传》中关于《易经》筮占记录为十二则,为当时著作引《易》之最。其中对"卦象"的解释,也在慢慢向"卦德"方面转变,并明确提出了"德行可象,声气可乐"(《左传·襄公三十一年》)和"铸鼎象物,万物而为备,使民知神奸"(《左传·宣公三年》)这样具体而又明确的以象比德的思想观念。

可见,"以象比德"说的出现,在中国美学史上具有深远的意义。它不仅以儒家礼乐文化为核心,形成中国古代最早的自然美理论,而且以"象"为中介,沟通了"情"与"志"、"艺"与"德"、"乐"与"礼"之间的关系,使被称为"千古诗教之源"(刘毓崧:《古谣彦序》)和"开山的纲领"(朱自清:《诗言志辨》)的儒家"诗言志"命题具有了深刻的美学内涵。另外,《周易》对于"通达"的张扬,为后世也确立了"通达"就是美的理论基础,引导人们在遵循事物规律的前提下展开自己的活动,在真与善的契合通达中创造美。这对中国美学重美善结合的审美观念有很大影响。

总之,《周易》思想的基本倾向,在于促成事物的矛盾统一,达到"保合太和",保持宇宙万物的和谐。中和境界是社会安定的表现,孔子主张"和而不同",是和谐原理在社会政治领域的运用。老子也主张"和",他说:"万物负阴而抱阳,冲气以为和。""和"则无争,无争则恬静。"和"的境界即人生极乐境界,美的境界。

如前所论,"太和"论既指寓天地人万物于一体,又明示天地人万物只有在高度和谐统一中才能获得最佳的存在状态和发展途径。"太和"正体现了天地合一的精髓,体现了中国传统的思维方式和价值理想,其中也蕴涵中国丰富而独特的美学思想。

第五节　易象中先民对"简"的追求

《周易·系辞上》云:

> 乾以易知,坤以简能;易则易知,简则易从;易知则有亲,易从则有功;有亲则可久,有功则可大;可久则贤人之德,可大则贤人之业。易简而天下之理得矣。天下之理得,而成位乎其中矣。

乾之特性是刚健而变动之易,坤之特性是柔顺而守常之简。东晋韩康伯注曰:"天地之道,不为而善始,不劳而善成,故曰易简。"他又说道:"天下之理,莫不由于易简。"①

汉末虞翻(164—233)解释道:"阳见称'易',阴藏为'简',简,阅也。乾息昭物,天下文明,故'以易知';坤阅藏物,故'以简能'矣。"②孔颖达疏曰:"乾以易知者,易谓易略,无所造为,以此为知,故曰乾以易知也。坤以简能者,简谓简省凝静,不须繁劳,以此为能,故曰坤以简能也。"③

张载在《正蒙·太和篇》中说:"太和所谓道,……其来也几微易简,其究也广大坚固。起知于易者乾乎! 效法于简者坤乎!"王夫之注曰:"易简者,唯阳健阴顺而已。太和之本体,未有知也,未有能,易简而已。"(王夫之:《张子正蒙注》)"太和"即宇宙本体,也是道体,具有至易至简的本性。

朱熹(1130—1202)的《周易本义》指出:"坤顺而静,凡其所能,皆从乎阳而不自作,故为以简而能成物。"朱熹还说道:"天行健,所以易,易是知阻难之谓,人有私意便难。简,只是顺从而已,若外更生出一分,如何得简? 今人多是私意,所以不能简易。"④

乾之显现为易,坤之收敛为简,"易"是乾的重要特征,"易"则"知","知"则"亲","亲"则"久","久"则"德";"简"是坤的重要特征,"简"则"顺","顺"则"功","功"则"大","大"则"业"。

《周易·系辞下》云:

> 夫乾,确然示人易矣;夫坤,隤然示人简矣。爻也者,效此者也;象也者,像此者也。

> 夫乾,天下之至健也,德行恒,易以知险;夫坤,天下之至顺也,德行恒,简以知阻。

易健可"知险","简"可"知阻"。朱伯崑认为:"阴阳简易之理为《周易》的最高原则。"⑤

"简"是"象"的基本特征之一,也是《易》的基本内涵,儒学大家郑玄作《易赞》云:

> 易一名而含三义:易简一也,变易二也,不易三也。

"简"含有广大载物、简约有序和静守恒持之义,"简"之美有线条之简单美、阴柔

---

① 楼宇烈:《王弼集校释》(下),中华书局1986年版,第536页。
② 李道平:《周易集解纂疏》,中华书局1994年版,第545页。
③ 孔颖达:《周易正义》,北京大学出版社1999年版,第259页。
④ 《朱子语类》,中华书局1986年版,第1880页。
⑤ 朱伯崑:《易学哲学史》,第1卷,华夏出版社1995年版,第78页。

之含蓄美以及生命之本色美等。下面我们略述卦象线条之简美和白贲之素美。

一、卦象线条：中国艺术崇尚简易线条之渊源

八卦、六十四卦卦象是中国远古人类观物取象，发挥其创造性智慧的结晶，它们通过线条来抽象地表现世界，这种表现方式遵循的是简单性原则。对于《周易》的"执简御繁"的卦象原则，王弼解释道："夫众不能治众，治众者，至寡者也……物虽众，则知可以执一御也。由本以观之，义虽博，则知可以一名举也。"①张岱年先生在谈到易的方法时提道："象虽至赜，理则至简，于繁杂之现象中，探求其易简者，乃能了解其根本规律。"②即把握基本原则，从纷繁的现象中掌握简单规律。冯友兰也说："因其用法简易，故名曰易。"③

八卦的信息容积是压缩的、简化的和概括的。它仿佛是微型的计算机，又像贮存万有数据的激光盘。世界上一切信息，都浓缩在一卦一爻中。这便是后来佛家所说的一切的一，画家所说寓万于一，艺术家所说的以无限寓有限。由这简括的神秘的一卦一爻中，可以含及整个人生，这便是后来佛门所说的一的一切，画家所谓的"此一画收尽鸿蒙之外"（石涛《苦瓜和尚画语录·一画章》），艺术家所说的"以一当十"、"以少胜多"、"以有限寓无限"。恰如苏珊·朗格所说："由线条所创造出的空间又可以根据运动行为本身成为一个时间性的空间，这就是说，它应该成为一个'空间——时间'性的形式。"④简易线条给我们展现的是可以体现时空的美。

易象的表达方式是以阴阳二元为内核，用简单的线条之长短的排列来简洁地说明世界的。而这种"简单"中却蕴涵着天地万物不断的流动和变化，这是一种对"象"的化难为易并以之观照和把握世界的途径与方式。卦象的本质和功能不在模拟再现而是"象其物宜"、"观其会通"，拟"一画"之简，而见天地之繁，它着眼于宇宙的本体和生命之象，发展成一种不可思议的线条艺术。

线条在中国艺术中有着特殊的意义，具有丰富的美学意蕴。尤其在书画艺术中，线条在传情达意方面所达到的美学境界，在世界艺术中是独领风骚的。我们从原始艺术中可以发现世界各地的早期人类都有用线条刻画岩画的史实，线条确实在各民族的艺术活动中担任过重要的使命。但是，在中华民族及受中国

① 楼宇烈：《王弼集校释》，（下），中华书局 1986 年版，第 591 页。
② 张岱年：《中国哲学史大纲》，中国社会科学出版社 1982 年版，第 540 页。
③ 冯友兰：《中国哲学史》，（上），中华书局 1961 年版，第 458 页。
④ 苏珊·朗格：《艺术问题》，中国社会科学出版社 1978 年版，第 123 页。

文化影响才发展、成熟起来的民族艺术中,线条从古到今都保持着特殊的艺术媒介功能,一直没有被色彩所构成的块面所取代。究其原因,最重要的是由于《周易》卦爻符号以其元典的品质,深深地扎根于中国人的艺术思维和审美创造活动之中。

在《周易》卦象中,阴爻、阳爻通过两种线条的八种不同方式的三重组合,构成八卦。虽然古人的创造八卦不是为了审美,而后人却可以用审美的眼光来看待它。单个卦象本身呈水平状直线组合,具有线条的长与短形成对立与统一美,和谐均衡、富有变化而又充满动感。卦象的线条虽是具体的符号,而线条本身却有很大的抽象性,这就有了一种具象与抽象相反相成的意味,体现出非常丰富的线条美,并流溢着令人咀嚼不尽的意蕴美。这种卦爻符号的线条形式,在民族艺术中显示出来的强大感召力,成为中国艺术媒介运用上的特殊偏爱。

卦爻符号使用线条,其本身包含着丰富的文化人类学内容。华夏先民通行的占卦方式是用火灼龟壳高起的地方,灼出来的裂缝成为人们能否从事某项重大活动的依据。因此,“国之守龟,其何事不卜”[《春秋左传》昭公(元年—三十二年)]的占卜活动在当时最为盛行。采用龟壳来占卜,显示了先民们对龟壳纹路敏锐的感知能力。这些纹路构成的几何形网络,因其清晰的线条、有趣的图形而被赋予某种神秘的色彩。各种复杂的龟卜纹象在内容上被归纳成天道、地道、人道的相关联系,在形式上被抽象成阳爻、阴爻这两种简洁而又不同形态的线条,成为了中国书法艺术和绘画艺术的共同源头。

正是由于卦爻符号以线条的形式,在中华民族文化的早期发展中显示出决定性的作用,使得线条艺术在后世的审美创造中得到了特别充分的发展。中国绘画艺术用线条作为最基本的造型媒介,不是用细致的模仿和具象的写实去描摹客观的物象,而是用带有一定抽象意味的线条、墨色,进行艺术概括,表现艺术意象,用墨色和虚白代替了客观世界各类事物的光线色彩和不同块面的造型组合。在墨色淋漓、线形流转的快速挥洒中,艺术家通过得心应手的线的勾勒,把内在生命的流动、情感的勃发,畅通无阻地在线条的舒展中对象化了。与绘画相关的书法艺术,则以更为抽象的线的形式,通过线条在运行中表现出来的节奏感、韵味感,以及笔画的轻重缓急、浓淡燥润的变化,更进一步地显示出线条在形式变化中所蕴涵的无穷意味。以卦爻符号为源头的民族艺术创造活动,最终形成了中华民族审美能力上的独特品格,并以其独树一帜的艺术样式和表现技能,构成了民族审美文化在艺术创造中的鲜明个性,处处展现线条之美。

老子在《道德经》第二十八章中说:“知其白,守其黑,为天下式。为天下式,常德不忒,复归于无极。"周易卦爻之黑白线条也成为一种模式,简单而又深邃,质朴而又简易,其意蕴模糊,而又难以确定。它既可指客观世界,又可指主观世界;既可指作为对象的客体,又可指作为自我的主体;既可指形而上的道,又可指形而下的器;既可以是无形的,又可以是有形的;既可以是无限的,又可以是有限的;既可以是抽象的,又可以是具象的;既可以诉诸视觉,又可以诉诸思维。人,可以凭借自己的视知觉,对于卦爻符号进行审美的把握,从而挖掘其潜在意蕴。

嗟乎!"八卦三画之奇偶,与白黑之质,次第相应。天工乎? 人巧乎? 其自然而然之妙,非窃窥造化阴阳之秘者,亦不能为也!"

二、白贲无咎:绚烂归于平淡的重素倾向

在《周易》六十四卦中,如果说以《咸》卦为代表集中表现了中国古人的生命舒展意识、感性生命哲学和生命美学意识的话,那么以《离》、《贲》两卦为代表则集中地表现了中国古人独特的审美理想以及这一审美理想的两个方面:

一是对光明之美的追求,且看《周易》第三十卦《离》卦:

离:利贞,亨。畜牝牛,吉。

彖曰:离,丽也;日月丽乎天,百谷草木丽乎土,重明以丽乎正,乃化成天下。柔丽乎中正,故亨;是以畜牝牛吉也。

象曰:明两作离,大人以继明照于四方。

这种美,是日月在天、百谷草木在土之自然美、光明美和生命美,是重明之"丽",是柔和之"丽",符合中正之德。"离"之美是盛大之美。

二是对"白贲无咎"的崇尚,且看"贲":

贲,饰也。(《说文》)

物不可以苟合而已,故受之以《贲》,贲者饰也。(《周易·序卦》)

贲,无色也。(《周易·杂卦》)

直情而行谓之"苟",礼以饰情谓之"贲"。(《东坡易传》)

贲,美也。(《广雅》)

可见"贲",是装饰,是美,同时,"贲"的最高境界是"无色"。

我们来看看《周易》第二十二卦《贲》卦:

贲:亨。小利有所往。

彖曰:贲,亨;柔来而文刚,故亨。分刚上而文柔,故小利有攸往。天文也;文明以止,人文也。观乎天文,以察时变;观乎人文,以化成天下。

象曰:山下有火,贲;君子以明庶政,无敢折狱。

初九:贲其趾,舍车而徒。

象曰:舍车而徒,义弗乘也。

六二:贲其须。

象曰:贲其须,与上兴也。

九三:贲如濡如,永贞吉。

象曰:永贞之吉,终莫之陵也。

六四:贲如皤如,白马翰如,匪寇婚媾。

象曰:六四,当位疑也。匪寇婚媾,终无尤也。

六五:贲于丘园,束帛戋戋,吝,终吉。

象曰:六五之吉,有喜也。

上九:白贲,无咎。

象曰:白贲无咎,上得志也。

“初九:贲其趾”、“六二:贲其须”,很生动地描写了人从脚到头的美丽修饰。“九三:贲如濡如”、“六四:贲如皤如”、“六五:贲于丘园”、“上九:白贲”,最终提倡的还是“白贲”。“贲”本为“文饰”,但“贲卦”却是由“文饰”而归于“素”,其中深蕴着辩证的美学内涵。王弼《周易注》云:“处饰之终,饰终反素,故任其质素,不劳文饰,而无咎也。以白为饰,而无忧患,得志者也。”孔颖达疏云:“白贲无咎者,处饰之终,饰终则反质素,不劳文饰,故曰白贲无咎。守志任真,得其本性,故《象》云上得志也,言居上得志也。”“白贲”即本色,刘勰《文心雕龙·情采篇》云:“衣锦褧衣,恶文太章;《贲》象穷白,贵乎反本。”刘熙载《艺概》谓:“白贲占于贲之上爻,乃知品居极上之文只是本色。”本色即无色,《郭氏传家易说》云:“《贲》以‘白贲无咎’,故无色,无色则质全,有天下之至贲存焉。”无色不是无颜色,而是指独具自然朴素之本质,是一种至高至尚之美。宗白华先生就指出:“两种美感、两种美的理想:华丽繁富的美和平淡素净的美。贲卦中也包含了这两种美的对立。‘上九,白贲,无咎。’贲本来是斑纹华彩,绚烂的美。白贲,则是绚烂又复归于平淡。”①

《周易》第十卦《履》卦重“素”,《履》初九:“素履,往无咎。象曰:素履之往,独行愿也。”胡炳文《周易本义通释》谓:“《履》初言‘素’,礼以质为本也。‘贲’,文也。《贲》上言‘白’,文之极反而质也。‘白贲无咎’,其即‘素履往无咎’与?”可见《履》初九虽言礼事,与文饰也颇相通。《周易》第二十八卦《大过》卦重

_____

① 宗白华:《宗白华全集》,第三卷,安徽教育出版社1994年版,第459—460页。

"白":"初六:藉用白茅,无咎。象曰:藉用白茅,柔在下也。"《周易·系辞上》第八章是这样说的:"'初六,藉用白茅,无咎。'子曰:'苟错诸地而可矣;席用白茅,何咎之有？慎之至也。夫茅之为物薄,而用可重也。慎斯术也以往,其无所失矣。'""素"和"白"意义相通,都是质美。

《贲》卦上九:"白贲,无咎。""白贲"居《贲》卦之终,物极必反,所以文饰之道反归于素白无华。"白"不等于白色,是修饰之极——"朴素",是事物之本真;事物以"白"为饰,则合于自然,所以"无咎"。古人喻礼以绘画,并推崇朴素之美,《论语·八佾》有一段精彩的对话:

子夏问曰:"'巧笑倩兮,美目盼兮,素以为绚兮'。何谓也？"

子曰:"绘事后素。"

曰:"礼后乎？"

子曰:"起予者商也,始可与言诗已矣。"

夏所问之诗,是《诗经·卫风·硕人》:"手如柔荑,肤如凝脂,领如蝤蛴,齿如瓠犀,螓首蛾眉,巧笑倩兮,美目盼兮。"庄姜的美丽无与伦比,五官姣好,而且笑容灿烂、眼眸流盼。庄姜虽然美丽,但也须行礼以成其端庄,所以孔子曰:"绘事后素"。子夏闻孔子之言,有感于礼,又再问于孔子"礼后乎"。孔子并未直接回答,而是肯定地说:"商能启发我,可以与其共言《诗》了。"《朱熹集注》进一步解释说:"绘事,绘画之事也;后素,后于素也。《考工记》曰:'绘画之事后素功。'谓先以粉地为质,而后施五采,犹人有美质,然后可加文饰。"清曾国藩《抄〈朱子小学〉书后》:"仲尼曰'行有余力,则以学文',绘事后素,不其然哉？"绘画之事,于五色之中,白色为质,众色因白色而成画的文采,所以说绘事后素;做人之道,于五德之中,礼以为质,众德因礼而成,所以说修身后礼。《礼记·乐记》曰:"大乐必易,大礼必简",就"素"为文饰本真之色而言,绘事后素与饰终返质的审美趣味是相通的。

贲饰尚素,是终极意义,是内在本真,但它并不排斥外在文饰,而是否定极饰灭真。《周易·序卦》:"贲者,饰也。致饰然后亨则尽矣,故受之以《剥》。"过分的贲饰便不会亨通,所以授之以"剥"。韩康伯《周易注》:"极饰则实丧也。"可见"饰"与"实"要求统一。从《贲》卦象意看,上艮下离,象喻山下有火,指山上草木花叶经阳光照耀后五彩缤纷的景象,"艮"是实,"离"是饰。《贲卦·象》:"柔来而文刚",意为刚柔交错,方能成文,表现了文饰与质素辩证统一的审美思想,直接影响了儒家文论,如"质胜文则野,文胜质则史;文质彬彬,然后君子"(《论语·雍也》)。

孔子推崇素本,不喜欢贲饰。据《吕氏春秋·慎行论·壹行》云:

> 孔子卜,得"贲"。孔子曰:"不吉。"子贡曰:"夫'贲'亦好矣,何谓不吉乎?"孔子曰:"夫白而白,黑而黑;夫'贲'又何好乎?"

《说苑·反质篇》云:

> 孔子卦,得"贲",愀然仰而叹息,意不平。子张进,举手而问曰:"师闻'贲'者吉卦,而叹之乎?"孔子曰:"'贲'非正色也,是以叹之。吾思夫质素,白当正白,黑当正黑;夫'贲'又何也? 吾亦闻之,丹漆不文,白玉不雕,宝珠不饰:何也? 质有余者,不受饰也。"

孔子虽然重礼,也注重服饰的整洁,但是从这两段引文可以看出,孔子对自己卜到意味着"文饰"的贲卦,却颇为不满。联系孔子华服见南子一事,我们可以猜测孔子认为自己是自然而然地去做合乎礼的事情,虽然有时候被人误解,但"人不知而不愠"(《论语》)。孔子真正推崇的是"质素","质有余者,不受饰也","质素"已是完美,无需"贲饰"。"贲饰"正证明了内在美、本质美还不够,孔子自以为自己已深谙此修本质美之道,却不料卜到《贲》卦,也许是认为此卦暗示自己内修不够,所以很遗憾。

道家美学"大象无形"思想与"白贲无咎"有异曲同工之妙。道家是阴性、黑色崇拜者。老子"大巧若拙"说之深蕴哲理与《贲》卦爻辞足资相发,其在《道德经》第四十一章说:

> ……明道若昧,进道若退,夷道若纇。上德若谷;大白若辱;广德若不足;建德若偷;质真若渝。大方无隅;大器晚成;大音希声;大象无形;道隐无名。

王弼注:"听之不闻名曰希,不可得闻之音也。有声则有分,有分则不宫而商矣。分则不能统众,故有声者非大音也。"魏源本义引吕惠卿曰:"以至音而希声,象而无形,名与实常若相反者也,然则道之实盖隐于无矣。""无"是一种超然之境。"大巧若拙"并不一概反对巧美,如同《贲》卦"尚素"并不一概排斥文饰。老子追求的是精工巧妙而又质朴自然的真美境界,与"贲饰尚素"的对立统一理想正相呼应。

"白贲无咎"又体现在中国古人对黑白的崇拜上。老子《道德经》第二十八章说道:"知其白,守其黑,为天下式。"这是一种"见素抱朴"的追求。阳爻代表白色,阴爻代表黑色。这一点清初学者毛奇龄早就说过:"离,白黑白,即☲也;坎,黑白黑,即☵也。"阴阳鱼太极图则将阴阳卦爻化为黑白两色、交互纠缠,表示男女交合之象,至于黑"鱼"中的一个白点,白"鱼"中的一个黑点,则是男女相抱交合时双方元气相互接通的表现。

　　有人考察了黑、白二色的文化底蕴,发现夏代崇尚黑色,殷商崇尚白色;纳西族、彝族、哈尼族崇尚黑色(黑色的母虎),普米族、白族、土家族、羌族崇尚白色(白色的公虎)。黑色崇拜与女性有密不可分的内在联系,纳西族至今还保留有较为完整的母系制度,彝族也认为创世之神阿赫西赫摩是一位崇尚黑色的女首领。白色崇拜则与男性有关,羌、白、普米、藏等族均崇拜一种表示男性生殖器的白石,用白石表示社神。以"白"为美在中国陶瓷艺术中亦得到体现,殷代的白陶是中国陶器的渊源,唐宋白瓷更是举世闻名,历代陶瓷都不约而同追求质素之真美、无色之大美。

　　文学上的"绚烂归于平淡"理论和"贲饰尚素"实是一脉相承。陶诗素以"平淡"著称,而严羽称其为"质而自然"(《沧浪诗话》),"平淡"与"自然",与"贲素"自是相通的。朱熹亦赞曰:"渊明诗平淡出于自然。"(《朱子语类·卷一百四十》)虽如此,平淡却并非枯淡平庸,如同"贲饰尚素"不是推崇粗俗。宋初梅尧臣诗以"平淡"著称,有人甚至以"枯澹"目之。但正如其后学和知己欧阳修在《六一诗话》中所说"圣俞平生苦于吟咏,以闲远古淡为意,故其构思极难"。可见,构造"平淡"绝非平易而来,而是通过艰苦"构思"、"苦吟"出来的。梅尧臣自己也曾感叹:"作诗无古今,惟造平淡难。"(《读邵不疑学士诗卷》)看起来质素而淡,咀嚼起来却回味无穷,犹如食橄榄。如宋王直方《王直方诗话》所言:"欧阳修今谓梅圣俞诗,始读之则叹莫能及,后数日,乃渐有味,何止橄榄回味,久方觉永。"至于"枯澹",苏轼在其《评韩柳诗》中对此剖析得很清楚:"所贵乎枯澹者,谓其外枯而中膏,似淡而实美。"这种"枯澹"或者"平淡",其思想渊源无疑就是"贲饰尚素"。这"素"是由"饰"而来,绝非枯淡无味;而这"平淡"也绝非平易而来,而是"绚烂归于平淡"(苏轼语)。苏轼在《与赵田寺(德麟)书》中对此作了扼要阐发:"凡文字,少小时候令气象峥嵘,彩色绚烂,渐老渐熟,乃至平淡;实非平淡,绚烂之极也。"之后,葛立方《韵语阳秋》作了进一步说明:"大抵欲造平淡,当自炫丽中来,落其纷华,然后可造平淡之境。"看来,"贲饰尚素"内在隐含的艺术辩证法到了宋代已是发展到了极致。

　　让我们来看看清代陈梦雷《周易浅述》对《贲》卦的阐释:

　　　　全卦以贲饰为义。华美外饰,世趋所必至也。然无所止,则奢而至于伪,故文明而有所止,乃可以为"贲"也。内卦文明渐盛,故由趾而须。至于濡如则极矣,故戒以贞。文明而知永贞,则返本之渐也,故四之皤如犹求相应以成贲也。五之丘园则返朴,上之白贲则无色矣。由文返质,所谓有所止也。六爻以三阴三阳、刚柔交错而为"贲",如锦乡藻绘,间杂成章。凡物有以相应而成贲者,则初、四是也。有相比而成贲者,则二、三是也。有相比而渐归淡朴以为贵者,则五、上是也。盖文质相须者,天地自然之数。"贲"之所以成卦,而质为本、文为末,质为主、文为辅。务使返朴还淳。

陈梦雷这种认为"'贲'虽尚文,必以质为本"的思想,确实说明了《周易·贲卦》的重素倾向。白居易《琵琶行》中的"此时无声胜有声",描写歌女"幽愁暗恨",如果用乐谱表示,就是休止符。它表面上休止,是空白,是素淡之极,实际上是韵味的延伸与强化。明代戏剧家汤显祖说:诗"以若有若无为美"(《玉茗堂文之四·如兰一集序》)。戏剧中的静场、哑场(如果戈理:《钦差大臣》),绘画中的计白当黑,就是"若有若无"的"美",就是平淡素白之美。

在绘画领域,宋代画家马远,绘画取景常取一角,其余多为空白,故有"马一角"的美誉;与马远齐名的宋代画家夏圭,则喜在画卷上绘半边之景,故有"夏半边"之称。马远的《水图卷》,夏圭的《溪山清远图卷》,都以简淡为美,这也是中国传统审美中重素的体现。

自宋以来,历代都有人对这种虚虚实实、以虚空和简淡为诉求的画风作出理论上的概括。明代董其昌画论曰:"子美(杜甫)论画特有奇,如云:'简易高人意',尤得画髓。"(《画旨》)清人丁皋《写真秘诀》:"惟其有阴有阳,故笔有虚有实。惟其有阴中之阳、阳中之阴,故笔有实中之虚、虚中之实。"将阴阳与虚实结合论画,非谙《易》理者,焉能及此? 实则虚之,虚则实之,以虚带实,以实寄虚,虚虚实实,既合画理,又契《易》道。清代画家恽寿平(南田)更是鲜明提出:"画以简贵为尚"(《南田画跋》),他在《补遗画跋》中说:"用笔时,须笔笔实,却笔笔虚,虚则意灵,灵则无滞,迹不滞则神气浑然,神气浑然则天工在是矣。夫笔尽而意无穷,虚之谓也。"举凡一明一暗、一掩一映、一出一没、一藏一露、一开一闭、一起一伏之间,必有虚实相生。

总之,无论是书、画、诗或是戏曲、舞蹈,其所追求的"贲饰尚素",最终都归于"豪华落尽见真淳"(元好问:《论诗绝句》)的最高境界。这些作品中所构筑的虚空境界,往往幽深邃远,韵味无穷;然而又情真意切、历历在目。"所以中国人的建筑,在正屋之旁,要有自然可爱的园林;中国人的画,要从金碧山水,发展到水墨山水;中国人作诗作文,要讲究'绚烂之极,归于平淡'。所有这些,都是为了追求一种较高的艺术境界,即白贲的境界。"①《周易》这种"白贲无咎"的思想对中国美学重素传统的确有很大影响。

---

① 宗白华:《宗白华全集》,第三卷,安徽教育出版社 1994 年版,第 459 页。

第二章　易数与审美

第一节　"数"及其在《周易》中的地位

一、数与象、辞的关系及数在《周易》中的地位

世界各古老民族一般在很早就有了"数"的知识，并且以"数"来描述和认识世界，其中最突出的是古希腊罗马的毕达哥拉斯学派和中国先秦的哲学家，他们都曾尝试用"数"的观念来把握世界。《周易》就是一个显例。"数学为抽象科学，其所研究者乃抽象之观念，非隶于数，即隶于形，中国古代易学，称为象数之学，即指形数两者言之。"①

"数"在《周易》中是一个非常重要的概念，与易象、易理并重。"易数就是易经里所说的理则数学、天文数学及一般应用数学三者，并且是以理则数学为主要内容。"②《系辞》称"万物之数"，则万物莫不有"数"；又说："天数二十有五，地数三十，凡天地之数五十有五。此所以成变化而行鬼神也。"即是说万物变化莫不由"数"。由此产生"数术"，《汉书·律历志》："伏羲画八卦，由数起。"《周易》设卦成象，"参天两地而倚数"，就是一种"与天地准，故能弥纶天地之道"、"广矣大矣"、"至矣"之"数术"，故有"宇宙代数学"之称。中国人用象数来把握宇宙的运行规律。

《周易》一书就充分反映了这一事实，这本经书的结构，蕴藏着象、数、辞和义四种观念。"象"指卦爻象，"数"指九六之数，"辞"指卦爻辞句，"义"指卦象和卦爻辞的涵义。这四种观念结合在一起，为后人观察和解释世界提供了重要的范畴。宋代程颐《易传序》说：

> 易有圣人之道四焉，以言者尚其辞，以动者尚其变，以制器者尚其象，以卜筮者尚其占。吉凶消长之理，进退存亡之道，备于辞，推辞考卦，可以知变，

---

① 张其昀：《易数浅说序》，载黎凯旋：《易数浅说》，（台北）易学出版社1992年版，第12页。
② 黎凯旋：《易数浅说》，（台北）易学出版社1992年版，第42页。

象与占在其中矣。

"辞"、"变"、"象"和"占",是《周易》内容的四个重要方面。"辞"是用来充分说明"道"和"理"的,从"辞"又可以考究分析"卦象",通过对"辞"和"卦"的推究,又可以知道变化的规律,"象"和"占"都可以反映"变"。"变"和"占"都可以由"象"和"数"来体现。

可见,象、数、辞是《周易》经文构成的三大要素。象、数是符号系统,辞是文字系统,两个系统的互补、互换,共同构成《周易》。这三者中,象是一个主要符号,以象为本,王夫之曰:"易之全体在象"、"非象则无以见易"(《周易内传·系辞下》),象是概括宇宙运行规律中最主要的系统。辞主要是用文字来明"象"、说"理"。但是"言不尽意",文字有时候不能够完全表达丰富的思想,所以利用"象"的象征和表意的多样性和延展性来"尽意"。"象"可以简单中见变化,具体中见抽象,它比"辞"更重要。"易"是宇宙的规律,而"易"主要在于阴阳力量的对比消长,这时,"数"的变化就重要了。因为"数"主要就是用于反映阴阳力量的变化规律。有人甚至认为,没有"数"就无法认识"象"所要反映的形而上的道。图书学派就认为"数"是创制《易经》的基础。刘牧在其《易数钩隐图》的《序言》中就明确表明这一点:"象者,形上之应。原其本,则形由象生,象由数设。舍其数,则无以见四象所由之宗矣。"他认为"形由象生,象由数设",数具有原初意义。

"象"、"数"在各司其职的同时,又相倚相生,两者是相互统一的关系。"象"、"数"对称,最早见于《左传·僖公十五年》:"龟,象也;筮,数也。""象数"连用,大约出现在汉代。如《易纬·乾坤凿度》:"八卦变策,象数庶物,老天地限以为则。"而作为龟象筮数的"象数"则应上溯到《易经》以前的远古时代。明代方以智《物理小识·象数理气征几论》说:"为物不二之至理,隐不可见,质皆气也。征其端几,不离象数。"万物之至理虽不可见,但万物之质皆气所为,气质是可见的。其变化的端几,通过象和数方能认识。因此,离开象数,不能了解气质变化的过程,也就不能认识万物之至理。那种否定"仰观天文,俯察地理";否定"远取诸物,近取诸身";抛开"物象"而"言道",脱离"象数"而探究"至理"的观点,是片面的见解。

象、数是相生相倚,不可分割的,王夫之也在《尚书引义·洪范一》说:

　　天下无数外之象,无象外之数。既有象,则得以一之二之而数之矣。既有数,则得以奇之偶之而象之矣。是故象数相倚,象生数,数亦生象。象生数,有象而数之以为数。数生象,有数而遂成乎其为象。象生数者,天使之

有是体,而人得纪之也(如目固有两以成象,而人得数之以二;指固有五以
成象,而人得数之以五)。数生象者,人备乎其数,而体乃以成也(如天子诸
侯降杀以两,而尊卑之象成;族序以九,而亲疏等杀之象成)。

他认为象数是相统一的,"象数相倚,象生数,数亦生象",这使象数范畴更多地
获得了方法论的意义。① 正因如此,很多人把"象数"的地位摆在"义理"之前。
当代国学大师、易学名家黄寿祺先生就曾指出:

夫《易》,原本象数,发为义理。苟舍象数而谈义理,则《易》与《诗》、
《书》、《礼》、《乐》何以异? 圣人又何必独为此艰深怪奇之词?《易》之理,
原本天道,指明人事;必谓其专言人事,则天行、地势、先甲、后庚之语,皆为
无稽,圣人又何必为此骈枝赘疣乎?②

一切阴阳五行之象、天地之象皆有数的规定性。如方以智所说:"一切阴阳五行
皆有度数,而变在其中,所以即在其中,圣人制度数,以议德行,表于甲历之节。
卦皆其本然,而圣人表之,即以节天地矣。制度通变,皆不离度。后之矜神明者,
全厌差别,曾知别即是圆乎?"(《时论合编·系辞》)这是说,一切阴阳五行之象
都有数的规定性,按其度数而变化,所以圣人依其本有的度数而制定历法,如
《节卦·象》文所说"君子以制度数,议德行",从而裁节天地之变化,如区分四
时,划分周期。故立制度以通变,不能脱离度数。而度数又基于物理有差别,如
没有径一而围三,也就没有圆。这是以万象有差别和层次,其变化有阶段,解释
度数乃事物所固有。方以智于《时论合编·图象几表·极数概》中又引其老师
王宣的话说:"律历礼乐即河洛之秩序,不容思虑者也。物皆数也,数皆理也,圣
人不违物理,故天不能违圣人,极数知来,如屈其指。然圣人至此罕言,因数付
数,犹因物付物耳。一切物数,信其理自如此,岂遍数毛孔而知之乎! 河洛百点,
周公九章,实天之节度也。"这也是说,天地万物都有数的规定性,而此种规定性
又出于万物之理。孔子罕言数,是因为物理本来就具有数的规定性,毋须多说。
圣人所制定的律历礼乐的度数,即河洛图式中的数,皆出于物理之数,"实天之
节度",所以"先天而天弗违"。也就是说,物理和礼乐等皆有数的规定性,数乃
是事物变化的过程和规律的征验或表法,此即所谓"深几变化,非数何征"(《周
易时论合编·系辞提纲》)。方氏又说:"理藏于象,象历为数。"(《图象几表·

---

① 郑万耕对王夫之此论分析颇详,可参见郑万耕:《宋明易学论象与数》,《北京社会科学》
2002 年第 2 期。

② 黄寿棋:《易学群书平议》,北京师范大学出版社 1988 年版,第 105 页。

河图洛书旧说》)象的差别和层次清晰可数,即是数。在方氏看来,数不脱离象,有象方有数,而象数又是气化过程和规律的表现,理即存于象数之中,所以观象方可明理,倚数方可穷理。总之,"象"和"数"不是截然分开的两样东西,而是"象"中有"数","数"中有"象"。"数"为"象"的抽象,将"象"的关系抽象为"数"的关系,以达事理;将"象"的变化抽象为"数"的变化,以达事物的规律变化。故而,因"象",《周易》主形象思维;因"数",《周易》兼抽象思维。

"易"是通过"数"的变化来反映的。《周易》中所谈的卦爻、河图、洛书、大衍术等,都离不了阴(——)、阳(——)、奇(阳或一、三、五、七、九)、偶(阴或二、四、六、八、十)和刚柔等的交易。如果单从数理方面说,也就是离不了自然级数、几何级数、错综数的排列组合与交换。由于《周易》是用一些很简单的数字、符号,去显示宇宙一切的排列组合与变化,因此它就包含了有形(有象)、无形(无象)两种交易。这些交易的重要特征是"几"。《说文》曰:"几,微也,殆也。"《周易·系辞上》曰:"易,圣人之所以极深而研几也。"我们也可以理解为,《周易》的诞生是圣人"研几"的产物。韩康伯《注》曰:"极未形之理曰'深',适动微之会则曰'几'";《正义》:"'几'者,离无入有,是有初之微。"按《周易·系辞下》:"知几其神乎!几者,动之微、吉之先见者也。""几"也是吉凶的神奇先兆。韩康伯《注》曰:"几者,去无入有。理而无形,不可以名寻,不可以形覩者也。……唯神也,……故能朗然玄照,鉴于未形。合抱之木,起于毫末,吉凶之彰,始于微兆"。"几"是对从无到有最初变化的把握,"几"中有"数"的因子,所以"几"也是易数的基本特征。

正如《周易·系辞上》所言:

> 参伍以变,错综其数。通其变,遂成天下之文;极其数,遂定天下之象。非天下之至变,其孰能与于此。天一,地二;天三,地四;天五,地六;天七,地八;天九,地十。

"数"之意大矣!

二、易数与中、西方数学及其"亲"美学性

爱因斯坦(Einstein,1879—1955)曾经说过:"西方科学的发展是以两个伟大的成就为基础,希腊哲学家发明的形式逻辑体系(在欧几里得几何中),以及通过系统的实验发现有可能找出因果关系(在文艺复兴时期)。在我看来,中国的

贤哲没有走上这两步,那是用不着惊奇的,令人惊奇的倒是这些在中国全部做出来了。"①如果说以逻辑体系为初始状态发展为西方数学,那么可以说以模式体系为初始状态则发展为中国古代数学。"模式体系"是一种"象"、"数"结合的体系。何以会如此? 秘密就在《周易》对中国古代数学的形成和发展产生了巨大影响,它造成了中国古代数学的初始状态,使中国的"数"和"理"水乳交融。虽然有些学者认为,"《周易》与数学的关系,实际上可以认为是后人在注解《周易》的过程中将古代的数学成就附会到《周易》上的一个结果。我们很难断定,《周易》本身就有这些数学理论",②但无可辩驳的事实是后儒及数学专家们,将易数引而申之,于是就开创了中国数学的辉煌史页!"数学精神在于澄思渺虑,重事实、信证据,作有系统之推理,为客观之论断。"③而且正因为如此,中国的"数"的那种神秘性、跳跃性、顿悟性和不重逻辑性使中国的"数"不是简单纯粹的数,而是与"象"和"理"水乳交融、密不可分,因此也比西方的"数"更具有亲美学性。

　　易数是中国古代数学的一部分,《周易》中蕴涵着丰富的数学原理,如随机原理、等概率原理、变爻原理和最小数原理等。④ 同时,易数对中国古代数学和现代数学都产生了重大的影响。其影响可以体现在如下几个方面:

　　其一,中国古代数学家大都精通易学,大多认为数学的产生源于《周易》。如魏晋时期以发现圆周率而著名的数学家刘徽在为《九章算术》作注时的序言中写道:"昔在包犠氏始画八卦,以通神明之德,以类万物之情,作九九之术以合六爻之变。"他认为,"九九之术"(即数学)是圣人为了合"六爻之变"(即《周易》)而作的。他还说:"徽幼习九章,长再详览,观阴阳之割裂,总算术之根源,探赜之暇,遂悟其意。"他认为数学的根源在于阴阳的割裂,周易中的阴阳变化是研究数学的基础。宋以后,理学家们把数和河图、洛书联系在一起。邵雍写道:"盖圆者河图之数,方者洛书之文,故犠文因之而造易,禹箕序之而作范也。"(邵雍:《观物外篇》)南宋著名数学家秦九韶(1202—1261)也认为数学的产生"爰自河图洛书",强调"数与道非二本",他所说的道就是《周易》中的"一阴一阳之谓道"。他发明了一次同余式组的解法,那是数学史上的一项极为重要的成果。国际上称它为"中国剩余定理"或"孙子定理",秦九韶却认为它是《周

---

① 《爱因斯坦文集》,第一卷,商务印书馆 1983 年版,第 574 页。
② 刘立夫:《周易与科学:一个容易神化的议题》,《船山学刊》2000 年第 2 期。
③ 黎凯旋:《易数浅说》,(台北)易学出版社 1992 年版,第 13 页。
④ 参见欧阳维诚:《周易的数学原理》,湖北教育出版社 1993 年版。

易》的产物，称它为"大衍求一术"，"昆仑磅礴，道本虚一。圣有大衍，微寓于易。奇余取策，群数皆扣。衍而究之，探隐知原。"直到明代，数学家程大位仍然坚持："数何肇？其肇自图、书乎？伏羲得之以画卦，大禹得之以序畴……故今推明直指算法，辄揭河图、洛书于首，见数有本原云。"（程大位：《直指算法统宗·总说》）可见，数学源于易数乃是古人的共识，易数影响之大亦由此而知。

其二，中国古代数学著作大都在形式上模仿《周易》。刘徽认为《周易》博大精深，数学只是其分支，他在"观阴阳之割裂，总算术之根源"后，将其广泛用于对《九章算术》的研究中。他在著作中吸收《周易》"探赜索隐，钩深致远"、"方以类聚，物以群分"和"同归殊途，一致百虑"等思想，还直接用《周易》的言辞来对数学问题进行说理。他在《序》中说："古者包犠氏始书八卦，……及于黄帝，神而化之，引而申之，于是建世纪，协律吕，用稽道原，然后四象精微之气，可约而效焉。"这是说黄帝使用伏羲书卦的阴（——）阳（——）协和阴阳六律，并使用伏羲易卦及九九术建世纪。《周髀算经》也认为："古者包犠立周天尺度。"这是说首先作易的伏羲，已发明了尺法及坐标作图法。《孙子算经自序》："夫算者，天地之经纬，群生之元首，五常之本末，阴阳之父母，星辰之建号，三光之表里，五行之淮平，四时之终始，万物之祖宗，六艺之纲纪，君伦之聚散。考二气之降升，推寒暑之迭运，步还近之殊同，观天道精微之肇基，察地理纵横之长短……心开者幼冲而即悟，意闭者皓首而难精。"唐代僧一行的《新历本义》："易天数五，地数五，五位相得，而各有合。天数始于一，地数始于二，合二始以位刚柔。天数终于九，地数终于十，合二终以纪闰余。天数中于五，地数中于六，合二中以通律……一、六为爻位之统，五、十为大衍之母。成数乘生数，其算六百，为天中之积；生数乘成数，其算亦六百，为地中之积。合千有二百，以五十约之，则四象周六爻也。二十四约之，则太极包四十九也。"宋代是中国数学的黄金时代，邵雍的《皇极经世》，以六十四卦配元会运世，推算出地球的近期年龄为一百六十七亿九千六百十六万年，颇与晚近西洋天文科学的研究资料相吻合。又，韩显符应诏造铜质浑仪、侯仪等，上表进"要法一十郑，序文说：伏羲氏立浑测北极高下，量日影长短，定南北东西，观星问广狭。帝尧即位。義氏、和氏立浑仪"。其他如贾宪以八卦级数演高次方，秦九韶等以易大衍术演代数，杨辉等以洛书衍高级方阵。可见，中国古代数学著作从写作形式到思想方法都在刻意模仿《周易》。

其三，中国古代数学内容的主线肇源于《周易》。中国古代数学著作从形式到内容，都有追随《周易》的强烈趋向。如我国最古老的《周髀算经》中开宗明义就写道："昔者周公问于商高曰：'窃闻乎大夫善数也。夫天不可阶而升，地不可尺寸而度,请问数从安出?'商高曰:'数之法出于圆方,圆出于方,方出于矩,矩出于九九八十一。故折矩,以为勾广三,股修四,径隅五。既方之,外半,其一矩环而共盘,得成三四五。两短共长二十有五,是谓积矩。故禹之所以治天下者,此数之所以生也。'"《周髀算经》的基本思想也暗合《周易》之"圆方"、"奇偶"和"阴阳"理念:"物有圆方,数有奇偶。天动为圆,其数奇;地静为方,其数偶。比配阴阳之义,非实天地之体也。"(《周髀算经·四部丛刊子部》)《周易》研究事物的模式是所谓"象、数、理、占",而《周髀算经》中关于勾股定理的论述也是按象(图象)、数(数据)、理(推理)、占(论断)的模式展开的。《周髀算经》与《周易》的联系是显而易见的。再比如计算方法,中国在五千年前就有筹算,筹算正是珠算的前身。所谓筹,包括圆长的著、竹、木和正圆、正方、三角形的贝(磨成围棋子形状)、角、骨、木等,有计算和卜筮等多种功用。这些都直接受了《周易》的影响。

另外,易数对中国历法也有很大影响。唐开元年间僧一行编制了一部历法,命名为《大衍历》。历法编算的重点之一是确定年和月的天数,它们都不是整数,把不够一天的部分表为分数,《大衍历》取得了比较精确的数据。他在《大衍历》中大量使用《周易》的术语,如"五行"、"揲四"、"二极"、"两仪"、"象"、"爻"和"生数",等等。

而且,易数对中国博弈也有很大影响。古籍所说的唐尧发明的围棋,易数及筹算应有密切联系。围棋所使用的纵横线迹棋盘,和八卦、河图、洛书以及珠算盘的道理相通;其所使用的黑白奇偶数棋子,也和卦、图、书及珠算的数子相类似;同时,卦、图、书及围棋的数字变化,都离不了排列组合与级数原理。围棋的若干名词及"术语",例如"天元"(即围棋中心位置),就和"太极"及"干元"的意义相通;黑白二子的变化,活像阴阳两爻的变化。围棋有"四星位",卦、图、书也有"四象位";围棋有"挂",易筮也有"挂";围棋有大小"马步",洛书也有大小"马步"……诸如此类,不胜枚举。英人李约瑟博士,他所著的《中国之科学与文明》第四册"中国数学史的'排列组合'"中,曾提及唐僧一行及宋儒沈括计算围棋总局数的史事,他也认为围棋的变化和易经阴阳两爻的排列,有很密切的关系。

易数和现代数学的关系也很微妙。古老的《周易》中虽然没有明确的现代数学概念,但却隐含着某些现代数学的内容。易卦抽象的符号系统,是一个良好的代数结构,其揲著成卦的那一套程序就与现代数学密切相关。易卦符号系统与现代数学的许多分支,如二进数、布尔向量、集合论、布尔代数、群论、概率论、组合论、图论等基本概念,都可建立密切的关系。

我国《易传》成书之时,正是古希腊毕达哥拉斯学派繁荣之日。易数和西方的"数"有相同之处。但是,中西数学是两个不同的体系。"古代数学思想分为两大体系,一个是以欧几里得的《几何原本》为代表的西方数学思想体系,这个体系以抽象化的内容、公理化的方法、封闭的演绎体系为其特色。另一个则是以中国的《九章算术》为代表的东方数学思想体系,这个体系以算法化的内容、模式化的方法,开放的归纳体系为其特色。"①中国的"数"和西方的"数"有着明显的差异。西数重抽象、公理以及演绎推理,相对具有封闭性和独立性;中数崇筹算、模式、归纳,相对具有开放性和与其他学科的交融性。

毕达哥拉斯学派大多是数学家,他们对数(arithmos)十分崇拜,认为万物皆有数,把数当做万物的本源,并且将其神圣化。古希腊哲学家曾用西方人的思维方式得出一条真理,数是世界的本原。这种认识有一个发展的过程。希腊哲人泰利斯(Thales,604?—546B.C.)以"水"作为宇宙万有之始基。而赫拉克利特(Heraclitus 纪元前 5 世纪之希腊哲人)则以"火"为宇宙万有之始基。至于阿那克西曼德(Anaximander,611?—547B.C.)则以"气"作为世界本原。到了德谟克利特(Democritus,460?—362B.C.)则以原子作为宇宙万有之基点。而到了毕达哥拉斯(Pythagoras,公元前 5 世纪之希腊哲人),则以"数"作为宇宙万物的本源,并以"数"之秩序、和谐、规律,作为万有之整体观。把事物和数相联,是人类思维发展的一个阶段。毕达哥拉斯学派甚至认为万物、包括人,都是由数组成的,比如人的数是二百五十。把各种事物都赋予数量规定,乃是对事物数量关系认识的进步。毕达哥拉斯由此发现了各种乐音之间的数量关系,优美的乐音成了数,而音乐就成了数与数的调谐,进而认为是数决定着一切。于是毕达哥拉斯学派就在"数"的基础上建立了他们的哲学。他们认为:"万物的本原是一。从一产生出二,二是从属于一的不定的质料,一则是原因。从完满的一与不定的二中产生出各种数目。"正如亚里士多德在《形而上学》中评价毕达哥拉斯学派时所指出的一样:"这些哲学家显然是把数目看做本原,把它既看存在物的质料因,又拿来描写存在物的性质和状态。他们把数目的元素描述为奇和偶,认为前者是有限的,后者是无限的;'一'这个数目他们认为是由这两个元素合成的(因为它既是奇数又是偶数),并且由'一'这个数目产生出其他一切数目,整个的元素只不过是一些数目。"而中国的"数"和"道"是密不可分的,正如宋朝沈作吉所

---

①　欧阳维诚:《易学与数学奥林匹克》,中国书店 2003 年版,第 41 页。

著《寓简》一书卷二中所说:"物之成败皆寓乎数。知数者以数知之,知道者以道知之。物不能离乎数,数不能离乎道。以数知之则通矣,以道知之则玄矣。"

"道生一,一生二,二生三,三生万物。"(《老子》第四十二章)老子认为"道"是本原,数由"道"步步生发,但是到了"三"生"万物"时,数便具有了跳跃性和神秘性。"是故易有太极是生两仪,两仪生四象,四象生八卦,八卦定吉凶。"[1]周易的"数",是宇宙事物生成变化的次序。《周易》也说数数相生,但更多的在讲"变",讲"道",而且其中的哲学意味和数学意味是融贯一体,让人久久思索其中的奥妙,久久追寻其中的美。正因为象、数、理的密切交织性,也正因为易数的这种不纯粹性,使它相对于西方数学,更具有美学意味。我们将在下面逐节领略易数的这种美。

第二节　占筮之美

一、卜筮而玩其占

"极数知来之谓占。"[2]穷极数的奥妙以知晓未来,便是"占"。"占"和象数密不可分,正如《汉上易传·周易集传序》所言:"自推考象数言之谓之占。"占筮在《周易》中有很重要的地位,宋代理学家朱熹说:"大抵易之书本为卜筮而作。"(《晦庵先生朱文公文集卷第三十八·书(问答)·答赵提举(善誉)》)朱熹还将《筮仪》附于《易学启蒙》这本传统教育的必修书中,可见他认为娴熟卜筮在易学中不可或缺,地位关键。近代《易》学大师尚秉和先生也说:"不谙娴筮法,九六之义即不知何来,而《系辞》'大衍'一章尤难索解,《春秋传》所谓某卦之某卦亦莫明其故。故学《易》者宜先明筮法。"[3]刘大钧教授甚至认为:"归根到底,《周易》是一部筮书。若全面研究《周易》,只讲解经文而不谈及筮数,那是不行的。"可见,占筮是《周易》的重要内容,也是习《易》者的必修课,当然,如果认为《周易》只是一本占筮之书,那也是一种非常片面、肤浅而且错误的看法。

"卜筮之用"首见于《大禹谟》:"朕志先定,询谋佥同。鬼神其依,龟筮协从。卜不习吉。"卜筮要参考多方面的因素,子墨子言曰:"'有本之者,有原之者,有用之者。'于何本之? 上本之于古者圣王之事。于何原之? 下原察百姓耳目之

---

① 王弼等注:《周易》,四部丛刊初编本,《系辞上》。

② 王弼等注:《周易》,四部丛刊初编本,《系辞上》。

③ 尚秉和:《周易古筮考》,(台北)台湾育林出版社(影印本)1993年版,卷一。

实。于何用之？发以为刑政，观其中国家、百姓、人民之利，此所谓言有三表也。"这说明当时的卜筮是一个综合性的行为，而且主要是为了"知天"、"知人"、"立仪"等重大事件，"质诸鬼神"（即"卜筮之用"）只占其一。除了重大事件之外，卜筮也深入民间生活，为生民细务所系。"祭、告、畜辛、行止、田溜、征伐、年、雨（风）、霁、瘳、梦、命、旬、杂卜。"其中贞问主题往往无关国家大事，只是私人请求而已。

占筮在古代社会生活中占据了如此重要的地位，人们对卜筮者的重视自然是理所当然的，卜筮的分工也十分明确。《周礼·春官宗伯第三》："卜师：掌开龟之四兆"，"龟人：掌六龟之属"，"占人：掌占龟"，"筮人：掌三《易》辨九筮之名。"卜筮的仪式非常复杂而且严肃，工具也繁多。春秋时代龟卜为普遍采用的占卜工具。庄公二十二年以后，蓍筮和龟卜一并为人所采用。所谓"龟长蓍短"，龟卜取象，占筮取数。先有象，后有数。象是具体的，数是抽象的。《左传》僖公十五年韩宣子曰："龟，象也。筮，数也。物生而后有象，象先而后有筮，筮而后有数。"《仪礼·士冠礼第一》："筮与席所卦者。"郑玄注："所卦者，所以画地记爻。"又：《仪礼·少牢馈食礼第十六》："卦者在左坐，卦以木。卒筮，乃书卦于木，示主人，乃退占。"郑玄注："每一爻画地以识之，六爻备书于版。"卜筮，离不开"筹"。"筹"，包括圆长的蓍、竹、木和正圆、正方、鼓形、三角形、六边形的贝（磨成围棋子形状）、角、骨、木等，有计算和卜筮等多种功用。圆筹古又称"子"、如"数子"、"百子图"等。后来《火珠林》把成卦的方法简化了，用三个铜钱代替了五十根蓍草。

占卜是为了知晓过去和预测未来。《说卦》："数往者顺，知来者逆"；唐孔颖达《周易正义》："人欲知既往之事者，《易》则顺后而知之；人欲知将来之事者，《易》则逆前而数之。"按《系辞》下："夫《易》彰往而察来。"范晔认为，"极数知变而不诡俗，斯深于数术者也。"（范晔：《后汉书·方术列传》）这虽然看来神秘莫测，而实际上亦人所为。哲人所谓："未来非特迎人而来，亦人所面之而往。"①荣格（C.Jung）在《易经》英语翻译的引论中曾经说道："《易经》的目的在引出使用者的'自知之明'（self-knowledge），而'自知之明'出自反省思量自己的动机、人品和行为，等等。"实际上占卜很大程度上依赖于占者的判断力，而且很多时候请占者（如帝王）早有决断，只不过想借用卜辞、爻辞作为行动的借口而已。另外，因为中国的占者仅有一小部分具有超人的智慧，而大多数只不过是一介凡

---

① 转引自钱锺书：《管锥编》，第一册，中华书局1986年版，第55页。

人,于是往往因为不能判断,便只能随机选择,造成很多历史上的笑话。此不列举。

卜筮的发展是"方"。"率由旧章"者仍为巫,有所发明的就是方士。《史记·封禅书》说:"周人之言方怪者自苌弘。"苌弘乃是方士的始祖。据《后汉书·方术列传》,方术之士中,其中相当一部分就是儒生:"不为良相,便为良医。"方术是一种世界现象。儒道佛三家都从事各种各样的方术活动。纵观历史上方士的所为,大抵有以下几项:创造神灵和创制祀神的方式,施行各种巫术,占卜,制造神谕,行医,从事各种科学和技术发明,等等。归结起来,就是用各种手段去从事利用甚至征服自然的活动,制造神谕、妄称天命以参与政治,是方士一系列活动的延伸。在利用和影响自然力的手段方面,真实和虚幻并用,不免存在数术的过于穿凿和荒诞的现象。在后人看来,卜筮活动是一个宗教、巫术、迷信和科学技术杂糅的活动,今天早已失去其存在的基础。正如程石泉先生所说:

> 荀子所谓:"善为易者不占。"至于欲恢复《周易》卜筮之用,虽然依循《系辞传》"大衍之数章"所示之步骤成卦,但于用占之道并无定例可循。即筮得某卦某爻之辞,吾人所得者不过占断、谶决,"似是而非"之说辞而已,现代人不得"受命如响"。吾人必须了解当殷周之际卦辞卦爻之作者所见之象、所撰之辞、所知之理、所指之事,对于当时作者其象鲜明,其辞显豁,其理昭著,其事证验;但对于今人其象模糊,其辞晦涩,其理隐曲,其事无征。若学人强不知以为知,乃欲藉《周易》中卦辞爻辞所指示者以决定个人或国家之行止,无奈愚昧乎?西方少数嬉痞分子采用《周易》,希望藉此古书以指示此一失落时代中之失落分子,是诚缘木求鱼,其去治《易》应有之道远矣!①

程先生此说具有历史眼光,治易当以此眼光为基础。既然科学技术已经十分发达,人们对神秘的自然和宇宙也已有了突破性的认识,掌握了大多数事物运行发展的规律,卜筮的"占往知来"功能就势必成为一种历史,我们必须用新的视角来看待"占"。

虽然占筮的时代已经过去,但是其中所蕴涵的文化意蕴、审美意味却仍旧值得我们好好研究。其实,各代贤哲早就把占卦当做参悟玄机、提升智慧的一种方法,并从中得到快乐,占筮很多时候成为他们生活中的一种审美体验。我们完全可以在认识占筮奥秘的基础上,挖掘占筮的文化意蕴,玩味其中的意和美。

---

① 程石泉:《易学新探》,上海古籍出版社 2003 年版,第 5 页。

看看《周易·系辞上》那句话：

是故君子所居而安者，易之序也；所乐而玩者，爻之辞也。是故，君子居则观其象而玩其辞，动则观其变而玩其占，是以自天祐之，吉无不利。

这里接连用了三个"玩"字。"玩"，"研玩也"①，是一种探索未知、走向认知的"玩"，从这种识破"天机"的"玩"中获得快乐。也是只有真正研《易》的人才能体味的快乐。这是一种高境界的快乐，智者的快乐，正如《尔雅》所言："哲智也，弄玩也，尹正也。"②哲人智者所把玩和审美欣赏的，也是高雅而合乎正德的。这让我们想起孔子"闻韶，三月而不知肉味"的故事，旋律完美而合乎德的音乐能够让人久久沉浸其中，浑然忘却自我的身体需要和饮食快感。《周易》"象"、"辞"、"序"、"占"或使我们"居而安"，或使我们"乐而玩"。"居""玩"是寂寞的审美，仁者的审美；"动""玩"是豁然的审美，智者的审美，两者都是君子的审美活动。

自古以来，很多人都浸淫在《周易》的象数理之美中，特别是"玩其占"的那种充满体验性的玩味，让很多智者仁人不能自拔。邢璹在《周易略例·序》中的那段肺腑之言颇有代表性："臣舞象之年，鼓箧鳣序，渔猎坟典，偏习周易，研穷耽玩，无舍寸阴。"③此处之追寻穷尽耽溺把玩，非"玩人丧德，玩物丧志"④之"戏弄"的"玩"，而是意在知天地、穷人事。当然那种借"占筮"装神弄鬼、坑骗人们钱财的江湖术士是完全不懂得其中道理的。透过古人这种"卜筮而玩其占"的行为，人们可以认识其哲学观念和审美方式——通过"玩"而知"道"，获得智慧；通过"玩"而体"味"，获得审美享受。对于这种"卜筮"的过程与结果，古人为什么不去"察"而要"玩"呢？而且要"居而安"者，以身验之；"乐而玩"者，以心体之？我们可以这样说，"玩其占"不是逻辑判断的结果，它是一种内省的体验。我们现在排除其迷信、随机的成分，而捕捉其审美意识和自娱性，可发现其是一种"入化境时"的自由。它是顺乎宇宙原则，使自己在宇宙的秩序中和谐无间的自由。从这层意义讲，它与艺术创作和欣赏几无二致。创作是心灵外达，欣赏是心灵内省，所以也只有"玩"才能做到"无思也，无为也"，才能"居而安"之。这就很有审美的意味了。

"乐"哉，"玩其占"！憾"玩"之身体心察之美学意味没有引起人们足够重

---

① 陆德明撰：《经典释文卷第二·周易音义》，《四部丛刊》电子版。
② 郭璞注：《尔雅卷上·释言第二》，《四部丛刊》电子版。
③ 邢璹注：《周易略例·序》，《四部丛刊》电子版。
④ 孔氏传：《尚书卷第七·周书·旅獒第七》，《四部丛刊》电子版。

视,很少人对"玩"之中国美学意义进行深入研究,而仅"味"之美得以琢磨发扬。

二、大衍之数

我们知道,古老的"玩其占"中有两种采用最多的占筮方法,即蓍筮和龟卜。龟卜已神秘不可究,而蓍筮方法却以在《周易·系辞上》记载的"大衍之数"的一段话留传下来。这是《周易》诸篇中集中论述筮数的一段话,其中写道:

> 大衍之数五十,其用四十有九。分而为二象两,挂一以象三,揲之以四以象四时,归奇于扐以象闰。五岁再闰,故再扐而后挂。

关于"大衍之数",历代易学家均有自己独到的见解。长孙无忌在其《周易要义卷第七上系》之《六大衍之数之用诸说不同》中把唐以前的诸种关于"大衍之数"作了如下概述:

> 《正义》曰:"此第八章明占筮之法,揲蓍之体,显天地之数,定乾坤之策以为六十四卦而生三百八十四爻。大衍之数五十,其用四十有九者。"《京房》云:"五十者,谓十日、十二辰、二十八宿也。凡五十其一不用者,天之生气将欲以虚来实,故用四十九焉。"马季长云:"易有大极,谓北辰也。大极生两仪,两仪生日月,日月生四时,四时生五行,五行生十二月,十二月生二十四气。北辰居位不动,其余四十九转运而用也。"荀爽云:"卦各有六爻,六八四十八,加乾坤二用,凡有五十。乾九潜龙勿用,故用四十九也。"郑康成云:"天地之数,五十有五。以五行气通,凡五行减五,大衍又减一,故四十九也。"姚信董遇云:"天地之数五十有五者,其六以象六画之数,故减之,而用四十九。"但五十之数义有多寡,各有其说,未知孰是。今案王弼云:"演天地之数所赖者五十。"据王弼此说其意皆与诸儒不同。万物之策凡有(一万)千五百二十,其用此策推演天地之数,唯用五十策也。一谓自然所须策者,唯用五十,就五十策中其所用揲蓍者。唯用四十有九,其一不用,以其虚,无非所用也,故不数之。顾欢同王弼此说,故顾欢云:"立此五十数以数神,神虽非数,因子而显。故虚其一,数以明不可言之义,只如此意,则别无所以,自然而有此五十也,今依用之。"

长孙无忌显然赞同王弼的说法,后世赞同王弼之说亦为多数。我们来看看王弼注《周易》原文:

> 王弼曰:演天地之数所赖者五十也。其用四十有九,则其一不用也。不用而用,以之通非数,而数以之成,斯易之大极也。四十有九,数之极也。夫无不可以无明,必因于有,故常于有物之极而必明其所由之宗也。

王弼只是简单地说："演天地之数所赖者五十"，"凡天地之数五十有五"，为什么只取"五十"，"演""所赖者"也。这是典型的中国人哲学思维方式，并没有太多的解释，却更耐人寻味，必须去悟。又有人认为大衍之数是漏掉了"五"①，笔者不以为然。倒是觉得《直讲李先生文集》所说"大衍之数五十"，"取其整数而已"颇有见地：

> 此章上言大衍之数，下言乾坤之策，中言天地之数，非衍之用而何也？然所以减之之意或谓减五行，或谓减六画，或谓减天五，盖未之思矣。夫五行、六画、天五，减之之可否不足复诘。吾直谓天地之数虽五十五，至揲蓍之法止可用五十，故取其整数而已也。只如期三百六旬有六日，而乾坤之策三百六十。当期之日又岂可言无六策以当六日者别有意也。②

这种大而化之的态度也是中国人的独创。"一"至"十"十个自然数的奇偶组合，《系辞》认为完全和天地（暗指阴阳）相对应：天（阳）为奇数，地（阴）为偶数，天数为五个奇数，地数为五个偶数，天数一、三、五、七、九相加为二十五，地数二、四、六、八、十相加为三十。天地之数总和为五十五，"大衍之数"五十。自然数的排列与宇宙天地之间象征性的对应，强调数与天地万物的相通，这里的数已不是单纯的数，而是有意味的数。"大衍之数"相对于龟筮，是一种历史进步。王夫之在其所著的《周易内传·系辞上传》中所说："大衍五十而用四十有九，分二，卦一，归奇，过揲，审七、八、九、六之变，以求肖于理，人谋也；分而为二，多寡成于无心，不测之神，鬼谋也。"又说，"若龟之见兆，但有鬼谋而无人谋。"便肯定了"大衍之数"相对高明于龟占，因为前者有更多的人为决定因素在内，后者不再是一味听天由命，依附于自然神秘力量。这也可以说是人类自我的一种进步，是人文力量的逐步加强。

　　我们再来看看利用"大衍之数"占筮的复杂过程。"大衍之数五十，其用四十有九。""大"通"太"，浩大、极致、广深之意；"衍"，广布、展延、繁生之意。"大衍之数"那么就是极数、大数，具有繁衍、发展意义的数字。占筮时五十中取一不用，以象太极，也可能是因为"一生二、二生三、三生无极"，"一"的意义太重要了，所以用以演算的蓍草之数去"一"，只取四十九。"分而为二"象征天地；"挂一象三"象征天、地、人；"揲之四"象四时；"揲四"之后所余蓍草象征闰月。在占

① 金景芳的《易通》（商务印书馆 1945 年版）指出："当作'大衍之数五十有五'，转写脱去'有五'二字。"
② 左赞编辑：《直讲李先生文集卷之四·论三》，《四部丛刊》电子版。

筮中将人与天地、阴阳、四季等因素联系起来,达到"天人合一"。占卜者通过每一次揲蓍的余数最后得出一个六画的卦,再根据卦象和爻象的变化判定吉凶。整个过程需要"四营"、"十八变"。这种揲筮操作和筮数运演的程序十分庄严而神秘,而且充满着神秘的"通神"性。阴阳两数(也是气的表现)的变化,足以统摄宇宙秩序,连鬼神也不例外,如《周易·系辞上》第九章所言:"此所以成变化而行鬼神也。"鬼神的情状无非是"精气为物,游魂为变"的结果,而所谓"神",乃是"阴阳不测"的同义语,是万物变化的神妙之理。《说卦》亦云:"神也者,妙万物而为言者也"。在《周易》里,筮数被神化了。现在,蓍算已经成为遥远而模糊的历史,但是,整个蓍算过程却是神秘而充满美好的祈愿的。而且"大衍之数"充分体现了中国古人对数的认识和崇拜。尤为特别的是,先人们很重视数的生命力量和发展裂变性。这种对数化繁为简的认识智慧,无疑极具先启性和哲美价值。

其实,大衍之数的运算反映中国古代在十分经验的形式下,已经深入到了数量学中的一些高难课题。"大衍之数"的筮数运演中"分二"、"挂一"、"揲四"的几个要求(四营),只有在蓍草数为49策的情况下才能做到每一次的余数为6、7、8、9四个自然数中的任意数。这套程序需要较为精巧的运算和极为熟练的经验操作才有可能设计出来。当然,《周易》企图用一至九几个没有位权的纯数去等同二仪、三才、四时、万物这些具有单位意义的东西难免牵强。但是,因为蓍筮而有"大衍术"这一数学方法,这无疑是中国古代数学上取得的一个巨大成就。大衍术是一种代数、几何的混合算法,宋代以前多使用干支及其他的文字表示代数,宋儒则以(太)、(天)、(元)等表示代数,又称"大衍立天元术"及"大衍求一术"等。后来,《易传》的哲学化大大消解了筮数的神秘功能,使象、辞在易筮中的地位更见突出。阴阳观念引入《周易》之后,筮数的奇偶组合,逐步为阴阳二气的交互作用所代入;数的组合,实际上成阴阳互动中二气不同比例、不同秩序和不同功能的组合;数,成了阴阳互动不同方式的规范性符号。原始筮占中数的神秘意味开始消退,筮数中原来存有的天机、天启和神意对人意的关怀,也日益淡化。因此,《系辞》强调数的象征意义,将数归结为宇宙自身运行秩序和一切事物运行规律的显现,就更显示了中国古人运用数学的非凡智慧。《周易》的数真是无所不包,无所不显,真正是"《易》与天地准,故能弥纶天地之道"①。

"大衍之数",是中国智慧重要的一个部分,它既体现了大化哲学、阴阳哲

---

① 王弼等注:《周易》,四部丛刊初编本,《系辞上》。

学,又含蕴着象征美学、生命美学,还反映了中国人对"数"之哲学性、审美性的初步认识。它对中国文化、文学艺术和文艺理论都有深刻的影响,中国古代的审美意识和艺术观念很多就是由此孕育、衍生出来的。以中国第一部完整、系统的文艺理论巨著《文心雕龙》为例,它不但大量地引用《周易》,甚至它的四十九篇文艺论说和一篇序言,也是取义于《系辞》的"大衍之数五十,其用四十有九",即如其《序志》所言,"位理定名,彰乎大易之数,其为文用,四十九篇而已。"这虽或是易学之末流,而非其主轴之所衍生,但这恰恰证明了它无物不可包容,无处不可显现,证明了"大衍之数"的中国美学意义。而中国古代的审美意识和艺术观念正是由此孕育、衍生出来的。正如朱熹曾感叹的那样:"至哉,《易》乎! 其道至大而无不包,其用至神而无不存!"(朱熹:《周易本义》)

三、卜筮之神秘美

作为六经之一,数千年来,《周易》以其神秘性成为中国古代文化史上一个司芬克斯之谜,这正是它的魅力所在。除了其文字的跳跃性和含蕴性令人难以揣摩以外,八卦符号和占筮之数扑朔迷离,最令人难解。占筮是人类社会曾经普遍存在的一种历史现象,尽管我们现在看来是一种愚昧、迷信和荒诞活动,但我们不可抹杀其在当时的社会作用和影响,特别是其神秘性,有通向审美的特质。

卜筮过程充满神秘性,其突出表现是:变——阴阳变化的不确定性。阴阳消长、变动不居,是谓变。《周易》始终离不开一个"变"字,"变"是"易"的主要内涵之一。如:

《泰》卦九三爻辞:

"无平不陂,无往不复";

《否》卦上九爻辞:

"倾否,先否后喜";

《复》卦卦辞:

"反复其道,七日来复";

《大过》卦九二爻辞:

"枯杨生稊";

《大过》卦九五爻辞:

"君子豹变,小人革面,征凶。居贞吉"。

其中虽含有原始的循环论,但也有辩证的因素。

《周易》对于八卦卦爻的变的特点,作了概括的说明。《周易·系辞上》曰:

刚柔相推,而生变化。

动静有常,刚柔断矣。

动则观其变而玩其占。

夫乾,其静也专,其动也直,是以大生焉。夫坤,其静也翕,其动也辟,是以广生焉。

言天下之至动而不可乱也。

以言者尚其辞,以动者尚其变。

鼓天下之动者存乎辞,化而裁之存乎变。

变化者,进退之象也。

爻者,言乎变者也。

通变之谓事。

在天成象,在地成形,变化见矣。

参伍以变,错综其变,遂成天下之文,极其数,遂定天下之象。非天下之至变,其孰能与于此。

一阖一辟谓之变,往来不穷谓之通。

化而裁之乎变,推而行之存乎通。

《系辞下》曰:

通其变,使民不倦。

《易》穷则变,变则通,通则久。

道有变动,故曰爻。

变动以利言,吉凶以情迁。

吉凶悔吝者,生乎动者也。

天下之动,贞夫一者也。

爻也者,效天下之动者也。

变动不居,周流六虚,上下无常,刚柔相易,不可为典要,唯变所适。

从"易""变"的角度看来,万物总是处于阴阳相荡、刚柔相济的运动中,美也总是在事物运动变化中产生。"变动不居,周流六虚"总是美之所依、美之所溢。这里就蕴涵着阴阳美、变动美和生命美等。

在古代,占筮是一种高难度而神秘的工作。在当时客观条件下,占筮体系的神秘变化使古人认为其具有预知未来变化的性质和功能,人们希望通过它了解大至国家、小至个人的诸多未知事宜,所以,占筮活动具有重要的决策意义和崇高地位。

占筮是高难度的。卦象和筮数的象征性、多样化和变易性使占筮变得非常复杂。卦是由两个极其简单的符号"——"（阳）和"— —"（阴）组成，但是越简单，便越包容深奥，其寓意也至广至大、至深至远，使人难以理解。每一卦、每一爻都有不同的意义，爻和爻之间关系又错综复杂，要结合天时、地利、人和诸多方面来考虑。且爻象变动不居、往来无常，其变化有其规律性，但并无一定模式，难以推测，如揲蓍求卦时不能事先预定某爻象的阴阳老少性质及其变化。爻象于六位之中可上可下，时居中位，时不居中位，有时有应，有时无应，等等，都并不是按照一个固定格式变化的，这些因素都必须考虑。爻象及爻象象征的事物变化对人们来说是难以预料的，筮数也类似。这一切使得一般人很难理解和判断占筮玄妙的含义，必须有高度智慧和相当悟性的人才能了解。所以，卜者备受尊崇。

另外，占筮又是神秘的。除了它本身的复杂和多变以外，还有人为的神秘。为了使占筮神圣化，古人不但将占筮者崇高化，而且将筮草和龟等占筮工具神秘化，如《周易·系辞上》云："是故蓍之德圆而神，卦之德方以知"，"是兴神物，以前民用"，蓍草和龟都具有通神的能力。同时，占卦过程也渲染得神秘复杂，"神"可以说是整个筮法的特质。表面简单平易而实际复杂多变的易卦、易数和神秘玄妙的占筮活动紧密联系在一起，让人感觉奥妙莫测。这一切使得占筮成为庄严而美好的仪式，而不是恐怖丑恶的行为。占筮的神秘也常常使人们通向"悟"的审美境界，因此，认为巫术活动蕴育了人类的审美活动是很有道理的。

"神"和"易"紧密相连，"神"甚至是"易"的又一代名词。何谓"神"？人们往往将自己不可思议的东西称为"神"。在《周易》中提到的"神"，基本上不是指具有人格的神——上帝、鬼神等，而侧重于指天、地、阴、阳的交感和神奇的变化。《周易·系辞上》说："成象之谓乾，效法之谓坤，极数知来之谓占，通变之谓事，阴阳不测之谓神。"以乾象征天，以坤效法地，因蓍草数目占问未来之事，以通事物的变化。而数的奇偶和爻象的刚柔变化无穷，难以推测，如揲蓍求卦时不能事先预定某爻象的阴阳老少性质及其变化。《周易》把事物变化莫测的这种性质称为"神"，即神妙不测。周易八卦的诞生本身因为古人的占筮，具有对未知的困惑性，因此卦象又是至广至大、至深至远、玄妙无比的，让人感觉难以琢磨。在从阴到阳、从阳到阴的流动过程中，有诸多中介，阴中含阳、阳中抱阴，或阴盛阳衰、阴衰阳盛，或阴阳交错、亦阴亦阳，显示出难测的模糊性，其中也包含着阴阳互渗的模糊美。

可见，"神"是指美妙神秘的"易"的力量，"深而几"。可见，这里的"神"不是高高在上,不可认识,它具有广泛性和普遍性。六十四卦卦象之伟大之处,就在于通过示现阴、阳爻位的错杂变化关系,去揭示天、地、人等的内在变化规律,也就是揭示事物的本质及其变化,具有本真性和规律性。所谓"知幽明之故"、"知死生之说"、"知鬼神之情状"、"类万物之情"和"幽赞于神明"等说法,实质上,就是对自然界万物(包括人类在内)内在的质的本性与变化及其规律的把握。因为本质、规律,没有实体可供视听所把握,而是隐伏于形象之内的,不可以马上了解和认识,所以用"幽"、"明"、"神"、"鬼"来说明之,而实际上"神"就在日常生活间,老百姓都在使用它,万物因为它而奇妙,也就是说,它既非凡又平常。正如《周易·系辞上》云:"民咸用之谓之神。"又如《说卦》云:"神也者,妙万物而为言者也。"韩康伯《周易注》云:"神也者,变化之极,妙万物而为言,不可以形诘者也,故曰阴阳不测。"可见,这个"神"字,因为其变化"秘"不可测,使其具有浓厚的宗教意义和巫术意味;同时又因为其广适性,使最广大的人去亲近它、揣摩它和使用它,而这也是为什么在古代占筮有那么广大的市场;同时又因为其"妙",具有不可言传的不确定性和玄妙意味,使它显示出阴阳相搏、亦此亦彼的模糊美。

韩康伯在其《周易注·系辞上注》说:

> 原夫两仪之运,万物之动,岂有使之然哉?莫不独化于大虚,吁尔而自造矣。造之非我,理自玄应,化之无主,数自冥运,故不知所以然而况之神。是以明两仪以太极为始,言变化而称极乎神也。夫唯知天之所为者,穷理体化,坐忘遗照。至虚而善应,则以道为称,不思而玄览,则以神为名。益资道而同乎道,由神而冥于神者也。

阴阳变化的不确定性所造成的"神"常常使我们通向"悟"的审美境界。事实上,文学艺术以及其他一些审美对象也的确存在一些令人说不清、道不明,却可以"心悟"而达到"神妙"的现象,正如易象、易数的神秘莫测。

"范围天地之化而不过,曲成万物而不遗,通乎昼夜之道而知,故神无方而易无体。"《周易·系辞上》认为"神"具有广大的时空领域,《周易》之法则涵盖了天地之造化,包容了一切幽明生灭的变化原理,可以预知各种事物的吉与凶。阴阳变化生成万物各种形象,并贯穿昼夜之道而运用于万事万物,一切都处于变化之中,神的特征是"无方",易的特征是"无体",都没有固定的形式。卦爻象的变化无固定的方所,《周易》本身的变易也并不固定于一定的格式或体制,其变化神妙、不拘一格。"神无方而易无体"正是强调"神"表示《周易》变化莫测的性质。《说卦》发挥了此种观点,说:"神也者,妙万物而为言也。"这里所说的

"神"与前述一样,都是在变化莫测的意义上使用的,它不是指某种超验的实体,而是指宇宙万物变化不定的属性。《周易·系辞上》不仅以"神"表示蓍草数目和爻象变化的莫测,而且以"神"为整个筮法的特质。以"神"为万物变化不测的本性,这一思想十分深刻地影响了以后中国思想史的发展,使历代思想家们十分注重事物变易的内在本性。

《周易·系辞上》又云:

> 易,无思也,无为也,寂然不动,感而遂通天下之故。非天下之至神,其孰能与于此。夫易,圣人之所以极深而研几也。唯深也,故能通天下之志。唯几也,故能成天下之务。唯神也,故不疾而速,不行而至。

"易"乃"至神",是圣人为了"极深"、"研几"而作,它"深"而能"通"、"几"而能"成",这种"通"、"深"、"几"便渐至"神"。"神"和"深"、"几"并列为"易"的三大境界,而且是以"感"而"通"天下。另外,"神"和"知"的关系是"蓍之德圆而神,卦之德方以知","神以知来,知以藏往"。占筮体系的神妙变化具有预知未来变化的性质和功能,"神"以认识未来,"知"以推断过去。而且,"神"和"知"都必须结合"德","神"是为了明"德",正如《周易·系辞上》言:"以神明其德夫","德"的极致就是"神"之穷、"知"之化,也就是"神"、"知"的最高境界。

当然,"神"是有局限性的。屈原在《卜居》中就写道:"数(方术)有所不逮,神有所不通。"

《周易·系辞下》所谓"穷神知化,德之盛也"。"神"之"不测"、"无方"和"明德"使人们希望通过占筮来了解它,并能从中获悉自己所关注的信息。卦象通过简单的阴阳爻给我们提供了一个个神妙的哲学命题。

"阴阳不测"之"神"是占筮所引向的最美境界。事实上,神秘的东西往往很容易使人有美好的遐想,特别是艺术领域,如断臂的维纳斯、蒙娜丽莎的微笑,等等。《周易》占筮对"神"一方面尊崇和追求,另一方面又试图破解和征服,这一思想对中国审美倾向有很大影响。特别是其"不测"、"无方"和"明德"等特征,和中国美学的崇尚变化、不拘形式和寓善于美等审美理念可以说是不约而同的。占筮之"神"包含含蓄美、智慧美、变化美以及和谐美,等等,它深深影响中国美学思想史,影响了中国人审美趣味、文学艺术趣味的形成和发展。这种影响集中表现在中国美学、中国文学艺术乃至生活情趣对那种不可言说的模糊性、神妙性以及"象"外、"言"外之境、之意、之旨的刻意追求,这是和西方审美境界、西方文学艺术迥然不同的一种情趣。

总之,《周易》占筮既体现了中国古人的数理智慧,又蕴涵着许多审美因素,影响着中国审美文化,让我们明白象、数所引向的最美境界是"阴阳不测"之"神"。美就存在于象、数运动中,存在于阴阳相荡、刚柔相济、奇偶相成和虚实相生的神秘变化中。《周易》占筮之美值得我们好好揣摩和研究。

第三节　河出图,洛出书

一、"河出图,洛出书"及其与易数的关系

《周易》和"河图、洛书"有千丝万缕的关系。有人认为《周易》是从"河图、洛书"传承、演化而来的,也有人认为"河图、洛书"是宋儒敷衍《周易》而成的伪图。

关于"河图"和"洛书",《周易》本文并没有明确的记载,只是《周易·系辞上》里有这样一段话:

> 成天下之亹亹者莫大乎蓍龟,是故天生神物,圣人则之;天地变化,圣人效之。天垂象,见吉凶,圣人象之;河出图,洛出书,圣人则之。

这是一段对"圣人"从天地自然中获取智慧的阐释。首先,"圣人",恐怕不是单指一个人,伏羲、黄帝、大禹等都有可能,泛指远古善于从自然获取生存本领的首领。圣人发现蓍草和大龟生命力旺盛,认为其有通神性,便借它探究未知的神秘,并以此指导生活。圣人发现天地之变化有规律可循,于是仿效而趋吉避凶。"天垂象",可"见吉凶",圣人便把这些以"象"的形式记载下来,这是中国经验哲学的萌芽。而"河出图、洛出书"当然也是上天的预示,圣人依据其进行演算推理,以获得信息。"则"、"效"、"象"无疑都是先人对宇宙自然和生活现象的主观认识和把握,既有感性体验,又有理性认识。当然,这种体验和认识我们现在看来未免荒诞不经,有很大的迷信成分在内。但是,我们对处于人类童年时代的古人怎可求全责备。排除其荒谬成分,我们可以发现其中含蕴很多智慧和审美的因子。依上面这段文字看,"河图、洛书"是被圣人发现,其形成时间和原因不可知。我们知道,伏羲氏画成八卦后经周文王、孔子的不断完善发展,最终形成《周易》,故《汉书·艺文志》云:"易道深矣,人更三圣,世历三古。"准此,则"河图、洛书"应为中华民族文明的最初源头之一。

迄今所知,最早出现"河图"一词的文献是《尚书·顾命》。周成王死,康王继位,在继位大典上,陈列着各种器物:"越玉五重,陈宝,赤刀、大训、弘璧、琬琰在西序;大玉、夷玉、天球、河图在东序。""河图"在这里首次提到。"河图"与大玉、夷玉、天球并列为大典礼器,显系传国之宝、瑞吉之物。郑玄疏曰:"河图,图

出于河,帝王圣者之所受。"因此清代吴光耀的《河图洛书大义》,引申汉代孔安国《尚书传》说:"河图及典谟,皆历代传宝之。此河图周初犹存,犹孔子履。汉高帝斩白蛇剑,历代并存武库,西晋库火,始同焚也。"

《论语·子罕》篇:"子曰:'凤鸟不至,河不出图,吾已矣夫。'"这条材料的重要性,可视作仅次于《尚书·顾命》的关于"河图"的早期记述。

从春秋到汉代,尚有《礼记》、管子、庄子、墨子、《纬书》、董仲舒、《史记》、刘歆、扬雄、王充、孔安国、郑康成,等等,都一致认为远古时代的确曾出现"河图",试举例:

《礼记·礼运》云:

> 故天不爱其道,地不爱其宝,人不爱其情,故天降膏露,地出醴泉,山出器车,河出马图。

《礼记·记运》疏引《中候·注》:

> 伏羲氏有天下,龙马负图出于河,遂法之,画八卦。

《汉书·五行志》说:

> 刘歆以为伏羲氏继天而王,受河图,则而画之,八卦是也。

《水经·河水注》说:

> 粤在伏羲,受龙马图于河,八卦是也。故《命历序》曰:河图,帝王之阶,图载江河山川州界之分野。

关于"河图"的记载,在宋以前都比较虚化,有很浓的神话色彩和道德说教,一方面说明社会明治则天降瑞祥,一方面说明"河图"是八卦的起源。

元明清"河图"说进一步详细。

元代吴澄《易纂言》云:

> 河图者,羲皇时河出龙马,背之旋毛,后一六,前一七,左三八,右四九,中五十,以象旋毛星点,而谓之图。羲皇则阳奇阴隅之数,以画卦生蓍。

清代《古今图书集成·职方典》谓:

> 上古伏羲时,龙马负图出于河,其图之数,一六居下,二七居上,三八居左,四九居右,五十居中。伏羲则之,以画八卦。

这些典籍异口同声地言说伏羲降龙马传说的真实性,这样就为河图的由来增添了很多神秘色彩。

"河图"显为上古地下出土的文物。再如《三国志·魏书·管宁传》载:"青龙四年辛亥……张掖三川滥涌,海波奋荡,宝石负图,状像灵龟",这是对"河出图,洛出书"最生动形象的注释。据上古传说,"河图"乃龙马负之出于黄河,故

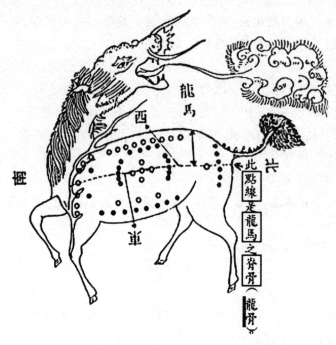

河出马图

又称"龙书","洛书"乃神龟负之出于洛水,故又称"龟书"。《管子·小臣》:"昔人之受命者,龙龟假,河出图,洛出书,地出乘黄,今三祥未见有者",认为"河图"、"洛书"和"乘黄"是三件吉祥的宝贝。

筮师翼鹏《尚书释义》注曰:"河图疑自然成文之玉,而获之于黄河者也。"这种解释颇有见地。但是,"河图洛书"的内容至汉孔安国《尚书传》才触及:"河图者,伏羲氏王天下,龙马出河,遂则其文以画八卦。洛书者,禹治洪水,神龟负文而列于背,有数至九,禹遂因而第之,以成九畴。"隐约地透露出"河图洛书"乃是数字构成的两个图式。

至魏时关子明第一次明确提出了"河图洛书"的图数:"河图之文,七前六后,八左九右。洛书之文,九前一后,三左七右,四前左,二前右,八后左,六后右。"

至宋太平兴国年间,方士陈抟始将"河图洛书"披露于世,后朱熹取之刊于所著《周易本义》篇首,这就是我们今天可以看到的"河图洛书"。"河图洛书"自此昭彰于世,图书之学也因之盛极一时。

但因其得之于道家方士,加之古籍中有关记载多夹杂着神话色彩,因此怀疑者、否定者大有人在,如北宋欧阳修、明代归有光、清代胡渭及现代古史辩派学者

洛出龟书

顾颉刚等均否认有所谓实际存在过的"河图洛书",认为"河图洛书"不过是陈抟等后人的伪造。

1977 年安徽阜阳双古堆西汉汝阴侯墓中出土了"太乙九宫占盘",圆盘上刻画的数目图形中,一对九、二对八、三对七、四对六、五居中央,与《洛书》分毫不差。可知"河图"、"洛书"绝非宋人所伪造。1973 年长沙马王堆汉墓出土的帛书《易经》卦序与"伏羲六十四卦"方位图在排列上有惊人的妙合之处,是以陈抟传出的"河图洛书"有其渊源所自,汉初或先秦已有"河图洛书"和"先天图"是确凿无疑的。由此及彼,则古书中关于"河图洛书"和"伏羲画八卦"的记载是值得相信的。

那么"洛书"究竟是在什么时间、什么地点,由哪位圣人,怎样得到的呢? 大体有如下三种说法。

其一,伏羲说。《山海经》中说:"伏羲得河图,夏人因之,曰《连山》。"《辞海》在解释"河图洛书"一词时也说:"……传说伏羲氏时有龙马从黄河出现,背负'河图';有神龟从洛水出现,背负'洛书'。伏羲根据这种'图'、'书'画成八卦,就是后来《周易》的来源。"①这种说法我们前文已经提及,文献相关记载持此观点者比较多。

---

① 详见上海辞书出版社 1979 年版《辞海》缩印本。

其二，**黄帝、仓颉说**。《尚书·中侯篇》有两段记载，一段说："河出龙图，洛出龟书，赤文绿字，以授轩辕。"另一段说："黄尧即政，荣光出河，休气四塞，龙马衔甲，赤文绿色，甲似龟背，五色有列星之分，计政之度，帝王录记与亡之数。"《史记音义》云："黄帝东巡河过洛，修坛沉璧，受龙图于河，龟书于洛。"《水经注·洛水条》引《地记》说："洛水东入于中提山间，东流汇于伊是也。昔黄帝之时，天大雾三日，帝游洛水之上，见大鱼，煞五牲以醮之；天乃甚雨，七日七夜，鱼流始得图书。"南朝梁文学家沈约《宋书》说："黄帝坐于玄沪、洛水之上，有凤凰衔图置帝前。"罗苹注《河图玉版》云："仓颉为帝南巡，登阳虚之山，临于玄沪洛之水，灵龟负书，丹甲青文以授之。"

其三，**大禹说**。《辞海》在解释"河图洛书"一词时又说："一说禹治洪水时，上帝赐给他以《洪范九畴》（《尚书·洪范》）。刘歆认为《洪范》即洛书。"《后汉书·五行志》载："禹治洪水，得赐'洛书'，法而陈之，《洪范》是也。"又《汉孔安国传》载："天与禹洛出书。神龟负文而出，列于背，有数至于九。禹遂因而第之，以成九类常道。"

从伏羲开始，历代都有"河图"、"洛书"出现；"河图"、"洛书"的出世方式及书写材料、内容，每次也不相同；除伏羲所得之"河图"未多说明外，其他"河图"、"洛书"均是写有文字的图、书。我们可以由此得出结论：据先秦、汉初文献，"河图"应是带有文字说明的图。有学者认为：汉代有自己的"河图"、"洛书"，汉代的"河图"、"洛书"是一种书籍，汉代学者一般不认为圣人是则河图而画八卦。[①]也有学者认为河图洛书和中国文字的起源有关。[②] 不管怎样，现在我们看到的"河图"和"洛书"应该和原图有一定的出入。

今天所见的黑白点"河图"、"洛书"，是源于古代的九宫数和五行生成数。九宫数首见于《大戴礼记·明堂篇》。其中写道，明堂有"九室"，其形上圆下方，象征天圆地方，天覆地载，其数为："二九四，七五三，六一八"。这是迄今可查的"河图"、"洛书"数的最早源头。从《吕氏春秋》来看，这个数当初极其简单："春阳，八；明堂，七；总章，九；玄堂，六。"

"河图洛书"由"·"、"。"和"一"三种符号组成，也就是使用黑、白两种圈、点以线迹连接而成，白圈表示奇数（阳数），黑点表示偶数（阴数），观其形颇似绳结，当为远古先民们在龟甲上面结绳记事的遗迹，又或许是用结绳所示的数字排

---

① 参见李申：《易图考》，北京大学出版社 2001 年版，第 142 页。
② 参见李立新：《"河图洛书"与汉字起源》，《周易研究》1995 年第 3 期。

列而成的占卜图式。（如下图）

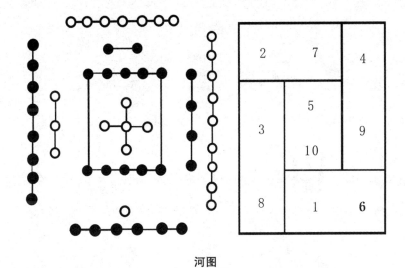

河图

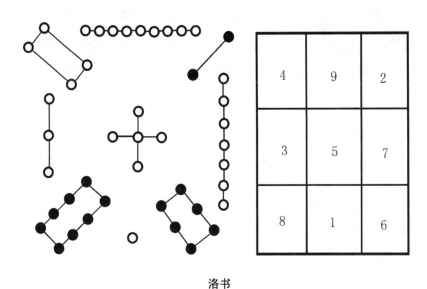

洛书

南北朝甄鸾注《数术记遗》，记载了"河图洛书"的数字排列，"河图"为："一与六共宗居乎北，二与七为朋而居乎南，三与八同道而居乎东，四与九为友而居乎西，五与十相守而居乎中"，"洛书"为："戴九履一，左三右七，二四为肩，六八为足，五居中央。"一般认为，"洛书"是一个古老的幼方，其纵、横、斜各方相加都

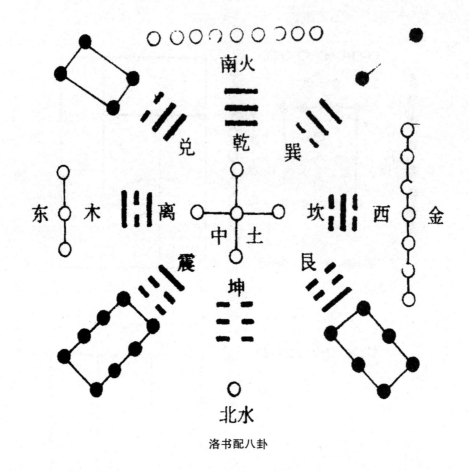

洛书配八卦

等于15,而全部数字之和为45,是15的3倍,根据"周三径一"的原理,这是一个直径为15的球体在平面上的数字描绘,故《周髀经解》云:"洛书者,圆之象也。"关于"河图"的争论比较多,英国李约瑟(Dr.Joseph Needham,1900—1995)在《中国科学技术史》一书中认为"河图"是"一个用从1到10的十个数字所组成的十字阵",只是一些"简单的数字排列"。而中国学者则认为他低估了"河图"所蕴涵的智慧,根据"河图者,方之象也"的记载,学者大都认为"河图"是一立方体在平面上的数字表现。黑格尔在《哲学史讲演录》一书中说过:"数目的排列是容易的,但是深刻地说出其意义则是艰难的,而且勉强去说出意义又始终是任意武断的。"①我们不必艰难而武断地去推测"河图洛书"数字排列的确切含义,但我

①　[德]黑格尔:《哲学史讲演录》,贺麟译,商务印书馆1997年版,第21页。

们可断定它和"伏羲八卦"一样是一种原始的数卜图式。

我们认为,黑白点阵"河图"、"洛书",不完全是《易传》所说的河、洛所出之图。八卦,也不完全是根据它们才画出来的。唐朝重视太一神祭祀。《唐会要》载:玄宗天宝三年,术士苏嘉庆上言,请设九宫坛,坛上设九小坛,依方位排列太一、天一、轩辕、招摇等神位,其数则戴九履一左三右七等。肃宗时,又设太一神坛,分九宫,逐年在孟月改位行棋,叫做"飞位"。到唐武宗,又将各宫与八卦等相配。目前我们见到的"河图"、"洛书",如果是刘牧"创作",那么,最大的可能,就是受了太一祭祀的启发。从刘牧"创制""河图"、"洛书",提出:"形由象生,象由数设",到朱熹把黑白点阵"河图"、"洛书"放在《周易》之首,不仅使则"河图"画卦说成了正说,而且也使"河图"、"洛书"获得了正宗的地位,这样就完成了宋代的"河图"、"洛书"观,完成了宋代儒者对八卦起源的解释。

据宋史所记,截至当时,说易的著作,多达 213 种,其中只有欧阳修等曾经怀疑河图、洛书为不可信,而朱熹答袁枢的信中特为辩证道:"以河图、洛书为不足信,自欧阳公以来,已有此说。然终无奈《尚书·顾命》、《周易·系辞》、《论语》,皆有是言。而诸儒所传二图之数,虽有交互,而无乖戾。顺数逆数,纵横曲直,皆有明法,不可得而破除也。"

章太炎的"河图"、"洛书"观,可作为近代河洛观的代表:

(1)黑白点阵"河图"、"洛书"创自刘牧,由朱熹定型。目的是反对仰观俯察说,重新解释八卦的起源。其根据是《易传》的"天地之数"、《汉书·五行志》的"五行生成数"及《大戴礼记》的"明堂数"或《乾凿度》的《九宫数》。它不是先秦或秦汉时代所说的"河图"、"洛书"。

(2)《尚书·顾命》篇中的"河图",当是一种黄河流域的地形图,是实施政治统治的重要工具。可能当时已被神化为上帝所赐,后来则成为帝王受命的祥瑞,并由此产生了有关龟、龙的种种神话。至于"河图"本身,汉代人仍然认为那是一种有天文星象,有地理区划并加有文字说明的地图。不过汉代人更加重视那些文字说明,把它作为帝王受命的谶言。至于汉代人所见的那些"河图",全是他们自己的创造。

(3)先秦文献中所说的"河图",都未讲出于伏羲时代。《墨子》中则明说是出于殷代末年,是周室受命的象征。把"河图"说成是画卦的根据,出于伏羲时代,是少数汉代学者的意见。

笔者认为,即便我们目前看到的"河图"、"洛书"不是《周易》所记载的"河出图,洛出书","河图"、"洛书"和易数也有密切的关系,成为易数研究者不可忽视的一个内容。而且"河图"、"洛书"既然是中国哲学和中国数学的一个重要部分,就对中国文化、美学有深远影响,很有研究价值。

二、河图、洛书之体用

河图在西晋及孔子时代以前,本来都存有模型及图书,模型毁于西晋武库大火,图书则因为是用竹帛等刻书,也不易流传。现在所见到的《周易本义》等古籍中的河图,是由宋初的陈抟传给种放,再传给李溉、许坚、范谔昌、刘牧而辗转传到朱子,朱子乃以十数为河图,九数为洛书,以后虽仍议论不一,却大抵以朱子所说的为定。因此,我们不能误认图书之学就是出自道家,或误认是宋儒才有此学。①

宋人绘出的"河图"共有55个黑白圆圈,白圈表示阳,黑圈表示阴。实际上是《周易·系辞上》记载的"天地之数":"天数二十有五,地数三十。凡天地之数,五十有五……"河图用五十有五数,以象征天地日月之全数。宋人再根据《汉书·律历志》和《易纬·乾坤凿度》上有关五行和方位的说法,将55个数分成黑白圆圈按照五行方位排列出来。这个图光从数学的角度看似乎很神秘,也找不出什么数学关系。原来,它是由《易纬·乾坤凿度》的一段记载而来:"天三地八,天七地二,天五地十,天九地四,运五行,先水次木生火,次土及金。木仁,火礼,土信,水智,金义。"又《万名经》曰:"水土兼智仁,木火兼仁惠,五事天性,训成人伦。"由此,则河图不过是宋代人按照方位将天地之数、五行与五德配合起来并作了一次数字上的表示而已。据扬雄《太玄经》说:"一六为水(同在北方)、二七为火(同在南方)、三八为木(同在东方)、四九为金(同在西方)、五十为土(同在中央)。一与六共宗,二与七为朋,三与八成友,四与九同道,五与五相守(五与五即十)。"这是以《尚书·洪范篇》的五行方位,结合孔子所说的河图方位。又,郑康成说:"天地之气各有五,五行之次:一曰水,天数也;二曰火,地数也;三曰木,天数也;四曰金,地数也;五曰土,天数也。此五者,阴无匹,阳无偶,故又合之地六为天一匹也,天七为地二偶也,地八为天三匹也,天九为地四偶也,地十为天五匹也。"又说:"布六于北方以象水,布八于东方以象木,布九于西方以象金,布七于南方以象火。"这仍和扬雄的见解相近似。其实五行的方位,就正是太阳系五星的方位,可参阅《易经》、《三才图会》等古代的天文学说。

---

① 参见黎凯旋:《易数浅说》,(台北)易学出版社1992年版,第175页。这种观点比较普遍,但是李申先生在《易图考》(北京大学出版社2001年版)中认为河图洛书是宋儒附会衍生,不是自古传承而来。笔者赞同前者的观点。

　　宋代林光世,鉴于别人再不讲仰观俯察,就住在海上,"测验天文,悟天、泽、火、雷、风、水、山、地八宫之星,皆自然有六十四卦,遂以星配卦。"到了清代,又有陈图作《周易起元》,"以名山大川分配六十四卦,谓之察于地理"(《四库提要·水村易镜》)。

　　河图在数学方面具有特殊意义:三角、几何、勾股等定理都由其衍生出来。从河图衍勾股我们还可以看出其表现的循环、对称、和谐与平衡,以及其中所充盈的美学意味。史料表明我国古代土木工程学发展得很早的原因,主要是受了前述河图三角、几何和勾股学的影响,工匠懂得使用目测、步算、矩算和心算等巧妙的方法。中国的拱桥,是我国古代土木工程学及力学的综合产物,是使用弧梯形的石头错交而设计,其压力因对消而消失于圆的中心说与河图的中央"五、十不用"而等于零,贯通同一原理,简直妙不可言! 我国的工匠数学里,还有一种很独特的"垛积术",又叫"堆垛术",用以计算堆积物资如稻米、砂石、山丘和土壤等的体积。这种算法的原理,系出自易数的用中和八卦乘方法,也和汉代以前《九章算经》、《孙子算经》的某些数理相通,而被唐、宋以后的数学家们所采用,并和晚近西洋数学中的级数、排列和组合等的某些内容相通,仅在算法上有繁简之不同而已。中国数学、土木工程学独具特色,其中最重要的原因之一是受《周易》的影响。也正因如此,工匠们创造并留下了很多完美的作品。

　　河图对中国天文学也有很大影响。《尚书·顾命篇》注"河图"一词上加"天球"二字,可知河图与天文学现象有很密切的关系。河图本为圆体,但作图时则可圆可方,即所谓"河图体圆而用方"。河图的天文数学也非常奇特。我国古代最早发现太阳系七政或七曜[①]的会合——成一直线排列,是在公元前2697(甲子)年,即黄帝建国的第二年。以后大约每隔三个甲子(一百八十年左右),便再会合一次。《尚书·舜典》中有"舜乃在璿玑玉衡,以齐七政",这是舜在辅助尧帝掌理浑天仪的初期,所预备发现的一次七政会合,这已是黄帝以后的第三次会合了。古籍中所记录的七政会合史事,从春秋到清代较为详细。而古代天文测器浑天仪的构造原理,就正是出自河图数学的原理。我国古代的天文测器浑天仪,又叫做浑仪,周以前叫做璿玑玉衡或璇玑玉衡,又叫旋机玉衡,是一种可以转动的机器,上刻天体躔度和列星,并附以望远镜一类的器材(古称玉衡及窥管)。近代易学家黄元炳所著的《易学探原·河图象说》里说:"天球如为璿玑玉衡之

　　────────────

　　①　所谓七政或七曜,是指的日、水、金、月(地球)、火、木、土七大行星(太阳也只是太阳系的一个中心行星,而非恒星)。

遗制,河图即非伏羲之原图,而为唐虞之古物必矣。"在易象、易理方面,浑天仪是显示"天行健"、"天体扩张"和"生生不息,循环不已"等。在天文数学方面,古人多把它衍大到千百亿位,以测算星球的位置和距离。《周易》以《未济》一卦殿后,以显示宇宙间一切时、空、质、量、事、理的循环和变化之无穷尽。因此以儒学为主流的中国学者,都一致主张时、空是没有穷尽的。甚至提出了"宇宙是无穷大的空间和无限长的时间的结构"之时空合一论。而西方的哲学和科学基本思想,却始终是在二元式或多元式的状态下,各持偏见,各走极端。从大体上说,中国学者是主张空间无限的,西方学者是主张空间有限的。如爱因斯坦推算宇宙的直径为三万万光年(光每秒钟行十八万六千英里),寇力士(Cuvtis)推算宇宙直径为万倍银河连接之数,等等。可以说,没有《周易》,中国古人恐怕没有可能走在天文学的前端,也没有可能认识到宇宙世界的无限和神奇。

我们知道,所谓洛书,就是从六千四百多年前到四千二百多年前,在洛水所发现,而刻有由一至九的九个自然数于龟甲上的几何图形。《尚书·洪范传》说:"天与禹,洛出书,神龟伏文而出,禹遂因而第(即次第)之,以成九类。"洛书共有45个黑白圆圈,从数学上看,它有一个明显的特征:无论纵着、横着及斜着去数,其黑白圆圈之数,都是15。它事实上是一个"魔方",现在看来一个简单的魔方;但在古代,它要表示所谓"戴九履一,左三右七,二四为肩,六八为足"的"龟象"(朱熹:《周易本义·图说》)或者被说成是"太一取其数,以行九宫,四正八维,皆合于十五"(郑玄注:《易纬·乾凿度》)这样一个有关天文的数学学问。《易纬·乾凿度》说:"太一取其数以行九宫。"郑玄注:"太一者,北辰星名也,下行八卦之宫,每四乃还于中央。中央者,北辰之所居,故谓之九宫。"大抵洛书被称做九宫,是从乾凿度开始,因为洛书是由九个小正方形集合而成一个大正方形,就好像九间宫室一样。从汉代开始,洛书、九宫两词,往往混称,甚至还称一九室,如《大戴礼·明堂篇》就有"二九四、七五三、六一八"之说。三国时徐岳所著的《数术记遗》,记有隶首算法十四种,曾指明"九宫算"法道:"九宫算,五行参数,犹如循环。九宫者,即二四为肩,六八为足,左三右七,戴九履一,五居中央。"北周的数学大师甄鸾也有同注,这就是宋儒朱熹的《周易本义》及《易学启蒙》等之所本。宋儒对洛书之学最有贡献的,当首推朱熹、杨辉和丁易东三人。与河图相比较而言,洛书标志着中国原始文化的更高成就。洛书只用了9个自然数(而河图则用了10个),排列成一个正方形,形成华夏历史上影响深远的九宫图,且奇妙结构和无穷变化令中外数学家为之叹服!洛书开了幻方世界的先河,成为组合数学的鼻祖。数学家华罗庚对洛书非常推崇,称"洛书可能作为我们和另一星球交流的媒介。"

九宫数（洛书、九室数、明堂）

　　洛书方阵可以有很多变化,如洛书三三方阵、洛书变体方阵、洛书四四方阵、洛书五五方阵、洛书奇方阵、洛书偶方阵,等等。① 西洋魔方阵可以用洛书位置进行解析。所谓位置解析学,就是一种研究形状变换的数学。也就是一种研究自然现象及人为现象的曲面,经由捩转(含换位)、弯曲、抽出、拉长以及任何其他方法,而变换形状的特殊几何学。② 中国古代的位置解析学,高级一点的,大体上是分做"数字符元"和"文字"两种方向而发展。在数学的表示方向,是以太极、八卦、河图和洛书乃至于某些纯粹数学上的数字几何图形为主要内容。诸如太极图的阴阳两象、八卦图的八个卦、洛书的九个数以及河图的十个数,虽因方位的变换,可以出现各种不同的形状,但在不加衍生数字的情形下,始终仍保持它原有的数字或质量的完整。洛书九宫迷阵就非常神奇。我国在汉代以前,多使用洛书、河图的原理于土木工程学,最明显的史证,就是《尚书·洪范篇》、《管

---

　　① 具体图可参见黎凯旋:《易数浅说》,(台北)易学出版社 1992 年版,第 225—240 页。
　　② 具体图可参见黎凯旋:《易数浅说》,(台北)易学出版社 1992 年版,第 241 页。

子·幼官篇》、《墨子·近敌祠篇》、《易纬·乾凿度》和《大戴礼·明堂篇》等所记载的九畴、祠庙、太庙和明堂等相关建筑在施工时都使用此原理。至于用在迷宫、奇门遁甲等方面，似是晋、隋时代才开始，且多出于方术家的著作或言论（兵家也采用），即所谓"术数之学"，四库全书便收有不少这一类的书籍，并说曾经淘汰了多种。入宋以后，便正式出现了含有位置解析学的数字几何图形，大都由洛书九数衍出，李约瑟氏等西方学者，曾强调它是数学。总而言之，洛书的方阵之学，千变万化，人类及计算机，都没法穷其究竟。以洛书四四方阵来说，就有一二八种变化，数字愈大愈复杂。可是若能明其诀窍，则亦简易之学耳！

总之，河图、洛书，通过图解和象数形式，表达了中国古代的天文历法成就、数学水平和宇宙观念，它们是数千年中国先民社会生产、生活和文化的结晶。

三、河图、洛书的美学意义

河图、洛书的古代功用非常广泛，据清初戴震（东原）的老师江永（慎修）说："若算家之勾股乘方，乐家之五音六律，天文家之七曜高下，五行家之纳甲纳音，音学家之字音清浊，堪舆家之罗经理气，择日家（阴阳家）之斗首奇门，以至天有五运六气，人有静脉动脉，是为医学之根源，治疗之准则者，亦自图、书、卦书而来。"我们由此也可见其美学意义。

其一，河图、洛书之美是对应之美、变化之美以及和谐平衡之美。河图、洛书象征宇宙现象的旋转与平衡，即"方中容圆"、"天地交泰"，非常美观大方，正是"中和美"这一中国古代审美理想的体现。基于河图、洛书的思维，古人在易学数理模型的设计上，特别注重突出和谐、对称和变化的特点。例如洛书的图式结构，其九宫之数为"戴九履一，左三右七，二四为肩，六八为足，五居中央"，无论横、竖、斜，三数之和皆为十五，其奇妙程度真令人叹为观止。北京大学国情研究中心易学课题组推演出来的"六十四卦和合数表"（包括基本数表和多种衍生数表），均具有多方向、多范围和多层次的对称和谐性，体现出整齐与错落、变易与不易以及相应与相成的形式美，为世界文化史所未见，为中华文化的和合精神提供了数理依据。[①] 而易数以及河图洛书运用于数学、音乐和建筑等所产生的美之神妙我们在后面将有专章论述。

其二，河图、洛书是易数具有生命美学意味和无极美的明证。我们都知道，河图和"天地之数"有很密切的关系，天地之数的衍生性、扩展性以及无极性使

---

① 参见 1996 年 8 月 24 日的《光明日报》。

河图具有无穷的魅力。而且河图可以有很多种变化,将那些数点用线连起来,可以有很多种画法,尽显其运动变化之美。而洛书所具有的魔方的魅力是一代代人类智慧的结晶,其中的美幻和神奇自不待说。从河图洛书的发展变化,我们可以看出,易数的内涵与外延是深广远大、玄妙莫测的。它富于虚静、空灵、简淡、闲雅、宽舒、蕴藉、索漠和超谐等美学意味。它飘忽无定、难以捉摸。我们只可在体悟、意会中去窥及它的倩影。但是,它总会显隐在审美创造、审美观照和审美研究中,总会闪耀着美的光彩。

其三,河图、洛书之美是数学之游戏美。河图、洛书本身就是一场非常有趣的数学游戏,它的千变万化给人类生活带来奇妙的感受,在使人类更为智慧的同时,也带给人们深深的乐趣。就数学知识本身来说,在传统数学领域和现代数学领域中都可发现大量赏心悦目的具有游戏性质的内容和问题。在算术中,毕达哥拉斯学派对于完全数和亲和数等数字的奇特性的研究,以及用石块的游戏列出的有趣定理都具有游戏的性质。在代数中,三次方程早已出现在公元前1900—公元前1600年巴比伦的泥板书中,当时并没有实际的问题导致三次方程,显然巴比伦人把这个问题当做消遣。公元前3世纪阿基米德提出"群牛问题"导致包含8个未知数的代数不定方程组。5—6世纪《张丘建算经》中记载的"百鸡问题"导致三元不定方程组。几何学中的游戏趣题更是花样繁多,如由勾股定理所编制的大量趣题、古希腊人研究的角的三等分、倍立方体和化圆为方三大几何作图问题以及对割圆曲线等奇异曲线的研究、用相同形状的图形铺满整个平面的问题,等等。许多深奥的、严肃的数学也带有游戏的情趣。例如,从16世纪以来,在微积分中人们对大量种类的奇形怪状的曲线的研究显然带有娱乐的性质。最早纯粹关于消遣性数学问题的书籍出现于17世纪,其后200年中,数学中的游戏及谜题的种类和数量大增。在此时期人们的兴趣大都集中在数字的奇特性、单纯的几何谜题、算术故事问题、魔(术)方(块)、赌博等游戏。到了19世纪,人们的兴趣开始转向现代数学的一些领域,如拓扑学、组合几何、图论、逻辑学、概率论等,其中研究对象性质的奇特性、推理方法的迷惑性以及各种组合问题和几何图形操作的灵活多变性等都是给人以乐趣,在效用中带有游戏成分和审美色彩。而这在近三千年前的中国《周易》河图、洛书的奇妙数学中就已有存在了。

在马克思传记资料中,我们知道,马克思写作《资本论》的时候,要做大量的社会调查,收集资料非常辛苦,他的休息方式就是学数学。可见,数学是一种多维的人类活动,数学中的游戏娱乐、美学欣赏、哲学思考和实用价值探索等因素

是如此紧密的交织在一起,拆散和剔除任何一个都可能不合数学本身的运动
规律。

爱因斯坦在 1954 年说过的一句话就指出了这一点:"要获得最终的或逻辑
的概念的愿望,也就是玩一场结果不明的游戏的感情基础。……这种组合游戏
看来就是创造性思维的重要表现形式。"①可见,数学和游戏密不可分,而正因为
数中的游戏趣味使其具有娱乐性、审美性,河图、洛书正是其中典例。

"河出图,洛出书,圣人则之。"这一句话启发了多少奥妙和智慧之作,成就
了多少人间奇迹,美哉,"河出图,洛出书"!

第四节　天地之数的文化学及美学意味

《周易·系辞上》有一段关于"天地之数"的文字,很有美学意味:

> 天一,地二;天三,地四;天五,地六;天七,地八;天九,地十。天数五,地
> 数五。五位相得而各有合,天数二十有五,地数三十,凡天地之数五十有五,
> 此所以成变化而行鬼神也。

韩康伯注认为:天数五,"五奇也";地数五,"五耦也"。五位相得而各有合,"天
地之数各五,五数相配以合成金、木、水、火、土"。天数二十有五,"五奇合为二
十五",地数三十,"五耦合为三十"。凡天地之数五十有五此所以成变化而行鬼
神也,"变化以此成,鬼神以此行。"②《周易正义》也说:"此言天地阴阳,自然奇
偶之数。"可见,十以内的数被中国先人当做天地象征之数:奇数象征天,象天之
"广";偶数象征地,象地之"大"。中国先人认为,"天地之数"有如下特点:其
一,"五位相得而各有合"。即天地、奇偶相得相合,也就是说,数与数之间不是
孤立的,是相互关联和影响的。其二,"成变化而行鬼神"。"天地之数"的"相
得"、"有合"是变化的根本和原因,也正因如此,而"行鬼神",与鬼神相通,实即
与万事万物相通。正如《周易·系辞上》所说,"参伍以变,错综其数;通其变,遂
成天地之文;极其数,遂定天下之象"。"天地之数"之用大矣!

一、三、五、七、九和二、四、六、八、十,这十个奇偶数字是最基本的数。我们
通过《周易》了解到,中国先人以"天数"、"地数"来称这十个简单的数,在先人
心目中它们具有重要而神圣的意义。将数和哲学以及天地之道联系,无疑是具

---

① Don Gernes,"The Rules of the Game",*The Matherematics Te-achers*,Vol.92.5.

② 韩康伯注:《周易系辞上第七》,《四部丛刊》电子版。

有美学意味的。并且,汉语中大量的词和短语,都由这十个数字参与构成;中国文化系统中很多的物象、事象和心象,都以这些数字来归并、概括。这十个天地之数、奇偶之数,几乎渗透在华夏文明的各个方面。在神话、祭祀、占卜、术数、宗教、民族、伦理、礼仪、刑律、典章、官职、舆地、教育、军事、医药、艺术、饮食、服饰和婚丧,等等,以及各种民俗风情中,都可以见到仿佛无处不在的这些简单的数字。当我们使用一些约定俗成的语言单位时,实际上是在传播一种用数字凝缩了的文化。由于长期运用习焉不察,人们忽略或者淡化了这些数字覆盖的文化内容。而这些内容,往往从不同的侧面,反映了中国人认识自身,以及认识身外宇宙的方式和智慧。因此,拨开这十个数的神秘迷雾,我们可以看见一个奇妙、辉煌而又有序的世界。本节通过分析《周易》中与这十个数词相关的文字,并参照中国其他文化典籍,来逐个赏析这十个"天地之数"的文化韵味和美感。

一、易有太极

"天一"其实既有"一"的概念,又有"太极"的概念。

"天一"既然是最初的数,那么它的意味就最独特。我们先来看看《周易》中出现"一"的一些主要情况。

《周易·系辞上》第五章:

一阴一阳之谓道,继之者善也,成之者性也。

《周易·系辞上》第一章还有:

日月运行,一寒一暑,乾道成男,坤道成女。

《周易·系辞上》第十一章还有:

阖户谓之坤,辟户谓之乾,一阖一辟谓之变。

"一阴一阳"、"一寒一暑"和"一阖一辟",显然,"一"不是孤立的,却是一一对应出现的,要表达的是自然之道、生命运动和黑白变化。

《周易》的核心是变易,变化产生美。"生生之谓易"即是由变易而生,生命在变化中诞生。"天地设位而易行乎其中矣"(《周易·系辞上》)"设位"即是"天尊地卑"、"卑高以陈",天地、上下、刚柔处于不断变化之中,并遍及于自然和社会。所以说:"刚柔变化","变化者,进退之象也;刚柔者,昼夜之象也"(《周易·系辞上》)。此"象",既是物象,又是卦象,始终贯穿着阴阳、刚柔和天地的消长变化。表现在自然现象上,"动而明、合而章"(《噬嗑卦·彖》),"刚健、笃实,辉光日新"(《大畜卦·彖》)。由此产生风、雨、雷、电、日、月、寒、暑。而天时的变化又影响着人类社会,所谓"天地革而四时成,汤武革命,顺乎天而应乎人"

(《革卦·彖》),并产生吉凶、悔吝等人事社会现象(这里有很大程度的迷信成分在内)。天地万物由于变化不辍,才能通达恒久。无论是从客观事物,还是易象来说,都是这样,即所谓:"化而裁之谓之变,推而行之谓之通,举而措之天下之民谓之事业。"(《周易·系辞上》)。"通其变,遂成天地之文,极其数,遂定天下之象。"对于人类社会来说,"变通者,趣时者也"(《系辞下》)。从而"通其变,使民不倦;神而化之,使民宜之"(《周易·系辞下》)。这是说根据自然万物的四时变化、阴阳交替和寒暑更迭,来指导人们的日常生活和社会活动。概括地说:"易,穷则变,变则通,通则久。"(《周易·系辞下》)由此察其变易,观其会通,行其典礼,不可为典要,唯变所适,才是恒久之道。所以说"变"乃易之体,"通"乃易之用。

我们看到,《周易》在谈到天地万物、时空运动变化的时候,总离不开这个简之又简的数字"一"。从"一阴一阳"、"一寒一暑"和"一阖一辟"变化互动中我们可以看到:"易"的哲学、"易"的美学,也就是"变"的哲学、"变"的美学。"变"是阴阳、刚柔、天地、牝牡等客观事物本身所存在的特性;"通"是人们对客观事物变化更迭的认识,并抽象概括出六十四卦易象、易数、卦爻辞,又施之于社会人事。先人"观其会通",萌生早期人类的文化和审美意识,在阴阳变化中发现"章"、"明"、"刚"、"健"、"笃实"、"辉光"、"日新"等美。

这说明,在《周易》里,"一"在事物运动中具有不同寻常的意义。对我们来说,《周易》的"一"不单具有数学意义,还具有哲学思辨意义和美学意味。

关于"一",通常的解释是:"一,数名,最小的正整数(在钞票和单据上常用大写'壹'代替)"。但"一"却远远不是这么简单。哲学家把"一"确定为万有之始:

《道德经》第三十九章注曰:

一,数之始而物之极也。

《淮南子·诠言》曰:

一也者,万物之本也。

《说文解字》把"一"列为汉字之始:

一,惟初太始道立于一,造分天地,化成万物。凡一之属皆从一。於悉切。弌古文一。

《庄子·天地》中写道:

泰初有无,无有无名;一之所起,有一而未形。物得以生,谓之德;未形者有分,且然无间,谓之命;留动而生物,物成生理,谓之形;形体保神,各有仪则,谓之性。

关于"一",郭象注:"一者,有之初,至妙者也,至妙,故未有物理之形耳。夫一之所起,起于至一,非起于无也。"唐人成玄英疏:"一(者)道也,有一之名而无万物状。"与一相关的语义有:

(1)万物之始。《列子·天瑞》:"一者,形变之始也。"《淮南子·原道训》:"一立而万物生矣,是故一之理施四海,一之解际天地。"《汉书·董仲舒传》:"一者,万物之所从始也。"

(2)独也。《方言》十二:"一,蜀也,南楚谓之独。"章太炎《新方言·释言》:"《管子·形势》曰'抱蜀不方',谓抱一也。"

(3)专也。《书·酒诰》:"聪听祖考之彝训,越小大德,小子惟一。"《传》:"言子孙皆聪听父祖之常教,于小大之人皆念德,则子孙惟专一。"

(4)常也。《书·咸有一德》:"始终惟一,时乃所以日新也。"

(5)均也。《增韵》:"一,均也。"《诗·曹风·鸤鸠》:"淑人君子,其仪一兮。"毛传:"鸤之养其子,朝从上下,暮从下上,平均如一,言执义一则用心固。"《正义》:"彼善人君子在民,其执义一则用心固。"《正义》:"彼善人君子在民上,其执义均平,用心如壹。既如一兮,其心坚固不变。"

(6)同也。《广韵》:"一,同也。"《庄子·大宗师》:"故其好之也一,其弗好之也一,其一也一。"

(7)统一也。《孟子·梁惠王上》:"天下恶乎定?吾对曰:定于一。"

再看与"壹"相关的语义:

(1)专壹也。《左传·昭公二十年》:"若琴瑟之专壹,谁能听之?"

(2)均一也。《国语·晋语七》:"镇靖(一作静)者修之则壹。"韦昭注:"壹,均一也。"

(3)同也。《左传·昭公十年》:"佻之谓甚矣,而壹用之,将谁福哉?"杜预注:"壹,同也。"

(4)合也。《广韵》:"壹,合也。"

(5)诚也。《广韵》:"壹,诚也。"《礼记·檀弓》:"有子曰:予欲去之久矣。"

(6)齐也。《诗·都人士序》:"则民德归壹"。郑笺:"壹者,齐一之义。"

古时,"壹"之缓读"絪缊"或"氤氲"等,本亦指阴阳二性未分代的浑融状态

（见王筠：《说文句读》卷20）。"壹"之本义即指未剖分的葫芦整体①，无怪乎它兼有"合"等引申义。另外，它还有"闭塞"之义。《增韵》："壹，闭塞也。"《管子·权修》："臣下赋敛竞得，使民偷壹。""壹"均作"闭塞"之义。

"一"和"壹"在使用中，很多时候泯灭了差别。宋人洪迈《容斋随笔·容斋五笔卷第九·一二三与壹贰叁同》写道：

> 古书及汉人用字，如一之与壹、二之与贰，三之与叁，其义皆同。《鸤鸠》序："刺不壹也"。又云："用心之不壹也"。而正文"其仪一兮"。《表记》"节以壹惠"。注"言声誉虽有众多者，节以其行一大善者为谥耳。"汉《华山碑》："五载壹巡狩。"《祠孔庙碑》："恢崇壹变。"《祝睦碑》："非礼，壹不得犯。"而后碑云："非礼之常，一不得当。"则与壹通用也。

"一"和"壹"的原始意义除了"闭塞"意以外，还和"混沌"联系在一起。正如法国人类学者列维·布留尔所言：

> 原逻辑思维（即神话思维）不能清楚地把数与所数的物区别开来。这种思维由语言表现出的那个东西不是真正的数，而是数的总和，它没有从这些总和中预先分出单独的1，要使这种思维能够想象从1开始、按正确序列排列整数的算术序列，必须使它把数从其所表示的那些东西中分离出来，而这恰恰是它所办不到的。②

布留尔认为原逻辑思维是思维处于原始状态的表现。虽然原逻辑思维对现代人的思维来说，是落后的、不科学的，但是我们从中却可以看出"一"在原始人生活中的意义。

这个"一"，可真是神妙。孔子曾说"吾道一以贯之"，孟子也说"夫道，一而已矣"。这个"一"字，是从《尚书》所说"唯精唯一"的道统思想而来，是要以一理而统一万理，以一事而贯通万事，这样才能执简驭繁。天地之心也，造化之原也。朱子的《周易序文》也说："散之在理，则有万殊；统之在道，则无二致……形一受其生，神一发其智。"所谓"一以贯之"、"以一为本"、"统之在道"等，我们看不出它和爱因斯坦的"电磁波统一场论"思想，会有多大的区别。③

我们再来看看《周易》中的太极之美。

《周易·系辞上》中有一段话耐人寻味：

① 叶舒宪、田大宪有具体论证。详见叶舒宪、田大宪：《中国古代神秘数字》，社会科学文献出版社1996年版，第7页。
② ［法］列维·布留尔：《原始思维》，丁由译，商务印书馆1985年版，第185页。
③ 黎凯旋：《易数浅说》，（台北）易学出版社1992年版，第9页。

易有太极，是生两仪，两仪生四象，四象生八卦。八卦定吉凶，吉凶生大业。

这段话，一般认为它是讲宇宙生成论，亦有人认为它是讲筮法。这里具有关键意义的是"易有太极"。"太极"，有很多种解释，如"太极之混成浑沦者是矣"（《易原卷一》，宋程大昌撰），"太极形而上者也"（见朱熹：《易学启蒙通释卷上》，宋胡方平通释），等等。"太极"是原始，是太一，神秘玄妙、变化莫测，不可一言概之。"两仪"，除邵雍、朱熹按画卦说将其解为"阴阳"外，大多数人都将其解为"天地"或"乾坤"。"四象"按《周易注疏》解为"金木水火"，即"乾坤离坎"，《易纬·乾凿度》则认为指"春秋冬夏之节"，即"四时"。"八卦"即"天地雷风水火山泽"，名"乾坤震巽坎离艮兑"。"太极"是中国哲学中一个非常有特色的基本范畴。它是中国古人从至简而衍生至繁，至微而推及至显，透过形而下的现实生活对世界起源作形而上之智慧思考的哲学发源和文明象征。恰如《文心雕龙·原道》所云："人文之元，肇自太极。"它玄深的哲学底蕴令中国无数哲人久久思索，我们有必要对其哲学内涵和特征进行梳理和解析。

"太极"一词究竟源于何处呢？学术界各有说法。朱伯崑认为："'太极'一辞在先秦的文献中，仅见于《庄子·大宗师》：'在太极之先而不为高'……而《系辞》则是借用庄文的'太极'解释筮法。"[1]显然，这是把《系辞》看成是晚于《庄子·大宗师》的作品。陈鼓应在《〈易传·系辞〉所受老子思想的影响——兼论〈易传〉非儒家典籍，乃道家系统之作》一文中，也认为"《系辞》中的'太极'概念便来自《庄子》"。[2]张岱年在《论易大传的著作年代与哲学思想》一文中，则认为：《系辞》的基本部分是战国中期的作品，著作年代在老子以后，惠子、庄子以前。老子所说的道、大，即"太"。老子最先提出了"道"的范畴，认为道"先天地生"、"可以为天下母"，又说："吾不知其名，字之曰道，强为之名曰大。"这个"大"字应读为"太"……《易大传》的太极，当是受老子影响而略变其说。太极之"太"是从老子所谓"大"来的，而添上一个"极"字，创立了另一个最高范畴。所以，《周易·系辞上》中的"太极"说"应在《庄子·大宗师篇》之前"。[3] 他们的说法，见仁见智，各有所本；但都认为"太极"与老子有关，也就是与道相关，是一个形而上的概念。但是"太极"这个概念广为流传无疑是因为《周易》，人们一谈

---

① 朱伯崑：《易学哲学史》，上册，北京大学出版社 1986 年版，第 49 页。

② 陈鼓应：《大易集成》，文化艺术出版社 1991 年版，第 141 页。

③ 《周易研究论文集》，第 1 辑，北京师范大学出版社 1988 年版，第 416—417 页。

及《周易》脑海中也最先想到"太极八卦"。"太极"是《周易》的一个核心概念，也正因为《周易》，"太极"成为中国哲学中的一个重要术语。

何谓"太极"？"太"字，很多时候和"大"字通用，就字义而言，"大"、"太"、"泰"相通，都有原初、极大、无以复加之义。"太极"即"太一"、"大一"。什么是"太一"？朱骏声释"大"一词，曰"经传又多以泰以太为之"（《说文通训定声》十三）。丁山先生在比较研究之后，得出这样的结论：

> 由《礼记》"太一，转而为阴阳，变而为四时"说，"大一"即是《周易·系辞传》所谓"易有太极，是生两仪，两仪生四象"的太极。由《吕览》"大一不可为形，不可为名"说，大一也即《道德经》所谓"道可道，非常道；名可名，非常名；无名天地之始，有名万物之母"。①

但是"太"比"大"玄，不是一般概念的"大"，是大中之大；又比"泰"简，是泰中之太，有古老、原始、至尊之意义。同时，"太"又可以形容极大，也可以形容极小。所谓"极"，"极"就是"极点"、"极致"和"极限"，本义指"栋柱"，指天宇（屋顶）的最高处。朱熹云："太极者，如屋之有极。天之有极，到这里更没去处。"（《朱子语类》卷九四）许慎以栋训极，《说文解字·木部》云："極，栋也。从木，亟声。"《说文解字·二部》云："亟，敏疾也。从人，从口，从又，从二；二，天地也。"亟是極的本字。"极"还有"中"义。《释名·释宫室》云："栋，中也。居室之中也。"《广雅·释言》云："极，中也。"毛传："极，中也。"郑笺："极，中也。"《春秋繁露·循天之道》云："中者，天地之太极也。"而《说文解字诂林》释"极"："为栋，为中，为无穷尽"，这种阐释比较全面而切近。总之，"太极"之"太"是一个时间概念，"极"是一个空间概念，合在一起表示世界之初，是一种大小极限，也就是古人所谓"放之则弥六合，退之则藏于密"的意思。台湾当代易学家黎凯旋先生所言甚是："广义的太极，就是时空质量（五度空间）的总称；狭义的太极，既可以解释成物理化学的基本粒子，也可以解释成宇宙万有的本原、本体和本能。"②

"太极"哲学内涵丰富，而且随着时间推移，不断延展。综合起来看，主要有下面三种解释：

其一，太极为一。

从数理方面说，太极是一种圆体的大小极限，是奇一。据《周髀经解》："太极者，圆之体，奇也。"《系辞》又说："筹之德圆而神，卦之德方以知。"朱子解释：

① 丁山：《三皇说之成立》，《中国古代宗教与神话考》，上海文艺出版社1998年版，第461页。

② 黎凯旋：《易数浅说》，（台北）易学出版社1992年版，第86页。

"圆神,谓变化无方;方知,谓事有定理。"又据《周髀经解》:"太极者,圆之体,奇也。"可知太极就是圆体,是原初的"一"。《说文解字》说:"一,唯初太极,道立于一,造分天地,化成万物。"《云笈七籖》中有:"道经云:道生一,一生二,二生三,三生万物。又易有太极,是生两仪。太极者,一也。两仪,天地。天地生万物,又终而归一。一者无之称,万物之所成终,故云归一。"这里直接解释太极为一,而且认为一即是无,既是万物的起源,又是万物的归宿。邵雍亦有"太极一也"(《观物外篇》)之说。邵伯温(邵雍之子)语录有"原于一而衍之以为万,穷天下之数而复归于一"的述明。

在《周易》中,"一"是天数,称"天一"。按照先秦人的认识,"天一"就是"太一",即太阳。远古人认为太阳是普照天下、沐浴万物的神。太极生太一,就是"道生一",太一生阴阳,就是"一生二"。"太极"是变化之始,《易纬·乾凿度》将"太极""一生二"的生成过程说得更为具体:

> 孔子曰:易始于太极。太极分而为二,故生天地。天地有春秋冬夏之节,故生四时。四时各有阴阳刚柔之分,故生八卦。八卦成列,天地之道立,雷风水火山泽之象定矣。

其二,太极为道。

太极为一,不是简单的数,而是形而上之道。《老子》一书中多处用"一"表征"道"这一最高哲学范畴,认为"道"是"有物混成,先天地生"的世界本原:

> 载营魄,抱一,能无离乎?(第十章)

> 视之不见名曰夷,听之不闻名曰希,搏之不得名曰微;此三者不可致诘,故混而为一。(第十四章)

> 圣人抱一为天下式。(第二十二章)

> 昔之得一者,天得一以清,地得一以宁,神得一以灵,谷得一以盈,万物得一以生,侯王得一以为天下贞。(第三十九章)

> 道生一,一生二,二生三,三生万物。(第四十二章)

阮籍《通老子论》云:"道者自然,《易》谓之'太极',《春秋》谓之'元',《老子》谓之'道'也"。(《全三国文》卷四一)宋林希逸注云:"一者,道也。"《老子想尔注》亦谓"一者道也","一散形为气,聚形为太上老君,常治昆仑,或言虚无,或言自然,或言无名,皆同一耳"。《太平经》称:"一者,乃道之根也,气之始也,命之所系属,众心之主也。"认为采用守一之法,可以得到天地开辟之要谛,不仅可以求得自身的长生,而且可以实现太平之世。葛洪《抱朴子内篇·地真》也认为"人能守一,一亦守人"。"一"之所在,道之所存。可见"太极"、"元"、"道"是

"道生一"。这个"一",不是数字中最小的正整数,而是中国古代哲学概念,是由"道"派生的原始混沌之气。"道",即原始的太极,引申为宇宙万物的本体。

《庄子·天下篇》亦曰:"神何由降? 明何由出? 圣有所生,王有所成,皆原于一。"《庄子·知北游》更强调"道"从无生有、变化莫测的性质。《管子·内业》认为"道"是万物生成的根据;《列子·天瑞》:"一者,形变之始也。"《说文》也认为"一,惟初太始,道立于一,造分天地,化成万物"。邵雍说:"一者,数之始而非数也。"又有"太极,形而上之道也;阴阳,形而下之器也"(《太极图说解》)之说。宋理学家进而认为太极是"理",以其为阴阳五行之理的全体,所谓"太极是五行阴阳之理皆有,不是空底物事"(《朱子语类》卷94);"太极只是一个实理"(《周子全书》卷1引)"道"和"理"都是把"太极"推到哲学的高度。

《周易》稍前或稍后,庄子所谈的"太一",列子所谈的"太初"、"太始"、"太素",乃至于希腊哲学家德谟克利特(希腊文 Δημόκριτος 英文 Demokritos/Democritus,约460—370B.C.)所谈的"元子",等等,便都是在追求宇宙的根底,或想以一理而贯通万理,或欲以一物而说明万物。不过《周易》"易有太极,是生两仪"的基本思想,乃是一种通天人、合心物的"有"的宇宙论;而老子"天地万物生于有,有生于无"的基本思想,乃是一种偏向于虚无的"无"的宇宙论;至于德谟克利特的"元子论",到后来更成了西方唯物论的老祖宗。这就说明,上述三种思想,其路线殊异,其旨归则雷同。

其三,太极为气。

在较为近古的汉代易学中,"太极"解为"气"或"元气"。刘向、刘歆父子第一次明确提出了"太极元气"说。据《汉书·律历志》记载,其论述律吕说:"太极元气,函三为一。"其《三统历谱》又说:"太极中央元气,故为黄钟。"郑玄《周易注》解释"太极"说:"极中之道,淳和未分之气也。"明王廷相(1474—1544)亦说:"阴阳者,气之名义也。""元气之外无太极,阴阳之外无气。""太极之说,始于'易有太极'之论。……求其实,即天地未判之前,太始浑沦清虚之气是也。"(《王氏家藏集·太极辩》)朱熹反对以太极为气,他认为"理也者,形而上之道也……气也者,形而下之器也。"(《文集·答黄道夫》)太极"理"论派和"气"论派或以太极为世界本原,或以太极为世界本体,展开了长期的辩论,前者主"太极"为"虚",后者以"太极"为"实",实际上只是看问题的角度不一样罢了。其实把两个方面结合起来看,太极既是"虚"的"道",又是"实"的"气",是二而一的东西。"太极"哲学内涵一直是哲人们非常感兴趣的问题。随着时代发展,现代学者又有了新的观点,如认为太极与天文历法有关。近代学者陈久金先生认为:太极即一年的通称,阴阳即上、下两个半年,四象八卦即四时八节,五行即十月历所划分的五季。① 王先胜同意这种说法。他通过研究绵阳出土西汉木胎漆盘纹饰的天文历法及"天圆地方"宇宙观内涵,认为"太极八卦"的本义很可能与天文历法有关,古人由年周期的划分而产生世界观、宇宙生成观。②

"太极"有如下特征:

其一,原初性。

"太极"是混沌的原初状态,是变化之始,是"起造万物,化生天地"的根本。《周易正义》引王弼注云:"夫有必始于无,故太极生两仪也。太极者,无称之称,不可得而名,取有之极,况之太极者也。"太极无知、无名,是生命万物的起源地,混沌中孕育着生命的种子,它好比宇宙之基因或者分子,不断裂变,生化万物。《易纬·乾凿度》将这生化过程说得更为具体:"孔子曰:易始于太极。太极分而为二,故生天地。天地有春秋冬夏之节,故生四时。四时各有阴阳刚柔之分,故生八卦。八卦成列,天地之道立,雷风水火山泽之象定矣。"

其二,动静宜。

太极一物而两体,阴阳动静相宜,似动非动,似静非静。朱熹的太极不动论认为太极绝对静止,张载太极恒动说认为绝对运动,两者各执一端。其实他们自己的言论各有矛盾之处,如朱熹认为:"太极,理也;动静,气也。气行则理亦行,二者常相依而未尝相离也。"(《朱子语类》卷94)这里其实也就承认了太极的动。张载也有"太极静而生阴,动而生阳"(《太极图说》)之说,也就是承认太极有静。王夫之"天地之德不易,而天地之化日新"(《思问录外篇》)是太极的动静相宜的很好"旁注"。太极的动静可以用"中",即"极"来概括,是动中有静,静中有动。两者处于一种平衡—不平衡—又平衡的状态。

其三,有象性。

"易有太极,是生两仪"的基本思想,乃是一种通天人、合心物的"有"的宇宙论。太极不是空无,不是虚理,而是空中有象,虚中有实,是一个物质概念。王夫之认为阴阳合一之实体为太极,此实体乃宇宙或天地万物的共同本体:"太极之中,不昧阴阳之象。"(《正蒙注·参两》)其《周易内传·系辞上》又说:"阴阳者太极所有之实也";"此太极之所以生万物、成万理而起万事者也,资始资生之本

---

① 参见陈久金:《阴阳五行八卦起源新说》,《自然科学史研究》1996年第2期。
② 参见王先胜:《绵阳出土西汉木胎漆盘纹饰识读及其重要意义》,《宗教学研究》2003年第2期。

体也,故谓之道。"这种说法颇有见地,是太极唯物论,比朱熹之太极"理"论更有说服力。

其四,人文性。

"太极"具有人文性,太极之生比上帝造亚当夏娃、女娲抟土造人更有人文精神和现实意义。宋易学家充分发掘太极之人文精神,如邵雍就有"心为太极"说,即圣人之心与"天地之心"相同一。近代学者更将其与人生论相提并论,明末清初,陆陇其提出,讨论太极问题,最重要的不在于作形而上的玄思,而应当注重发挥太极的人生论意义。他说:"夫太极者,万物之总名也,在天则为命;在人则为性,在天则为元亨利贞,在人则为仁义礼智。"(《三鱼堂文集》卷一《理气论》)并且进一步指出:"论太极,不在乎明天地之太极,而在乎明人身之太极。"(《三鱼堂文集》卷一《太极论》)太极虽然是一种原始状态,但同时也是自然、和谐、完美的象征,是人文之始。

与太极相关或者延展的有许多概念,如"太一"、"大一"、"太始"、"太初"、"太恒"、"太和"、"太易"、"太素"、"太朴"、"太质"、"太虚"、"太玄"、"太乙"和"无极",等等。这些概念哲学意味玄深,旨归都是在追求宇宙的根底,或想以一理而贯通万理,或欲以一物而说明万物,我们有必要对之进行梳理和解析。

"太一"。其一,"太一"至高无上、独一无二,认知了一,就认知了所有。《老子·道经》云:"昔之得一者王。"《庄子·天下》云:"至大无外,谓之太一。"《淮南子·原道》云:"所谓一者,无匹合于天下者也。"《淮南子·诠言》又云:"一也者,万物之本,无敌之道也。"《淮南子·精神》云:"能知一则无一之不知也,不能知一则无一之能知也。"高诱注:"上一,道也。下一,物也。"其二,"一"既是"道",又是"物"。"太一"是万物的开始,又是万物的终结。《淮南子·诠言》云:"洞同天地,浑沌为朴,未造而成物,谓之太一。"高注:"太一,无神总万物者。"王弼云:"一,数之始而物之极也。"《说文》云:"一,惟初太始,道立于一,造分天地,化成万物。"王夫之也有"天地之始,天地之终,一而已矣"(《周易外传》卷四《艮》)之说。其三,哲学中的"太一"实际上等同于宗教观念中的"帝",帝或太一都是指宇宙间的创造伟力。《周易·说卦》云:"帝出乎震,齐乎巽。"震东方卦,东方与春季相配,帝自此而出,《楚辞·九歌》首章名曰"东皇太一"。《礼记·礼运》云:"夫礼必本于大一,分而为天地,转而为阴阳,变而为四时,列而为鬼神。"其四,"太一"又是道的别名。《周易·系辞上》云:"一阴一阳谓之道。""太一"又可称为"天一",马王堆帛书《阴阳五行》乙本有《天一图》,中部画一圆圈,内书"天一"之名。"天一"居中,就是太极。《吕氏春秋·大乐》篇云:"太一出两仪,两仪出阴阳,阴阳变化,一上一下,合而成章。……万物所出,造于太一,化于阴阳。"此处所言"太一"就是指"太极",而"两仪"明是指天地。"太一"的特性是"常"和"简"。"冬夏,不更其节,古今一也。"一就是常,《周易·系辞下》云:"天下之动,贞夫一者也。"又,《周易·系辞上》云:"易简而天下之理得矣。"一为至简之极,天下之动虽然纷乱复杂,但其道理如一。

"**大一**"。"大一"和"太一"、"天一"一样,有时候相当于"太极"。虞翻《易传》注:"太极,大一也。"孔颖达《周易正义》:"太极谓天地未分之前,元气混而为一,即是大初,大一也。"新发现的重要先秦文献之一郭店楚简《大一生水》篇谈及宇宙生成模式云:"大一生水,水反辅大一,是以成天。天反辅大一,是以成地……"这里的"大一"为水与天地之本原,是原始的一,混沌未分的一。而且"大一"孕育着生,具有生命力量,是"有",近于《周易》所讲的"太极",都是以"太极"或者"大一"为宇宙本原,是"有"的哲学。但是,《大一生水》中有一个重要的观点:"相辅",也就是相互论思想,这和《周易》的生成论思想显然有区别。《周易》中的"太极"就是"两仪"、"四象"、"八卦"的原初,"太极"是处于绝对至高无上的唯一地位。而《大一生水》中的"大一"虽然处于"水"、"天"、"地"三者的核心地位,但是和"水"、"天"还有一个相辅相成的关系。"大一"虽然生"水",但是"水"又反作用于"大一",生"天"。"天"再反作用于"大一",生"地"。三者处于相互影响的关系。这无疑打破了"大一"的绝对崇高,提高了"水"和"天"的地位。在《管子》、《鹖冠子》、《吕氏春秋》等后来的道家或杂家著作中,也出现了"大一"一词,说明这一概念在古人心目中地位未可小视。

"**太始**"。在《周易·系辞上》中有:"乾知太始,坤作成物。"晋韩康伯《周易注卷七》注释曰:"天地之道不为而善始,不劳而善成,故曰易简。"也就是说"善始"和"善成"都是天地之大道,不过,韩康伯显然主天地之始"静",即"易简"。宋胡瑗在《周易口义·系辞上》中的解释是"大始者,是阴阳始判万物未生之时也"。这样看来,"太始"当在"太极"之后,因为"太极"之初乾坤未有,阴阳未判。并进一步说:"是乾知大始起于无形而入于有形也。"那么可知"太始"之时正是"无形"向"有形"转化之时。"大始"是形之始,万物之始,正如宋张载《横渠易说卷三·系辞上》所言:"大始者语物之始。"宋李衡《周易义海撮要卷七·系辞上》把这一概念解析得更为详尽:"大始者阴阳始判万物未生之时。乾者天之用,乾以天阳之气在上,万物莫不始其气而生也。乾知大始起于无形而入于有形也。"

"**太初**"。"太初"是庄子非常喜欢用的一个概念。《庄子·知北游篇》说:

"有问道而应之者,不知道也;虽问道者,亦未闻道。道无问,问无应。无问问之,是问穷也;无应应之,是无内也。以无内待问穷,若是者,外不观乎宇宙,内不知乎太初。是以不过乎昆仑,不游乎太虚。"可见"太初"是和"道"紧密相关的概念,"道"不可问,不可应,如果试图简单地去问和说明,那么只会陷入"外不观乎宇宙,内不知乎太初"的困境。这里"太初"是和"宇宙"相对的概念,一个在外,极其浩渺;一个在内,是万物核心。《庄子·列御寇篇》又说:"小夫之知,不离苞苴竿牍,敝精神乎蹇浅,而欲兼济道物,太一形虚。若是者,迷惑于宇宙,形累不知太初。彼至人者,归精神乎无始,而甘冥乎无何有之乡。水流乎无形,发泄乎太清。""小夫之知",拘泥于形而下的日常事物,目光短浅、思想狭隘,而"欲兼济道物,太一形虚"也不过痴人妄想。正因为受"形"的束缚,所以无法认知"太初",可见,"太初"是一个形而上的概念。《庄子·天地篇》又说:"泰初有无,无有无名,一之所始。有一而未形,物得以生,谓之德。"这里再次说明"泰初"是"一之所始",是一个没有"形"的状态。从上可以看出,庄子的"太初"当指宇宙的原点和核心。宋杨万里《诚斋易传卷四》:"乾坤天地之太初,屯蒙人物之太初。"这是一个较为独到的观点。《诚斋易传卷十七》又言"盖太极者,一气之太初也,极之为言至也"。认为太极就是"一气"之"太初",而且是"太初"的极致。宋魏了翁辑《周易要义·卷七下》直接言"太极"即"太初"、"太一":"太极,天地未分之前元气混而为一,即是太初、太一也。"《周易象义·易统论上》提到了有将"太易、太初、太始、太素与太极"列而为"五杂"的说法。另外,中国有"太初历",这也可见对"太初"一词的重视。

"**太恒**"。相对于前面提及的几个概念,"太恒"在中国哲学中出现的比较少。长沙马王堆三号汉墓出土的大批古代写本中,有一件抄写于西汉早期的帛书本《周易》,后面附有《系辞》及另外几份讨论易学的古代佚书。其中特别引人注意的特点是今本《系辞》中的"太极",帛书写作"太恒"。"太极"是阴阳哲学中宇宙的本原与终极,又代指天地间的基本法则与亘古不变的永恒之理,因此当然可称为"太恒"。马王堆帛书《老子》云:"道,可道也,非恒道也。名,可名也,非恒名也。"《说文》云:"恒,常也。从心从舟,在二之间。……古文恒从月,《诗》曰:如月之恒。"太极是抽象的最高原则,纯粹的理论概念。帛书以"太恒"代替"太极",更强调其"恒常",这揭示了西汉早期思想中某些重要的哲学观点。元李冶撰《敬斋古今黈卷八》曰提道:"凡人才之所得千万而蔑有同之者是造物者之大恒也。"指出人才不同是造物之大恒,也就是说,"大恒"的物质显现是万物各异。宋张君房撰《云笈七籤卷八十七·诸真要署》谈道:"夫人之生气未尝不烦,烦者气积之大恒也。"气积之"大恒"在于"烦",这倒有点现代哲学意味。其中又提到"遇静则清气有生,遇动则浮气益起,遇发则烦气益盛,遇触则激气益迅"。这是主静的一种修身方法。西方哲学家海德格尔也发现了"烦"对"此在"的负面影响,他在《存在与时间》中提到的"烦"有"烦忙"与"烦神"两种,去除"畏"和"怕",使"此在"回到"存在"的本真和澄明之中,达到天、地、神、人四重合一的境界,这和中国哲学的追求相似。可见,中西哲学很多时候有共通之处。

"太易"和"太素"。宋张根《吴园周易解附录・序论一》曰:"生生不穷故谓之易。有太易,有太初,有太始,有太素。盖太易者未见气,太初者气之始也,太始者形之始也,太素者质之始也,气形质具而未相离曰浑沦。视之不可见,听之不可闻,循之不可得故曰易。"《易纬・钩命诀》深化了太极内涵,界定了几个相关概念:"天地未分之前,有太易、有太初、有太始、有太素、有太极,是为五运。形象未分,谓之太易;元气始萌,谓之太初;气形之端,谓之太始;形变有质,谓之太素;质形已具,谓之太极。五气渐变,谓之五运。"①此段文字认为,宇宙处于不断生生演化中,太极是一个循序渐进的发展过程,在之前就"有太易、有太初、有太始、有太素"。正如《易纬・乾坤凿度》解释:"太易变,教民不倦。太初而后有太始,太始而后有太素。有形始于弗形,有法始于弗法。"②那么"太易"之前呢,我们认为,也有其发展过程。"太易"当指混沌之"易","太素"指气变形有质的实体。在《易纬》之后,《帝王世纪》、《白虎通义》、张衡等都袭用"太素"之说。《帝王世纪》说:"太素之前,幽清玄静。……盖乃道之干也。"《白虎通・天地篇》中说:"形兆既成,名曰太素。"这些说法的基本思想都与《易纬》没有太大区别。不过,王夫之对《易纬・乾凿度》的天地有始说持批判态度。他说:"危构四级于无形之先,哀哉!""彼太易、太初、太始、太素之纷纭者,虚为之名而无实,亦何为者邪?"(《周易外传》卷五,《系辞上传》第十一章)他指出"《易》在乾坤既建之后,动以相易,若阴阳未有之先,无象无体,而何所易邪?"(《周易内传》卷一上,《上经乾坤》)

"太和"。这是备受儒家推崇的一个概念,强调最大程度的"和"。《周易》乾卦《彖》曰:"乾道变化,各正性命,保合大和,乃利贞。"此"大和"也写作"太和"。宋程颐《伊川易传卷一》解释曰:"保谓常存,合谓常和,保合太和是以利且

---

① 《易纬》,《黄氏逸书考》(汉学堂丛书),民国修补本。
② 《易纬》,《黄氏逸书考》(汉学堂丛书),民国修补本。

贞也,天地之道常久而不已者保合太和也。"宋耿南仲在《周易新讲义卷一》中释曰:"太和者物之所保也。"宋朱熹在《原本周易本义卷三·周易象上传》中说:"大和,阴阳会合中和之气也。"王夫之以"太和缊缊之气"或"太和缊缊之实体"解释太极本体。王夫之认为,就阴阳二气合一之实体说,称为太极;就阴阳二气既有差异,又不相侵害说,称为太和。此即《内传·系辞上》所说:"合之则为太极分之则谓之阴阳,不可强同,而不相悖害,谓之太和。"又说:"阴阳之本体,缊缊相得,合同而化,充塞两间,此谓之太极也,张子谓之太和。"(《内传·系辞上》)"阴阳之合于太和者,一也。"(《张子正蒙注·可状》)可见,"太和"是一种至善至美的境界,万物各顺其自然,各守其性地生长,这是最大的和谐,到后来,从万物的"各正性命",儒家又提出著名的"天人合一"思想,达到中国哲学的最高境界,也是人生的最高追求。

"太朴"、"太质"。"朴"和"质"强调的都是世界原初的本质性、质朴性,在古人看来,那是一种原始之美、自然之美和本真之美。正如《弘明集》所言:"玄古之民大朴未亏,其礼不文。"大多数典籍都是对原初人类的朴质进行赞美,而对所谓"文明"时期的人类间有微词,认为丧失了"太朴"、"太质",这样才会产生虚假、昏乱和邪恶。于是提出要修身养性,这才是养生之根本,道家经典《云笈七籤》云:"圣人知外用之无益,所以还元返本,握固胎息,洞明于内,调理于中,取合元和之大朴、不死之福庭。"

"太虚"。"太虚"一词最早当见于《庄子》:"……是以不过乎昆仑,不游乎太(大)虚。""以言乎迩,则周流秋毫而有余焉;以言乎远,则弥纶太虚而不足焉。"[1]"太虚"也指广袤的时空,是"有"。"太虚"道家用得比较多,《云笈七籤》谈及"太虚"82处之多,其《空洞》篇曰:"道君曰:元气于眇莽之内,幽冥之外,生乎空洞。空洞之内,生乎太无。太无变而三气明焉,三气混沌,生乎太虚而立洞。因洞而立无,因无而生有,因有而立空,空无之化虚生自然。"[2]这里指出太虚是气之所生,是扶持洞之气,而且虽然是无生有,但是没有太虚作用无法生有,而且空无化虚生自然,可知"太虚"是"有"的雏形。宋张载对"太虚"这个概念提出了自己独到的见解,提出太虚为虚空即"气"说。他的《横渠易说》有四处提到"太虚":"气之聚散于太虚,犹冰凝释于水。知太虚即气神变易而已。诸子浅妄,有有无之分,非穷理之学也。""气块然太虚,升降飞扬,未尝止息。易所谓

---

① 晋丹阳、葛洪、稚川:《抱朴子·内篇卷九·道意》,文渊阁四库全书电子版。
② 《云笈七籤卷之二·学二·混元、混洞、开辟、劫运部》,文渊阁四库全书电子版。

'纲缊',庄生所谓'生物以息相吹''野马'者欤。""简易,然后能知险阻。简易理得,然后一以贯天下道。……太虚之气阴阳一物也。"明确指出,"太虚"是"有",是"气",而且是运动变化、生机勃勃的气。另外,王夫之提出"太虚本动"说,以太极阴阳之实体自身具有永恒运动的本性,说明天地万物运动变化的根源。其《周易外传·系辞下》说:"其生也相运相资,其死也相离相返。离返于此,运资于彼。则既生以后,还以起夫方生,往来交动于太虚之中。太虚者,本动者也。动以人动,不息不滞。其来也,因而合之;其往也,因往而听合。……抟造无心,势不能各保其固然,亦无待其固然而后可以生也。""相",指阴阳二气相互作用,往来于太虚之中。

"太玄"。杨雄之《太玄》曾经广为学易者谈论,有推崇者,也或有贬抑者。李塨在其《周易传注卷五》中就说"杨雄太玄以三八为木,四九为金,二七为火,一六为水,五五为土"。《汉上易传》及其他易书也屡屡提及"太玄",多数时候是谈揲蓍变化之妙,或者和历法、天文、律吕相提。宋程迥在其《周易古占法》中指出"太玄大义在揲蓍"。"观太玄者数其画而定之以卦即其名也。"张衡在《太玄图》中指出:"玄者,无形之类,自然之根,作于太始,莫之与先。""太玄"当在"太始"之后。而且它的重要意义在于指出易数之玄妙。"天玄而地黄","太玄"之意义在于把占筮提到玄妙、神奇的地位。"太玄"是一个形而上的概念,它将数变的作用发挥得淋漓尽致,化有形为无形,从而使"玄"成为哲学的一个象征。

"太乙"。我们耳熟能详的名字是"太乙真人",即太白金星,《焦氏易林》中曰"有五星,太乙常居其中,是枢星也"。太乙遁甲又成为道术的一种,"九天秘记"及"太乙遁甲"往往并称,《抱朴子》曰:"金液太乙所服而仙者也不减九丹矣。"而《云笈七籤》也有"服黄素之袍,戴黄玉太乙之冠,佩神宗阳和之印……"的说法。而"太乙"和"太极"真正相通之处在于"太乙"亦是"道"的代名词。《吕氏春秋》曰:"道也者,视之不见,听之不闻,不可为状。有知不见之,见不闻之,闻无状之,状者则几于知之矣。道也者,至精也,不可为形,不可为名,疆为之谓之太乙。"这里言"太乙"即无形,不可为状、不可为名的至精之道的姑且之名。

"无极"。无极亦为道家首创,强调的是"无",无边无限。《老子》第二十八章说"复归于无极",这里"无极"是指万物来自无极,最终也要回归无极;《庄子·在宥》篇说"如无穷之门,以游无极之野","无极"指无边无际、不可限定的一种境界;《列子·汤问》篇亦云"物之始终,初无极矣"。无极,是天地万物始生之前的混沌不分的状态,也是万物的源头。可见,"无极"是道家哲学体系中的最高范畴,是无限的历程,无始无终。最先将无极与太极联系起来的是周敦颐。

周氏《太极图说》云："无极而太极。"周敦颐著《太极图说》,他说:"自无极而为太极。……五行一阴阳也,阴阳一太极也,太极本无极也。"陈淳《北溪字义》承袭朱熹思想,对于无极、太极有很好的解释。他说:"太极只是浑沌极至之理,非可以形气言。……太极字义不明,直至濂溪作《太极图》,方始说得明白。所谓'无极而太极',而字只轻接过,不可就此句中间截作两截看。无极是无穷极,只是说理之元形状方体,正犹言无声无臭之类。太之为言甚也,太极是极至之甚,无可得而形容,故以太名之。此只是说理虽无形状方体,而万化无不以之为根柢枢纽,以其浑沌极至之甚,故谓之太极。"①后人亦纷纷发展和改进"无极"思想。如金岳霖即认为,道虽然无始,但有极;极有"无极"和"太极"两个。无极是"某种方法推上去,无量地推上去,……在理论上无可再推的极限"②。"无极为理之未显,势之未发。"③"无极是未开的混沌,也就是说它是未发的势。"④"自有意志的个体言之,太极为综合的绝对的目标。"⑤

"易""视之不见,听之不闻,循之不得"(《易纬·乾坤凿度》),而与"太极"相关和类似的概念,都是对"易",对宇宙原初的一种追寻,而且基本上都持一种态度,即万物源于斯,归于斯。与"太极"相关或者类似的概念在中国哲学中如此丰富,可见"太极"在易学中和中国哲学中的重要地位。太极是一个完美的概念,正如金岳霖所言:"太极为至,就其为至而言之,太极至真,至善,至美,至如"⑥,"太极"及其相关概念都是中国哲学中闪亮的瑰宝,另外,它们大多数和"太"字相关,可知"太"字在中国哲学中意味深长,为什么中国人如此推崇"太"呢? 这值得我们去进一步探究和琢磨。

"太极"的美也就在于它的原"始"意义和原"生"意义。"二"、"四"、"八"、"六十四"都由其"生",阴阳由其分,万物也由其始。可见"太极"是最原始的、最初极的。是混沌,是天圆,最完美无缺。也因为《周易》中"太极"的概念,历代易学家们演绎出各式各样的太极图,这些图以"象"的形式表现并延展了"太极"的美,诸如无极美、辐射美、运动美、变化美等。

如此之"一",神妙之极,丰赡之极。其美学之含蕴丰富可想而知。"太极"、

①　《北溪字义》,中华书局 1983 年版,第 43—44 页。

②　金岳霖:《论道》,商务印书馆 1987 年版,第 193 页。

③　金岳霖:《论道》,商务印书馆 1987 年版,第 199 页。

④　金岳霖:《论道》,商务印书馆 1987 年版,第 200 页。

⑤　金岳霖:《论道》,商务印书馆 1987 年版,第 211 页。

⑥　金岳霖:《论道》,商务印书馆 1987 年版,第 212 页。

"一",具有多种美学意味。

其一,无极美。

"无极"生"太极"。"太极"与"一"之为数为物,正似我国两句俗语:你说它有多小就有多小,你说它有多大就有多大。既可以是无限大,也可以是无限小。无极美就是无边无际、无形无极之美,虚无之美,正如《正义》所言:"以理言之为道,以数言之谓之一,以体言之谓之无,以物得开通谓之道,以微妙不测谓之神,应机变化谓之易。总而言之,皆虚无之谓也。"它具有无形、玄妙、无限等特点,正如《老子》言:"大音希声,大象无形,道隐无名",也如王弼《老子指略》所云:"听之不可得而闻,视之不可得而彰,体之不可得而知,味之不可得而尝,故其为物也则混成,为象也则无形,为音也则希声,为味也则无呈。故能为品物之宗主,苞通天地,靡使不经也。"无极美是玄妙莫测的,《道德经》第一章云:"玄之又玄,众妙之门。"王弼注曰:"玄者,冥默无有也……众妙皆从玄而出,故曰众妙之门也。"王弼《老子指略》说得好:"夫道也者,取乎万物之所由也;玄也者,取乎幽冥之所出也;深也者,取乎探赜而不可究也;大也者,取乎弥纶而不可极也;远也者,取乎绵邈而不可及也;微也者,取乎幽微而不可睹也。然则'道'、'玄'、'深'、'大'、'微'、'远'之言,各有其义,未尽其极者也。然弥纶无极,不可名细;微妙无形,不可名大。""无形之极,未足以府万物。是故叹之者不能尽乎斯美,咏之者不能畅乎斯弘。"①无极之美让你品味无穷,忘形忘己、与物融一。

其二,混沌美。

"太极"即"混沌",即天地未开辟以前宇宙模糊一团、原始空虚的状态。道教称为"元气状态",《淮南子·诠言》:"洞同天地,浑沌为朴。未造而为物,谓之太一。"王充《论衡·谈天》:"说《易》者曰:'元气未分,浑沌为一。'"老子在《道德经》第二十五章中说:"有物混成,先天地生,寂兮寥兮,独立不改,周行而不殆,可以为天下母。"王弼分别注曰:"混然不可得而知,而万物由之以成,故曰'混成'也。不知其谁之子,故先天地生";"寂寥,无形体也。无物匹之,故曰独立也。返化终始,不失其常,故曰不改也";"周行无所不至而不危殆,能生全大形也,故可以为天下母也。"老子《道德经》:"敦兮,其若朴;……混(浑)兮,其若浊。"《庄子》曰:"南海之帝为倏,北海之帝为忽,中央之帝为浑沌。""混沌"混沌模糊,包蕴丰富。混沌不停运动,"周行而不殆。"正是其在运动"周行"中,分化衍生成万物,也生成变化无端之美。混沌的行为表现为不确定性、不可重复性和

---

① 楼宇烈校释:《王弼集校释》,上册,中华书局 1980 年版,第 195 页。

不可预测性,具有整体美、神秘美、空灵美、模糊美和气韵美。可以说,太极的境界是一种混沌的境界,是一种令人神往的美学境界,也是一种体道致知的精神状态,对中国艺术意境重神不重形和虚实相生等思想影响深远。

其三,辐射美。

《周易·系辞上》云:"通其变,遂成天下之文;极其数,遂定天下之象。"《道德经》第十章注:"玄,物之极也。"《道德经》第四十二章注:"万物万形,其归一也。何由致一? 由于无也。由无乃一,一可谓无? 已谓之一,岂得无言乎? 有言有一,非二如何? 有一有二,遂生乎三。从无之有,数尽乎斯,过此以往,非道之流。故万物之生,吾知其主,虽有万形,冲气一焉……以一为主,一何可舍? 愈多愈远,损则近之。损之至尽,乃得其极。"庄子《天下篇》中有"主之以太一"之说。唐代成玄英疏云:"太者广大之名。一以不二为称。言大道旷荡,无制围,括囊万有,通而为一,故谓之太一也。建立言教,每以凝常无物为宗;悟其指归,以虚通太一主。"(《庄子集释》)所谓无、一,就是分别指太一(太极)的本体的虚空性、凝聚性;所谓有、万,就是指太极(太一)的本体的生发性、扩散性。苏轼《东坡易传》卷七《系辞上》云:"太极者,有物之先也。夫有物必有上下,有上下必有四方,有四方必有四方之间,四方之间立而八卦成矣。此必然之势,无使之然者。"其卷八《系辞下》云:"极则一矣;其不一者,盖未极也。四海之水,同一平也。胡越之绳墨,同一直也。"司马光的有关论述《温公易说》卷五《系辞上》云:"太极者一也。物之合也,数之元也。引而申之,触类而长之,则算不能胜也,书不能尽也,口不能宣也,心不能穷也。捃而聚之,归诸一;析而散之,万有一千五百二十未始有极也。"这里,既论述了太极之合聚为一的集中美,又阐明了太极之散析为万的放射美。"窥一斑可见全豹",从一可以看到整体,所谓"一为千万,千万为一"(苏辙:《洞山文长老语录叙》),"自一以分万,自万以治一"(石涛:《苦瓜和尚画语录》)。所谓辐射美就是这样,由此及彼,以至于无穷无尽。

《周易》曰:"易始于太极","太极"与"一"具有原生性。同时,其又具有终极性,孟子曰:"夫道一而已矣。"《道枢·真一篇》也称芸芸万物"其变化之源,始生于一,终复于一,所以历万变而不穷",可谓"一沙一世界,一花一天堂"。太极的这些特征使其具有文化学、哲学和美学意味。

总之,太极是一个完美的概念,如前所引金岳霖所言:"太极为至,就其为至而言之,太极至真,至善,至美,至如"[1],至哉,"太极"!

---

[1] 金岳霖:《论道》,商务印书馆1987年版,第212页。

二、是生两仪

《周易·系辞上》:"天一,地二。"孔颖达疏:"此言天地阴阳自然奇偶之数也。""地二"指偶数"二"。《汉书·律历志上》:"地之数始於二,终於三十。""二"指地数之始。《说文》中对"二"是这样解释的:

> 二,地之数也。从耦一,会意。古文又从弋。

"二"这个地数有很深广的含义。首先,"二"象征"两仪",如"阴阳"、"乾坤"和"天地",等等。《周易·系辞上》:

> 易有太极,是生两仪,两仪生四象,四象生八卦。

这是指一生二,二生四,四生八。"两仪"即是阴阳两种宇宙生命的基本分类。《朱子语类》卷六十五云:

> 每个便生两个。就是一个阳上,又生一个阳,一个阴;就是一个阴上,又生一个阴,一个阳。

《周易·系辞上》第九章叙述占筮过程时提道:"分而为二以象两",就是以一分为二象征两仪。了解阴阳两者之间的关系和变化是把握占筮奥秘的关键,汉刘向《说苑·辨物》:"夫占变之道二而已矣。二者,阴阳之数也。"

"两仪"、"乾坤"、"阴阳"、"柔刚"、"玄黄"和"天地"其实只是"二"的不同名字。成公绥《天地赋》云:"天地至神,难以一言定称。故体而言之,则曰'两仪';假而言之,则曰'乾坤';气而言之,则曰'阴阳';性而言之,则曰'柔刚';色而言之,则曰'玄黄';名而言之,则曰'天地'"(《全晋文》卷五九)。

高亨先生在《老子正诂》一书中发挥说:"一二三都是取代了实物的虚数。一代表天地未分之元素,二代表天地,三代表阴气阳气相合后产生的和气。《礼记·礼运》:'礼必本于太一,分而为天地,转而为阴阳。'"[①]

"二"以"合和"为美。《淮南子·天文训》说:

> 一而不生,故分而为阴阳,阴阳合和而万物生。故曰一生二,二生三,三生万物。

"二"的"合和"之美是阴阳谐调之美。在《周易》中出现过几次"二"的文字可以证明这一点。"二气感应以相与"(《咸》卦),"二气"指阴阳,这是阴阳和谐之美。《周易·系辞上》也有一句非常美好的话:"二人同心,其利断金;同心之言,其臭如兰。"这里强调的是二者之间的"同",这里没有强调阴阳,但同样强调的

---

① 　高亨:《老子正诂》,开明书店 1943 年版,第 96 页。

是"合和"。"同"也不一定都美,"二女同居,其志不同行"①,"二女同居,其志不相得"②,"二女"指二阴,形式上同,而心不同,不和,所以不美。于是,在中国古代典籍中,"二"时常构成"一"的对立面;"一"表示整体,则"二"表示分裂;"一"表示专一,则"二"代表分心。从文字角度说,"二"多写作"贰",其意义大致相当于动词"分"。《说文》曰:"贰,副益也。""副,判也,从刀。""益,饶也。"《诗经·大明》:"上帝临女,无贰尔心。""贰心"、"贰于己"都是指的背叛和变异。由于"贰"的这一特指,乾隆皇帝还特意下诏国史馆增列《贰臣传》,专门收入明臣降清者。"贰"作为道德上的贬意频频出现:"贰言"、"贰志"、"贰情"、"贰偷"、"贰端"等,这都是指的心不同。

总之,"二"体现了与"一"相对的阴阳互补关系,它不是个别的事物,而是自然界和社会生活中两个互相对立、互相消长而又可以融为一体的系统,如天和地、日和月、山和水、男和女、君和臣……阴阳(二)的对立统一是宇宙万物之大法。"二"的美也就在合、和、同、诚等的"感应"和"相与"中生成。而"和合"孕育生命,具有"生"之大美。

《淮南子·精神训》:"古未有天地之时,惟象无形,窈窈冥冥……有二神混生,经天营地……于是乃别为阴阳,离为八极,刚柔相成,万物乃形。"高诱注:"二神,阴阳之神也。"《淮南子·天文训》说得更明白:"阴阳合和而万物生。"《吕氏春秋·有始览》也说:"天地有始。天微以成,地塞以形,天地合和,生之大经也。"高诱注:"天,阳也;地,阴也。"可见,"二"之美在"生"。也可以说在"交","交"也是"易"的一种。

明代方以智在《东西均·三征》中写道:

> 交也者,合二而一也;轮也者,首尾相衔接也。凡有动静往来,无不交轮,则真常贯合,于几可征也。……两间无不交,无不二而一。

方以智的这一概括把古人对矛盾运动的认识向前推进了一步,使"二而一"同"一而二"相辅相成,更加突出了中国古代式数学哲学的辩证意义。

"二"也是恰当之美,当位之美。《周易·系辞下》曰:

> 二与四同功而异位,其善不同;二多誉,四多惧,近也。柔之为道,不利远者;其要无咎,其用柔中也。

"二多誉",这指的是爻位之美。《周易》中"二"是阴,指卦中的阴爻(— —)。六

爻中,第二爻是居"柔中"之位,是"善","无咎"。我们来看看《周易》诸卦《象辞》直呼"六二"、"九二",对第二爻进行解释的情况:

六二之动,直以方也。不习无不利,地道光也。(《坤》卦)

六二之难,乘刚也。十年乃字,反常也。(《屯》卦)

六二征凶,行失类也。(《颐》卦)

九二悔亡,能久中也。(《恒》卦)

九二贞吉,以中也。(《大壮》卦)

六二之吉,顺以则也。(《明夷》卦)

六二之吉,顺以巽也。(《家人》卦)

九二贞吉,得中道也。(《解》卦)

九二利贞,中以为志也。(《损》卦)

九二之孚,有喜也。(《升》卦)

九二贞吉,中以行正也。(《未济》卦)

《周易》共有十一卦《象辞》对"六二"、"九二"直呼其名进行解释。"六二"爻象吉利的有三处:"直以方也"、"顺以则也"和"顺以巽也",其中"直以方"是"六二"的运动特征,"顺以则"和"顺以巽"是"六二"吉利的原因。"六二"爻象不吉利的有两处:"六二之难"、"六二征凶",其原因在于"乘刚"、"行失类"。

"九二"爻象六处基本上都是吉利的,三处"贞吉",其他或"悔亡",或"利贞",或"之孚",其原因在于"能久中"、"以中"、"得中道"、"中以为志"、"有喜"和"中以行正",也就是说,九二符合中道、讲究诚信,才会吉利。

可见,"二"作为爻位,吉多凶少,有中道之美。

"二"作为量词,具有以少为美的特点。《损》卦提道:"曷之用,二簋可用享。"二簋粗淡食物作祭祀就可以了,简直是简陋之极,和"贲于丘园,束帛戋戋,吝,终吉"①一样,都是重祭祀的心诚,而不是物的多少。"二簋"虽然少,但是心诚,则美。

"二"还可以区分君子、小人之道,《周易·系辞下》第四章:

阳卦多阴,阴卦多阳,其故何也? 阳卦奇,阴卦耦。其德行何也? 阳一君而二民,君子之道也。阴二君而一民,小人之道也。

阳卦多阴爻,阴卦多阳爻,君子之道就在于军一而民二,小人之道在于民一而君二,这里面有政治哲学的意味。另外,二也指"臣道",明张居正《辛未会试程策》

① 王弼等注:《周易》,四部丛刊初编本,第二十二卦《贲》六五爻辞。

认为:"二,言所为;五,不言所为。二,臣道也,以任事为忠;五,君道也,以任人为大。二胜其任,则五可无为。"

总之,"二"这个偶数凝聚着中国人重"和"的思想和审美追求。当代学者钱穆先生对中国思想传统中重"和"的特色做过极精当的比较说明,他说:"西方思想重分别。如黑格尔辩证法,有甲则有非甲,合为乙。又有非乙,合为丙。始此以往,则永无止境。故西方思想有始而无终,有创而无成。有变有进,而无完无极。中国则不然,乾道生男,坤道生女。男不称非女,女不称非男。男女和合为人,既具体又确切。万物与天地对,合成一大体。在此一体中,天地万物亦各有止有极,即有成有终。人有男女,禽兽亦有雌雄牝牡,则正反合一形式,已臻复杂。又如男女结合为夫妇,则夫妇即成一为体。此非于一男一女之外别有增加。又如死生为一体,生可以包括死,死可以融入生,亦非于生之外别有死。"[1]"二"这种"和"、"生"之美是中国独特的文化之美。

西方文化学家列维·布留尔曾指出,在原始观念中,"2"常常以自己对称的对立属性与"1"对立着,因为它表示的、包含的、产生的东西是与由"1"所表示的、包含的、产生的东西是严格对立的。"凡在1是善、秩序、完美、幸福的本原的地方,2就是恶、混乱、缺陷的本原。"[2]他的看法若以中国人为例加以分析,即使不是错误的至少也是片面和不完善的。

"二"是分之始、变之始,是由整合性到变化性的开始。"二"之"美"丰富多变,形态变化,参差对照,并且意味无穷。"一阴一阳之谓道",其实"一阴一阳"也就是"二","阴阳""二"者相合才可以生出无穷无限之物。如果说"太极"与"一"的美在于原生性和终极性,那么"二"的美则在于阴阳之相对、相互、持正、平衡和互动,它的美就是阴阳、乾坤以及男女等之"和"的美。

"二"的典型象征物"阴阳鱼"在中国艺术中运用广泛,如铜镜、瓷器等(见下图)。

三、天地人三才

易数之中,天"三"有多种意义和特殊地位。为什么《周易》经卦是由三画爻组成,而别卦是由六画爻组成的呢?《易传》早有解释:"六爻之动,三极之道也。"(《周易·系辞上》)"兼三才而两之,故《易》六画而成卦。"(《周易·说

---

① 钱穆:《现代中国学术论衡》,岳麓书社1986年版,第35页。
② [法]列维·布留尔:《原始思维》,丁由译,商务印书馆1985年版,第204页。

宋双鱼纹铜镜　　　　　　　　　　宋龙泉窑双鱼洗

卦》）"三"代表了"天"、"地"、"人"三者,这是《周易》崇拜"三"的主要原因。《周易》本经中出现"三"的卦爻辞达二十一处,相对于其他数字,是最多的。"三"主要有如下意义。

其一,"三"有实指与泛称用法,分为实数和虚数。

实数指称具体的数量,《广韵》中写道:"三,数名。"《庄子·齐物论》曰:"二与一为三。"虚数代表"多"或"极多"。岑仲勉先生说:"各种事物,往往说作'三'数,实际上都不一定真是'三'数。"①《周易》中的"三"虚数意为多,如:

1. 表次数的多:"再三渎"(《蒙卦·象辞》)、"终朝三褫之"(《讼》卦上九)、"王三锡命"(《师》卦)、"昼日三接"(《晋》卦)、"革言三就"(《革》卦);

2. 表物的数量之多:"王用三驱"(《比》卦)、"田获三狐"(《解》卦)、"田获三品"(《巽》卦六四);

3. 表人数之多:"其邑人三百户"(《讼》卦)、"三人行,则损一人"(《损》卦六三)、"有不速之客三人来"(《需》卦);

4. 表时间之久:"三岁不兴"(《同人》卦)、"先甲三日,后甲三日"(《蛊》卦)、"先庚三日,后庚三日"(《巽》卦九五)、"三岁不得"(《坎》卦)、"三日不食"(《明夷》卦)、"三岁不见"(《困》卦初六、《丰》卦上六)、"妇三岁不孕"(《渐》卦九五)、"三年克之"(《既济》卦九三)、"三年有赏于大国"(《未济》卦九四)等。

无论是褒义还是贬义,"三"都是先民习惯用的数字。

---

① 岑仲勉:《"三年之丧"的问题》,《两周文史论丛》,商务印书馆 1958 年版,第 300 页。

《史记·孔子世家》记载了一个"韦编三绝"的故事：

> 孔子晚而喜《易》，序《彖》、《系》、《象》、《说卦》、《文言》。读《易》，韦编三绝。曰："假我数年，若是，於《易》则彬彬矣。"

由于"三"有极言多的意思，故引发了以"三"数为满的俗民心理，民谚"事不过三"、"事无三不成"是这种心理的典型反映。郭沫若在《中国古代社会研究·〈周易〉时代的社会生活》中说："古人数字的观念以三为最多，三为最神秘（三光、三才、三纲、三宝、三元、三品、三官大帝、三身、三世、三位一体、三种神器，等等）。由一阴一阳的一划错综重叠而成三，刚好可以得出八种不同的方式。"[1]

从"三"的产生看，它与"多"有着不解之缘。这在世界上许多地方有着广泛的表现。T.丹齐克在《数：科学的语言》中指出："南非洲的布须曼（Bushmen）族，除了一、二和多以外，再没有别的数字了。"列维·布留尔则在《原始思维》一书中写道："在非常多的原始民族中间（例如在澳大利亚、南美等地），用于数的单独的名称只有一和二，间或还有三。超过这几个数时，土人们就说：许多，很多，太多。"他还说："在安达曼群岛，尽管语言词汇非常丰富，数词却只有两个，1 和2，3 的意思实际上是'多一个'。"[2]列维·布留尔还引述乌节尼尔和笛尔斯两位学者的研究结论说："这个数的神秘性质起源于人类社会在计数中不超过 3 的那个时代。那时，3 必定表示一个最后的数，一个绝对的总数，因而它在一个极长的时期中必定占有较发达社会中'无限大'所占有的那种地位。"[3]无疑，早期人类数理思维中，三是极数，有丰富深厚的意蕴之美。

其二，《周易》中，"三"代表具有生命意义的"三才"。

除了代表多或无限大以外，数字"三"还是万事万物发展的基数、宇宙创化的单元。老子《道德经》第四十二章简练地概括了宇宙创生模型：

> 道生一，一生二，二生三，三生万物。

"二生三"的"三"，《说文》解释为"天地人之道也"。从道到万物之间最大的创生飞跃就在于"三"。原来"二"代表的是天地阴阳即乾坤的生成，天地阴阳相变又生出了"人"。"三"便代表着天地人，别称"三才"。神话思维把天地人三才齐备作为化育万物之前提，所以"三"就成了宇宙创化的第一个完整的单元，万物生成发展的基数了。"三"字，表示生生不息、运动不止、变化不已，故"三"字

① 《郭沫若全集》，历史编第 1 卷，人民出版社 1984 年版，第 33 页。
② 列维·布留尔：《原始思维》，丁由译，商务印书馆 1985 年版，第 175、185 页。
③ 列维·布留尔：《原始思维》，丁由译，商务印书馆 1985 年版，第 202—203 页。

这个奇数,乃生命蓬勃发展的象征。《礼记》把人放在天、地之间的中介位置上。董仲舒更把宇宙视为由天、地、人三要素合成的有机整体。《春秋繁露·立元坤》中有:天、地、人"三者相为手足,合以成体,不可无一也"。

天、地、人合成"三",所以,中国古人把天、地、人称为"三才":

> 是故天本诸阳,地本诸阴,人本中和。三才异务,相待而成。(王符《潜夫论·本训》)

把天时、地利、人和称为"三经":

> 凡将立事,正彼天植,风雨无违,远近高下,各得其嗣。三经既饬,君乃有国。(《管子·版法》)

郭沫若集校:"三经,谓天时、地利、人和。'正彼天植',地利也;'风雨无违',天时也;'远近高下,各得其嗣',人和也。"

《荀子·王制》云:

> 故天地生君子,君子者,天地之参也。

《左传·昭公三十二年》注引服虔曰:"三者,天地人数。"《说文》则因袭成说释"三"为"天地人之道也"。

司马迁在《史记·律书》中又重申了"三"的这种性质:

> 数始于一,终于十,成于三。

这说明"三"是一个成数。天、地、人,"成"。这是生命创化之美,和之美。

其三,在实际生活中,"三"被理解为崇高和囊括一切的概念,成为一个礼数。

从《周易》中出现"三"的频率和情况来看,我们可以推断,作为"三才"之数,"三"逐渐演为极限的象征,成为中国人多方面行动原则的一个定数。《周易·蒙卦》曰:"初筮告,再三渎,渎则不告。"就是说卜筮只有第一次是灵验的,第二次第三次就不行了。关于卜筮的这个思想,可以其他古典佐证。《穀梁传》僖公三十一年:"四卜,非礼也。"《礼记·曲礼上》简括为"卜筮不过三",郑玄注:"求吉不过三。"孔颖达疏:"卜筮不过三者,王肃云:'礼以三为成也。'""礼以三为成",就是说"三"为成礼之数,过或不及都是非礼的行为。而中国古代是一个礼教的社会,诸事皆讲礼数,所以"筮不过三"、"礼以三为成"实行的结果就是"事不过三"。

"事不过三"即是周秦以来中国人生活中一个重要而突出的习惯法则,它表现了中国人处事原则性与灵活性相统一的作风。先秦典籍中例证颇多,不妨只从《左传》举出三个来:宣公十五年:"郑人囚(解扬)而献诸楚,楚子厚赂之,使反其言,不许,三而许之。"僖公二十三年:"晋楚治兵,遇于中原,其辟君三舍。若不获命,其左执鞭弭,右属櫜鞬,以与君周旋。"襄公二十二年:"他日朝,与申叔豫言。弗应而退。从之,人于人中。又从之,遂归。退朝,见之,曰:'子三困我于朝,吾惧,不敢不见。'"

在我国许多地区的民俗中,至今还流传着"三"的神秘功能的信念,人们无意识中对"三"表示着崇敬与追求。如:"三鞠躬"、"三献爵"、"三呼"和"夫妻三拜"等,不一而足。甚至在当代政治生活中,也有偏爱"三"的习惯,如"三个代表"、"三讲",等等。

又由于《周易》哲学把天地人之数正式命名为"三才",遂有了中国式的三位一体观。在古汉语中,"三"同"参"。《广雅·释言》:"参,三也。""参"还有参和、协调的意思:

　　　　天有其时,地有其财,人有其治,夫是之谓能参。(《荀子·天论》)
　　　　夫人事必将与天地相参,然后乃可以成功。(《国语·越语下》)
由人调和天和地的关系,由"参"调和阳与阴的关系,生成宇宙万物,即"三生万物",它从天、地、人这个最基本的三位一体出发,衍化出一个多项对应的三位一体系统。

《周易·说卦》云:

　　　　昔者圣人之作《易》也,将以顺性命之理。是以立天之道,曰阴与阳;立地之道,曰柔与刚;立人之道,曰仁与义。兼三才而两之,故《易》六画而成卦。

《周易·系辞下》亦云:

　　　　有天道焉,有人道焉,有地道焉,兼三才而两之。

刑昺《尔雅注疏叙》云:

　　　　夫混元辟而三才肇位,圣人作而六艺期兴。

东汉王符《潜夫论·本训》也说:

　　　　是故天本诸阳,地本诸阴,人本中和。三才异务,相待而成。

可知"三"又兼有了矛盾对立转化后的"中和"价值,相当于西方哲学针对正题、反题而言的答题。

史籍中"三皇"说体系都似与"三才"相应。如:

　　　　《春秋纬》云:"天皇、地皇、人皇,兄弟九人,分为九州,长天下也。"(《太平御览》卷七八引)

　　　　徐整《三五历记》云:"天数极高,地数极深,盘古极长。后乃有三皇。"

（《艺文类聚》卷一引）

"三位一体"的崇拜中西有相似之处。在西方神话世界中,也存在着大量的"三位一体"的神祇。像希腊的命运三女神、机遇三女神、复仇三女神和美惠三女神等。基督教经典《圣经》中到处可见"三"的痕迹。基督教的三位一体所谓圣父、圣灵和圣子的关系,据比较神话学家分析,其实就折射着天父、地母和人子的三角关系,和中国的"三才"在发生根源上是基本一致的。所不同的是,基督教的三位一体崇拜体现着一神论的价值观,而中国的三才说突出的是人在宇宙之中顶天立地、鼎足而三的优越地位,其间自有神本文化和人本文化的重大差异。换言之,西方的"三"是对"圣三一"的信仰标志。而中国的"三"则映射着中华民族集体无意识中的人文精神,当然也包括人的审美精神。

中国的"三"因渗透到世俗社会之中,因而显得十分普及,下图宋代汝窑天青窑变米色三羊尊就是一例。

宋代汝窑天青窑变米色三羊尊

儒、佛、道对"三"都比较偏爱。佛教对三就比较崇拜,印度、巴基斯坦和中国,历史上都有很多三面佛像,如下图清代三面观音像。

清代鎏金珐琅彩镶红蓝宝石豪华观音像

《史记·封禅书》记载汉武帝设立"三一"之祭,所祭对象为"天一、地一、太一(泰一)",合起来象征着天子的权力遍及环宇。

在中国远古神话和民间传说中,我们经常看到许多有神异色彩的人、物、事等,均与"三"相关:

> 大荒之中,有山名曰大荒之山,日月所入。有人焉三面,是颛顼之子,三面一臂,三面之人不死,是谓大荒之野。(《山海经·大荒西经》)

> 三首国,在其东,其为人一身三首。(《山海经·海外南经》)

> 载胜而穴处兮,亦幸有三足乌为之使。(《史记·司马相如列传》,张守节正义引张楫曰:"三足乌,青乌也,主为西王母取食。")

另据《山海经·中山经》所录:

从水出于其上,潜于其下,其中多三足鳖,枝尾,食之无蛊疫。

此外,《山海经·海外北经》中,有关于三株扶桑的记述。在中国,大禹治水的神话传说几乎家喻户晓,而这个传说中,最为人们熟知的细节,是大禹"三过家门而不入"。另外,"三"还具有文艺美学意味。在中国文学史上,有许多三人并称的文学现象,曹操、曹丕、曹植合称"三曹"。苏洵、苏轼、苏辙合称"三苏"。而且,中国古代小说就有许多三复情节。自《三国志通俗演义》始,明清小说处处可见三复情节。《三国志通俗演义》有"刘玄德三顾茅庐","诸葛亮三气周瑜";《水浒传》有"宋公明三打祝家庄";《红楼梦》有"金鸳鸯三宣牙牌令"、"宝同三困锁阳城",等等。① 三复情节是古代小说(其实戏曲等叙事文学都是如此)情节设计最合乎中国人审美理想的造型,同时是合乎人类普遍审美心理的美学原理。

"三"的连线表现形式是三角形,是最完美的图形之一,象征着稳定、崇高,等等,中西绘画、摄影中都经常采用这种构图方式。圆周率3.14125又可以略为"三","三"和"圆"也关系密切。"天三"可以象征"天圆","三"也就具有圆满之美。

总之,"天三"具有特殊的意义。"'三'的这种哲理化倾向使之成为集体意识中的模式数字,并通过无意识作用不断投射到各种以'三'为结构素的文化现象上,派生出种种流传千古的文化遗产。"②需要指出的是,在流传千古的文化遗产中,艺术与审美文化是一股主流。"三"成为一种度、一种礼,具有中和、崇高和圆融等审美特性。

四、两仪生四象

地"四"在《周易》诸卦中出现有:

天地以顺动,故日月不过,而四时不忒;圣人以顺动,则刑罚清而民服。(《豫卦·象辞》)

观天之神道,而四时不忒,圣人以神道设教,而天下服矣。(《观卦·象辞》)

明两作离,大人以继明照于四方。(《离卦·象辞》)

---

① 杜贵晨先生在其《中国古代小说"三复情节"的流动变及其美学意义》(《齐鲁学刊》1997年第5期)一文中有很多例举,可参看。

② 叶舒宪、田大宪:《中国古代神秘数字》,社会科学文献出版社1996年版,第47页。

天下有风,姤;后以施命诰四方。(《姤卦·象辞》)

初登于天,照四国也。后入于地,失则也。(《明夷》卦上六爻象辞)

我们可以看出,《周易》本经中与"四"相关的是时间、空间以及地域,古人习惯用"四"来表示时空。"四时"有更替运转之动美,"四方"有辽阔无垠之壮美。

另外,《周易·系辞上》提道:

是有圣人之道四焉,以言者尚其辞,以动者尚其变,以制器者尚其象,以卜筮者尚其占。

"尚其辞"、"尚其变"、"尚其象"和"尚其占",仅以"四"就比较全面地概括了用"易"的"圣人之道";所以,"四"可不是等闲的数字,它具有包囊性、完整性和全面性。

关于"四"的词义,《说文》的解释是:"阴数也。四分之。"《玉篇》的解释是:"阴数次三也。""四"还是中国古代乐谱的记音符号,相当于简谱"6"。

《周易》的四象八卦是众所周知的占卜系统。"四象"一词首见《周易·系辞》。《周易·系辞上》说:

《易》有太极,是生两仪,两仪生四象,四象生八卦,八卦定吉凶。

"太极"至"八卦"的衍生原理是一种倍数递增进,即一生二,二生四,四生八,八生六十四的过程。邵雍《观物外篇》有一段话:

太极既分,两仪立矣。阳之交于阴,阴上交于阳,四象生矣。阳交于阴,阴交于阳,而生天之四象;则交于柔,柔交于刚,而生地之四象。

两仪生出四象,即"阳下交于阴,阴上交于阳,四象生矣"。何谓四象?刘牧说,四象是九六七八之数;邵雍说,四象是阴阳刚柔。阴阳属天,刚柔属地。天之四象,分别是日、月、星、辰:

阳中阳,日也;阳中阴,月也;阴中阳,星也;阴中阴,辰也。

动之大者,谓之太阳;动之小者,谓之少阳;静之大者,谓之太阴;静之小者,谓之少阴。太阳为日,太阴为月;少阳为星,少阴为辰。日月星辰交而天之体尽之矣。(《观物内篇》)

其中,太阳(⚌)、太阴(⚏)、少阳(⚎)、少阴(⚍)。

天上的日月星辰,地上的水火土石,又变生一系列的事物,这又何其美哉:

日为暑,月为寒;星为昼,辰为夜。暑寒昼夜交而天之变尽之矣。

水为雨,火为风,土为露,石为雷,雨风露雷交,而地之化尽之矣。

暑变物之性,寒变物之情,昼变物之形,夜变物之体。性情形体交而动植之感尽之矣。

雨化物之走,风化物之飞,露化物之草,雷化物之木,走飞草木交,而动植之应尽之矣。

不同的物,有不同的行为特点:

性之走善色,情之走善声,形之走善气,体之走善味……(《观物内篇》)

在邵雍眼里,无论是天上的事物,还是地上的事物,每类都可归结为四个因素。这就是朱熹说的,邵雍的心,只管在两仪、四象上转,"久之理透,想得一举眼便成四片"(《朱子语类》卷一〇〇)。

《易纬·乾凿度》以"四时"比附"四象",颇有影响:

太极分而为二,故生天地,天地有春夏秋冬之节,故生四时。

《周易·系辞》孔颖达疏:

四象谓金、木、水、火。震木,离火,兑金,坎水,各主一时。(《周易正义》)

《周易尚氏学》更进一步将卦爻四种组合形成——落实到四季,说:

四象即四时:春少阳,夏老阳,秋少阴,冬老阴也。

按照上述传统的解释,所谓"两仪生四象"讲的是由天变化所衍生出的一年四季变迁规律,春夏秋冬被视为"四象"之原型。"四象"即"四时",这是一种解释。

对此,文化学者叶舒宪、田大宪却有不同的看法,他们认为追溯"四"的原始发生,"它很可能是原始人空间知觉的四方方位感的产物"。[1] 根据古代文献,四时(四季)的发生相对晚出,在甲骨文中可见四方和四方风名,但未见四时之称。《尚书·尧典》中有:"光被四表"的说法。正如于省吾先生所说:"甲骨文和《山海经》均没有四时的说法。《尚书·尧典》才把四方和四时相配合。商代的一年分为两季,甲骨文只以春和秋当做季名,西周前期仍然沿用商代的两季制,到了西周后期,才由春秋分化出夏冬成为四时。"[2]"四"的原始表现形式不外乎十字形与方形两大类,二者均与方位的观测和确定密切相关,这一看法是颇有道理的。所以,我们比较认同"四"首先是作为方位空间数字而诞生的,国外也有学者说:"东南西北四方、与这四个方位互渗的四个方向的风、四种颜色、四种动物等的'数一总和'起了重要作用。"[3]

因为"四"既代表时间,又代表空间,所以中西都存在圣四崇拜。四方位意

---

① 叶舒宪、田大宪:《中国古代神秘数字》,社会科学文献出版社 1996 年版,第 56 页。

② 于省吾:《甲骨文字释林》,中华书局 1979 年版,第 124 页。

③ 列维·布留尔:《原始思维》,丁由译,商务印书馆 1985 年版,第 200 页。

识又和太阳崇拜密不可分。古印度《唱赞奥义书》第三篇有围绕太阳神祭祀的四方唱赞礼辞,礼辞中言及四部诗集即婆罗门教四合一的圣典,又称《梨俱》、《夜柔》、《沙摩》和《阿达婆》四吠陀,据神话说是从创造神大梵天的四张脸中化生出来的。不难看出,这是从太阳崇拜分化出的"圣数四"的崇拜以及相关的四面神、四圣典之类的神话传说。

我们从"东西南北"四个方位字也可以看出直观表象的痕迹:

东:日在木中,意思为旭日初升。旭日初升的地方就是东方。

西:西字古形是鸟在巢上。即太阳西沉而鸟旭巢栖息。"鸟归巢"就成了方位词"西"。

南:南字的外框,是木字的变形,指向的意思。即草木承受南面充足的阳光,枝叶就长得繁茂。所以,向阳处就是南方。

北:古文写成两人相背,宫室多坐北朝南,背面就是北面,北(背)也就成了北方的"北"。

刘邦《大风歌》中就有"安得猛士兮守四方"的诗句。

苏联学者托波罗夫认为"三"是动态完美的象征,而"四"则是所谓静态完美(即观念范畴稳定的结构)之意象(诚然,确有这样一种观点,认为三位一体应解释为四元结构的"不完善")。因为"四"的"静态完美",它备受推崇,被用于宇宙创始神话,并被用以表达方位,诸如:四域、四方、四联神或四相神(如立陶宛民间创作中的四佩尔库纳斯以及种种神话中的四方守护神)、四季、四时期、四元素(有时并与四神话人物相应),等等。"四成分"体现为种种几何体,诸如此类几何体具有极大的神话诗功用。诸如方形、"曼荼罗"、"十"字形。[1]

卡西尔曾经分析了"四"与"十"字形状崇拜的对应关系,他说:"对数字四的崇拜表现为对十形状的崇拜,十字形状证明是最悠久的宗教符号之一。我们可以从四尖十字的最初形式×字开始,一直到把基督教义全部内容都注入十字直观的中世纪的思辨,追踪一切宗教思想的共同基本倾向。在中世纪,当十字的四端被等同于天堂四界时,当东、西、北、南被等同基督教世史话的特定阶段时,十字便是特定原始宇宙—宗教主题的再现。"[2]借助于西方的象征学家们的论述,中国自新石器时代陶纹中的十字符号,直到甲骨文和金文中大量的十字造形象征图案均可得到理性的解释。

---

[1] 托波罗夫:《神奇的数字》,《民间文学论坛》1985年第4期。

[2] [德]恩斯特·卡西尔:《神话思维》,中国社会科学出版社1992年版,第166页。

中国的圣四崇拜可以体现在"黄帝四张脸"和"方相四只眼"上。黄帝形象的最大特征,据《尸子》和新迁出土的马王堆汉墓帛书说,就是"四面",即长着四张脸。从象征意义上看,黄帝的四张脸同羽蛇身背的十字架一样,都表明他们具有宇宙四方的真正主宰者、统治者的特殊身份。另外,还有神奇的"四只眼睛"现象。据传太阳神舜的别名叫"重华",即有四只眼珠。相传为华夏民族造出汉字的大英雄仓颉也是长有四只眼睛的异形人。《春秋元命苞》说他"龙颜哆嗦,四目灵光。……创文字,天为雨粟,鬼乃潜藏。"《周礼·夏宫》中有这样一段记载:

方相氏:掌蒙熊皮、黄金四目、玄衣朱裳、执戈扬盾,帅百隶而时难,以索室驱疫。大丧,先柩;及墓,入圹,以戈击四隅,驱方良。

这是关于方相氏黄金四目最早的文献记载。而即使现在,笔者读过的一些通俗小说在描写人物时也有"四只眼珠"的相貌描写,也可以看出古代神话的影响。

中国现存商代青铜器中最大的方尊——四羊方尊(见下图),也可体现先人对"四"的崇拜。

商四羊方尊

佛教对"四"很崇拜。如印度佛教四大思想家被喻为"四日照世"。在佛教教义和文献中,存在大量的"四"结构,其象征功能渗透于整个佛教之中。又如

1965年10月,柬埔寨国家元首西哈努克亲王曾经赠周恩来一尊石刻四面菩萨头像。四面佛,原名"大梵天王"(梵文 Brahma),人称"有求必应"佛,四面,分别代表爱情、事业、健康与财运,掌管人间的一切事务,这个礼物承载了柬埔寨和中国人民的友谊。泰国曼谷至今还供奉着一尊香火旺盛的四面佛。

石刻四面菩萨头像:高21厘米

道教特别偏爱的数字是一、三、五、七等阳数,并不像佛家那样看重"四",但也有四连神的提法,如《老子》第二十五章有"四大"之说:

道大,天大,地大,王亦大。域中有四大,而王处一焉。

儒家还把星宿之象的朱雀、玄武、青龙、白虎四兽转为军阵之名。《礼记·曲礼上》:

行前朱鸟,而后玄武,左青龙,而右白虎。

与"四"相关的有很多习成的词语,不再赘述。

如果说"三"是圆美,那么"四"就是一种方美。"天圆地方",亦即"天三地四"。《易纬·乾凿度》和《京房易传》都引用孔子:阳三、阴四,位之正也。《京

泰国曼谷四面佛

房易传》的说明是这样子的：

> 三者东方之数；东方日出之所。又圆者径一而开三也。四者西方之数；
> 西方日入之所。又方者径一而取四也。

《周髀算经》中有"数之法出于圆方"一说，汉代的赵君卿注云：

> 圆，径一而周三；方，径一而匝四。……故曰数这法出于圆方。圆方者
> 天地之形、阴阳之数。然则周公所问者天地也，是以商高（人名）陈圆方之
> 形以见其象，因奇偶之数以制其法。

杨希枚先生对此做了如下推测："最迟在汉代的历算研究上，已经形成了三四两数为圆方象征数字的认识。其所以如此，是由于当圆的直径与边径相等时，圆方的周径之比为三比四；换句话说，就周径而言，圆是三，而方是四。且由于圆天方地，三四两数就更是天地之数。特别是由于圆方周径之比不是一与二、五与六、七与八、或九与十之比，所以在十个天地数中，也就唯独三四两数是真正的圆天

方地之数。"①

　　古人之所以特别注重方与圆的组合,创制出规与矩,内圆外方的礼器如玉琮、外圆内方的钱币等,都旨在代表神秘数字的职能,取象天地乾坤,与自然之道相沟通。所以,"四"之美是静笃之美、方正之美、平衡之美,它不但具有时空宇宙和谐美,还具有人文道德方正之美。

良渚文化玉琮　　　　　　　　　宋代龙泉窑琮式瓶

五、阴阳五行

　　《广韵》曰:"五,数也。""天五"是一个中数,一个非常尊贵的数。它不动之动,具有"黄中"之静美,又具有阴阳五行之"交"美。

　　《周易·系辞下》第九章有:

　　　　三与五,同功而异位,三多凶,五多功,贵贱之等也。其柔危,其刚胜邪?

　　"三生万物","三"本来就是一个好数字,但作为爻位,"三"多凶,"五"多功,是因为"五"比"三"更尊贵,可见《周易》尚"五"。

　　我们再来看看"五"作为爻位,在《周易》中着重强调的情况:

　　　　六五贞疾,乘刚也。恒不死,中未亡也。(《豫》卦六五爻象辞)

---

①　杨希枚:《中国古代的神秘数字论稿》,(台湾)《民族学研究所集刊》1965 年第 33 期。

唐钱币　　　　　　　　　　　　　　　清钱币

六五之吉,有喜也。(《贲》卦六五爻象辞)

六五之吉,有庆也。(《大畜》卦六五爻象辞)

六五之吉,离王公也。(《离》卦六五爻象辞)

六五元吉,自上佑也。(《损》卦六五爻象辞)

九五含章,中正也。有陨自天,志不舍命也。(《姤》卦九五爻象辞)

六五之吉,有庆也。(《丰》卦六五爻象辞)

九五之吉,位正中也。(《巽》卦九五爻象辞)

其中只有《豫》六五爻"贞疾"、"乘刚"有警戒意,其他卦的六五爻和九五爻都是很吉利的,"有喜"、"有庆"、"中正"、"离王公"、"自上佑"和"位正中"等,都是吉利的原因。同时可以看出,"六五"要守柔顺之道,"九五"也要有收敛之德、含章之美。

"五"又通"伍",和"五行"有密切联系。《说文》曰:"五,阴阳在天地之间交午也。"许慎是用"五行也"来给数字"五"下定义。

以"五"为中心的五行思想"是中国人的思想规律,是中国人对宇宙系统的信仰"(顾颉刚语)。郭沫若先生强调"数生于手",他认为:"数生于手,古文一二三四作一二三四,此手指之象形也。手指何以横书? 曰请以手作数,于无心之间,必先出右掌,倒其拇指为一,次指为二,中指为三,无名指为四,一拳为五。"既然人的手掌是五个指头,脚也是五个指头,那么"五"应该是人类把握得比较早,而且非常亲近的一个概念。

最早出现的与"五行"有关的观念，似乎当举出《尚书·大禹谟》中的"德惟善政，政在养民，水、火、金、木、土、谷惟修"。但《大禹谟》为伪古文尚书，是公认的假冒古典，只表明伪书作者所处的时代，却不能说明"五行"的观念产生于大禹时代。

《尚书》中另一篇书《洪范》，更详细地论述了"五行"：

> 初一曰五行……五行：一曰水，二曰火，三曰木，四曰金，五曰土。水曰润下，火曰炎上，木曰曲直，金曰从革，土援稼穑。润下作咸，炎上作苦，曲直作酸，从革作辛，稼穑作甘。

梁启超《阴阳五行说之来历》指出："五行说之极怪诞而有组织者，始见于《吕氏春秋》之十二览。其后《小戴礼记》采之（即《月令篇》），《淮南子》又采用之。其说略如下：'孟春之月，……其日甲乙，其帝太皞，其神名芒，其是虫鳞，其音角，……其味酸，其臭膻，其祀户，祭先脾。……天子居青阳左个。驾苍龙，载青旂，衣青衣，服青玉，食麦与羊……'如此将一年四季分配五行，春木，夏火，秋金，冬水；所余之土无可归，则于夏秋交界时为拓一位置。于是五方之东、西、南、北、中，五色之青、赤、黄、白、黑，五声之宫、商、角、征、羽，五味之酸、苦、咸、辛、甘，五虫之毛、介、鳞、羽、倮，五祀之灶、门、行、户、中雷，五藏之心、肝、肺、脾、肾，五帝之太皞、炎帝、黄帝、少昊、颛顼，五神之句芒、祝融、后土、蓐收、玄冥，皆一一如法分配。（《洪范》五事抑未编入）乃至如十天干，六律，六吕等数目不与五符者，亦割裂以隶之。于是将宇宙间无量无数之物理事理，皆硬分为五类，而以纳绪所谓五行者之中。"①

《史记·历书》说："黄帝考定星历，建立五行。"《论衡·说日篇》则说："星有五，五行之精。"都把"五行"与"星"联系在一起。所谓"五星"，就是现在所知的太阳系九大行星中的水、金、火、木、土五行星。战国以前，只叫做"辰星"、"太白"、"荧惑"、"岁星"、"填星"。

阴阳五行观掺入上帝崇拜而构拟出"五帝"。《周易·系辞》中，以伏羲（太皞）、神农（炎帝）、黄帝、尧、舜为五帝；《大戴礼·五帝德》、《史记·五帝经》以黄帝、颛顼、帝喾、尧、舜为五帝；《帝王世纪》以少昊、颛顼（高阳）、高辛、尧、舜为五帝。战国时代邹衍还有"五德终始说"的历史观。"五德终始说"的大体情况，载于《吕氏春秋》：

> 凡帝王者之将兴也，天必先见祥乎下民。黄帝之时，天先见大螾大蝼，

---

① 《古史辨》，第五册，朴社1935年版，第352页。

黄帝曰:"土气胜。"土气胜,故其色尚黄,其事则土。

及禹之时,天先见草木秋冬不杀。禹曰:"木气胜。"木气胜,故其色尚青,其事则木。

及汤之时,天先见金刃生于水,汤曰:"金气胜。"金气胜,故其色尚白,其事则金。

及文王之时,天先见火。赤乌衔丹书集于周社。文王曰:"火气胜。"火气胜,故其色尚赤,其事则火。

伐火者必将水,天且先见水气胜。水气胜,故其色尚黑,其事则水。①

西周及其以前的社会,人们很少或几乎没有历史观念。"五德终始说"在这凝固的历史观上打破了第一缺口。"五德终始说"被后来历代皇帝推崇,虽然现在我们看来是一种迷信,但是对社会稳定却起了一定的作用。

中国人由"五行"推及"五德",无疑也是强调天人和一,强调生之德美。

我们知道,神秘数字"五"的图解化形式有所谓"河图"、"洛书"。五行相生观和八卦方位观念在此巧妙地融合。"河图"是一个平面为正方形的数的有序结构,包含着由一至十的十个自然数。一、三、五、七、九为奇数,阳性,象征天,称为天数;二、四、六、八、十为偶数,阴性,象征地,称为地数。"河图"中五个阳数之和为二十五,五个偶数之和为三十,所有奇偶数之和为五十五。

在"河图"图式中,"五"居于中间方位,其他各数环绕着中心"五"。这种结构不是一种随意的排列,而是阴阳五行观念的神秘再现。在这个正方形图式中,北方,以天数一配地数六;南方,以天数七配地数二;东方,以天数三配地数八;西方,以天数九配地数四;中央,以天数五配地数十。古人以一二三四五为生数,六七八九十为成数,它们构成了相生相成的关系。"河图"中,北方阳一配阴六,所谓"天以一生水,而地以六成之",北方为水,南方阴二配阳七,所谓"地以二生火,而天以七成之",南方为火;东方阳三配阴八,所谓"天以三生木,而地以八成之",东方为木;西方阴四配阳九,所谓"地以四生金,而天以九成之",西方为金;中央阳五配阴十,所谓"天以五生土,而地以十成之",中央为土。这也就是"天以一生水,地以二生火,天以三生木,地以四生金,天以五生土,五胜相乘,以生小周"(《汉书·律历志》)。"天本一而立,一为数源,地配生六,成天地之数,合而成性。天三地八,天七地二,天五地十,天九地四,运五行,先水次木生火,次土及金。木,仁;火,礼;土,信;水,智;金,义。"(《易纬·乾坤凿度》)这就构成了天

---

① 高氏训解:《吕氏春秋》,《四部丛刊》本。

（阳）数、地（阴）数、五言、五行、五德的同构关系。

与"河图"相仿佛的还有"洛书"，也是由数目与方位相结合成的神秘图形。古代传说把两者视为天赐的神图，圣人看了它们顿然开悟，才作出《周易》和《尚书·洪范》。

"五行"和"四行"、"六极"皆有关系。偏重于人伦道德的"五行"原出于"四行"。帛书的成书于战国时期，有些部分甚至早于孟子。其中的《德行》、《四行》两篇都将"五行"与"四行"相提并论，其内容不是指五种物质元素或方位，而是指道德的行为规范。《德行》中说："四行和谓之善。善，人道也。"帛书整理小组注："四行下文屡见，即仁、义、礼、知。"帛书所言"五行"，是在仁、义、礼、知之外又加上"圣"。这和汉初贾谊《贾子·六术》所说的"人亦有仁、义、礼、智、圣之行，行和则尔，与乐则六"完全吻合。20世纪40年代在长沙出土的战国缯书也可以看出"四方"向"五方"的转变："缯书中有五木之色；又在四角图像上绘着青、赤、白、黑等色（或以为在中央还应该有黄色），以代表四方或五方。用五色以配五方的观念，表现得很清楚。但是，值得注意的是上面并没有水、火、金、木、土的观念。"①

"五"的地位甚至超越"六"。《尚书·洪范》中提到"洪范九畴"，即大法九类。"洪范"的内容是："初一曰五行，次二曰敬用五事，次三曰农用八政，次四曰协用五纪，次五曰建用皇极，次六曰又用三德，次七曰明用稽，次八曰念用庶征，次九曰向用五福，威用六极。"从《洪范》中可以看出，尽管它也存在着"六"与"八"的偶数序列，但"五"还是具有超越众类的特殊地位的。

《国语·周语下》也将"六"与"五"并称：

> 天六地五，数之常也。经之以天，纬之以地，经纬不爽，文之象也。

《尚书·甘誓》亦曰：

> 嗟！六事之人，予誓告汝：有扈氏威侮五行，怠弃三正，天用剿绝其命，今予恭行天之罚。

其意为：啊，六军的将士们，我告诫你们：有扈氏轻慢五行，废弃三正，因此，上天要断绝他的国运。现在我只有奉行上天对他的惩罚。

"五"被广泛运用于政事和社会生活。

《史记·天官书》曰：

> 斗为帝车，运于中央，临制四向，分阴阳，建四时，均五行，移节度，定

---

① 安志敏等：《长沙战国缯书及其有关问题》，《文物》1963年第9期。

诸纪。

《国语·齐语》曰：

> 管子于是制国：五家为轨，轨为之长……五家为轨，故五人为伍，轨长帅之，十轨为里，故五十人为小戎。

殷制以司徒、司马、司空、司士、司寇典司五众，为"五官"（见《礼记·曲礼下》）。统治者要"敬用五事"（《沿书·洪范》），以之修身。宋王安石《临川集·洪范传》：

> 五事，一曰貌，二曰言，三曰视，四曰听，五曰思。貌曰恭，言曰从，视曰明，听曰聪，思曰睿。……五事以思为主，而豻貌最其所后也。

《尚书·虞夏书·皋陶谟》中皋陶曰治国：

> 天叙有典，敕我五典五惇哉！天秩有礼，自我五礼有庸哉！同寅协恭和衷哉！天命有德，五服五章哉！天讨有罪，五刑五用哉！政事懋哉！

"五典"，指父义、母慈、兄友、弟恭、子孝五种常法；"五礼"，指天子、诸侯、卿大夫、士、庶人五种礼制；"五服"，指天子、诸侯、卿、大夫、士五等礼服；"五刑"，指墨、劓、剕、宫、大辟五种刑罚。

《周礼》中的"六"与"五"，作为统治规范之数，都是圣数崇拜的表现。"六"为阴柔之数，用来表示文治、教化、礼仪、祭祀活动；"五"为阳刚之数，用来表示杀戮、威严、刑罚、教诲的内容。《周礼·天官》中而疾医之官要"掌养万民之疾病"，要对患者实施教诲，杀除疾疫，因而"以五味、五谷、五药养其病，以五气、五色视其死生"，以五制显示疗疾的威严。与之相应，疡医疗疡，要"以五毒攻之，以五气养之，以五药疗之，以五味节之"。

由"五"的夸张变体"五百"所生成的名目也不在少数，这个数显然是一个更大的时空符号，是"五"原有的神秘意蕴的延伸和展开。在上古典籍中，常可见到"五百岁"的说法，这个时间数被当做产生大圣人的循环周期。孟子还做过这样一种归纳：由尧舜至于商汤，是五百余岁；由商汤至于周文王，又是五百余岁；由周文王至于孔子，还是五百岁！司马迁在《史记·太史公自序》说"自周公卒五百岁而有孔子，孔子卒后至于今五百岁"。另外，空间方面还有"五百里"之说。

神秘数字有世界性的，也有民族性的。一位美国的汉学家爱伯哈德说："在一本《中文大字典》中，列有'五'的十二种含义，一千一百四十八种用法，其中大约有一千种直接与'五行'相关。"可见，"五行"在中国社会生活中的影响力巨大而深远。

《同文举要》说得十分精辟：

> 圣人画卦，由四而五，有君道，故曰：五位，天地之中数也。

天"五"是一个具有广泛牵动力和辐射力的中数，其含蕴在"中"，美在相生相克之"中和"。

天"五"被广泛应用于中国当代艺术中，如北京2008年第29届奥运会吉祥物福娃就是五个："贝贝"、"晶晶"、"欢欢"、"迎迎"和"妮妮"（"北京欢迎你"的谐音）。福娃们的造型融入了鱼、大熊猫、圣火、藏羚羊和燕子的形象，分别代表五个祝福：繁荣、欢乐、激情、健康与好运。其灵感既来源于奥林匹克五环、中国辽阔的山川大地和人们喜爱的动物形象，又来源于中国五行思想。

六、时乘六龙

地"六"是一个吉数、顺数，阴柔之数，它的美在顺应天时而变化，既有静美，又有动美。

"六"是《周易》象辞中最先出现的数字，《乾》卦象曰：

> 大哉乾元，万物资始，乃统天。云行雨施，品物流形。大明始终，六位时成，时乘六龙以御天。乾道变化，各正性命，保合大和，乃利贞。首出庶物，万国咸宁。

在全阳的《乾》卦，却提及的是"六位"、"六龙"，不是很奇特吗？这应该是先人对"九"和"六"相合的一个暗示，"九"驾驭"六"，而"六"顺是乾顺的一个关键。

《周易·系辞下》第十章写道：

> 兼三才而两之，故六；六者非它也，三才之道也。

这里指出六是三才之道，即六就是天地人三者之间的关系学。

《周易·说卦》也写道：

> 兼三才而两之，故易六画而成卦。分阴分阳，迭用柔刚，故易六位而成章。

"六画成卦"，说明"六"对卦形成的作用；"六位成章"，易正因为"六"位所以才成章而有丰赡之美。

《说文》释"六"曰："易之数，阴变于六，正于八，从入，从八。"《尚书·尧典》中说，当舜在尧的太庙接受禅让的册命，他"肆类于上帝，禋于六宗，望于山川，遍于群神"。《管子·五行》："人道以六制。"可以说，"从帝王之制到祭祀仪礼，从衙署设置到统治秩序,历代沿袭凝定的'六'结构,构成奇特的象征蕴意"。①

人类六方位观念的形成,经历了一个漫长的过程。原始的空间意识最初只有四个方位,后来添加了代表上和下的天、地二方,才有了六方立体空间的观念。

在中国古代典籍中,总是用"六"来表示四方、上下六个维度。《庄子·应帝王》称天地四方为"六极":"出六极之外,而游无何有之乡。"《淮南子·地形训》称"六合":"地形之所载,六合之间,四极之内。"《楚辞》称"六漠",屈原《远游》:"经常四荒兮,周流六漠。"《荀子》称"六指",《荀子·儒效》:"宇中六指谓之极。"《汉书》称"六幕",《汉书·礼乐志》:"志精厉意逝九阂,纷云六幕浮大海。"还有"六区"、"六幽"、"六虚"……至于"六采"、"六神"之类天地四方引申义,就更是数不胜数了。

就发生根源而言,"六合"空间与太阳神崇拜不可分割地联系在一起。

《周易·乾卦》:"时乘六龙以御天。"王弼注:"升降无常,随时而用。处则乘潜龙,出则乘飞龙,故曰时乘六龙也。"《易林》:"载日精光,骖驾六龙。"洪兴祖在《楚辞·离骚》的补注中说:"日(神)乘车驾以六龙。"这是关于太阳乘六龙以御天的神话,于是,天子的礼仪也仿效此。在中国古代,天子之车驾有"六马",名"六龙"、"六骈"。天子之军为"六军"。《周礼·夏宫·大司马》说:"凡制军,万有二千五百人为军,王六军。"天子之德当有"六守"。"一曰仁,二曰义,三曰忠,四曰信,五曰勇,六曰谋,是谓六守。"(《六韬·六守》)天子宫殿当有"六门"……

在原始的祭祀仪礼中,祭坛中间要安放一个神祇模型:方明。《仪礼·觐礼》上说,祭坛中央"加方明于其上"。何谓"方明"?《仪礼·觐公》贾公彦疏:"谓合木为上下四方,故名方;此则神明之象,故名明。"《汉书·律历志》颜注引孟康曰:"方明者,神出鬼没明之象也,以木为之,画六采。""方明者,木也,方四尺,设六色,东方青,南方赤,西方白,北方黑,上玄、下黄。"(《仪礼·觐礼》)可见,"方明"与神明具有其内在的联系。关于神明,《说文》曰:"神,天神,引出万物者也。"《周易·系辞下》:"日往则月来,日月相推而明生焉。"

圣数"六"比"方明"这种较文雅的象征更为古拙的形式是"六头"之兽。《后汉书·礼仪志》中记有民间送大寒的礼俗,要在县城外立土牛六头;道教圣典《云笈七籤》中的《紫风赤书经》说,这部经文藏在"太上六合紫房"之内,房中有六头狮子和玉童玉女侍卫,还有以六面击而闻名的"灵鼓"。

---

① 叶舒宪、田大宪:《中国古代神秘数字》,社会科学文献出版社 1996 年版,第 109 页。

在《周易》中,这种得自于六方空间观念的"六",具有更加抽象的意义。它把组成卦的一长划或两短划叫做"爻","———"是阳爻,"— —"是阴爻,重卦六划,称为六爻,周易别卦每一卦皆有六爻。六爻为一卦,以"六"象征占筮范围的包罗万象,广大无限,象征无穷变易的巫术力量。《周易·乾卦》讲"六爻发挥,旁通于情",正是说由六爻构成的卦,推演下去,变化无穷,与天的本性相沟通,从而具有一种巫术功效。六爻又是龙的象征,用《周易》的话说,叫做"时乘六龙以御天"。六龙潜入深渊,现形在田间野地,飞龙在天,活动于天上水下,六合之内,显示出神秘而壮伟的形象。故《周易》之"六",又象征着宇宙的六个方位构成的三维空间。

在《周易》记载中,一卦六爻定为初爻、二爻、三爻、四爻、五爻、上爻。人们认为初、三、五爻是阳位,二、四、上爻是阴位。在占筮过程中,如果阳爻居阳位,阴爻居阴位,称为"得正"、"得位",筮遇此爻,占筮结果往往为吉;反之,如果阳爻居阴位或阴爻居阳位,则为"失位",占筮结果往往为凶。

从总体上看,八卦各有三爻,六十四卦皆两卦相重,故有六爻,成为卦画的基本构成单位。六爻之中,上两爻象天道之阴阳,下两爻象地道之柔刚,中两爻象人道之仁义。六爻的变动则象征天道、地道、人道的相互作用及变易。后来相术家借用三才与六爻的对应关系炮制出头骨的"六府"说:"额骨为天庭,分日、月二角;两颧为人府,两腮骨为地府。加上五官合称'五官六府'。"

"六"又指《易》卦之阴爻,是阴爻的神秘代号,以虚为美。如初六(由下而上的第一个阴爻);上六(最上一个即第六个阴爻)。阴爻的原型是偶数"六",写作"∧",逐渐演化为"— —"。阴爻所以命名为"六",与阳爻命名为"九"一样,都与"河图"、"洛书"所包含的"生数"观念相吻合。古人以一、二、三、四、五为生数,"河图"、"洛书"都以这种生数为基数。阴爻名为"六",在于"二、四"两个生数的偶数之和是"六",所以朱熹说,"其六者,生数二四之积也";阳爻名为"九",在于"一、三、五"三个生数的奇数之和是"九",正如朱熹所说,"其九者,一三五之积也"。

"六"暗含着生命变化之美。"六爻相杂,唯其时物也"(《周易·系辞下》),意谓一卦六爻,阴阳错综,卦有卦象,爻有爻象,其所表现的是在一定时间内的生命存在。"《易》之为书也不可远,为道也屡迁,变动不居,周流六虚,上下无常,刚柔相易,不可为典要,唯变所适。"(《周易·系辞下》)我们从《周易》中,处处都清楚地感受到其"唯变所适"的精神。

阴阳六爻与"天人合一"观念有着深刻的联系。阳数用九,阴数用六,天数为阳,人数为阴,阴阳组合,九、六对举,正象征着天人之间的相互沟通,相与为一。《管子·五行》中有"天道以九制"、"人道以六制"的说法,正是"天人合一"观念的具体化。《周易·系辞上》第二章曰:"六爻之动,三极之道也。"就是指的六爻概括了天、地、人的真谛。《周易·系辞下》第十章说得更明白:"《易》之为书也,广大悉备:有天道焉,有地道焉。兼三才而两之,故六。"这里讲了《易》的哲学内容,而且还提到六十四卦每卦六爻的原因:"兼三才而两之。"还可看出,贯通天地人三才的主体仍然是人。《周易·系辞下》接着进一步解释:"六者,非它也,三才之道也。""六"便被赋予了深厚的哲学意蕴。

地数"六"因为其阴柔和顺之意,使它和政治生活密切相关。掌握统治权须用六种手段,称"六柄",分别为"生、杀、贫、富、贵、贱"。考核官吏以"六计"为标准:"一曰廉善,二曰廉能,三曰廉敬,四曰廉王,五曰廉法,六曰廉辨。"(《周记·天宫·小宰》)考察官吏的政绩是"六察",唐代监察御史也叫"六察官"。上古时期,国家中央政机构最重要的官职是"六卿"。《周礼》"六卿"设置取象于天地四方(四时),以天、地、春、夏、秋、冬之配"六官",一再以六制表示基本的统治规范。"六典"分别指治典、教典、礼典、政典、刑典、事典。天官冢宰的另一下属小宰,则以"六叙"、"六属"、"六职"、"六联"作为职司范围。至于地官司徒,执掌邦教更是离不开"六",以"保息六"养万民,以"本保六"安万民,以"六德"、"六行"、"六艺"教万民。"夏官"司马为军事长官,对六制、五制的区分就更为严格。"春官"宗伯掌邦礼。以玉作"六瑞",充当朝聘的信物。依等级的不同,王、公、侯、伯、子、男分执镇圭、桓圭、信圭、躬圭、谷璧、蒲璧,总称"六瑞"。以禽作"六挚",充当见面礼,仍依等级的区别:"孤执皮帛,卿执羔,大夫执雁,士执雉,庶人执鹜,工商执鸡";以玉作"六器",以礼天地四方,以白琥礼西方,以玄璜礼北方。皆有牲币,各放其器之色。这里较明显地保留着史前时空观的特征:用直观可感的颜色划分来象征标示抽象的方位空间。

考察中国古代官制,中央行政机构依"六"设置,是一种定数和传统。《左传·成公十八年》载:"凡六官之长,皆民誉也。"孔颖达疏:《正义》曰:"晋立六卿。"《礼记·曲礼下》曰:"天子建天官,先六大,曰大宰、大宗、大史、大祝、大士、大卜,典司六典。"郑玄注曰:"此盖殷时制也。"秦时,"数以六为纪"(《史记·秦始皇本纪》),甚至连官员的冠冕也是六寸长六寸宽。官衙"六"制,相沿成习,这是一种奇特的职官现象。"人道以六制"在周的祭祀活动中,人们"以玉作六器,以礼天地四方"(《周礼·春官·大宗伯》)。

古代相术家也讲究"六",如把头、目、鼻、口、耳、腹六个部位虽大却不佳之相统称为"相六大"。

在中国古代，"六艺"是主要的教育内容。《周礼·地官·大司徒》曰："六艺：礼、乐、射、御、书、数。"六艺中，礼为仪礼，乐为音乐，主要用于祭礼，射为射法，御为驭技，书为六书，数为算术。《淮南子·说山训》也说："废六艺则惑。""六艺"有时还指六经，《诗》、《书》、《礼》、《乐》、《易》、《春秋》。"六艺经传"一词源于《史记·太史公自序》中所引其父司马谈之言："夫儒者六艺为法，六艺经传以千万数，累世不能通其学，当年不能究其礼。"

与"六"结合的俗语很多，不赘述。"六"还是中国古代乐谱的记音符号，相当于简谱"5"。

也正因为地数"六"的和顺意义，汉字"六"在民俗文化中成为一个吉祥美好的数字标记，"六六大顺"，这同"六"与"禄"有语音联想。《诗经》的《雅》和《颂》部分也大量出现"禄"字祝辞。如《小雅·天保》第二章："罄无不宜，受天百禄。"《大雅·既醉》第二章："其胤维何？天被尔禄。"《大雅·假乐》第二章："千禄百福，子孙千亿。"

总之，地数"六"以虚为美，以柔为美，以和顺为美，是一种优美，而且"六"又和中国先人的政治理想和生存方式联系在一起，有着和顺平安的美好寄寓。

七、七日来复

在《周易》中天数"七"在三个卦里出现。

第二十四卦《复》：

　　复：亨。出入无疾，朋来无咎。反复其道，七日来复，利有攸往。

　　象曰：复亨；刚反，动而以顺行，是以出入无疾，朋来无咎。反复其道，七日来复，天行也。利有攸往，刚长也。复其见天地之心乎？

第五十一卦《震》：

　　六二：震来厉，亿丧贝，跻于九陵，勿逐，七日得。象曰：震来厉，乘刚也。

第六十三卦《既济》：

　　六二：妇丧其茀，勿逐，七日得。象曰：七日得，以中道也。

在《周易》中，"七"是少阳之数。"七"的出现都与时间相关，"七日"是一个良性的周期，"七"被概括为宇宙自然运动的周期规律，一个美妙的生命过程。正因为美的生命本体是一个过程，美也就必然具有过程性。《周易》认为，万物生命运动周而复始的过程表现了天地之根本规律，透过事物"反复其道"的运动形式，可见"天地之心"。故《复卦·彖》讲："'反复其道，七日来复'，天行也。"这个"七日来复",如从审美角度看,我们可以看出,《周易》时时处处都在强调美生成的过程性,指出"穷则变,变则通,通则久"(《周易·系辞下》)。《周易》的卦爻象辞体系,其旨就在于观察事物之始,探求事物之终,再现由始而终、由终复始的生命全过程。

我们现在来探讨"七"的文化学、哲学意味。《说文》这样阐释"七":"七,阳之正也。从一,微阴从中斜出也。""七"是"正阳",合乎道。"五"代表的是二维的平面空间,"六"代表的是三维的立体空间,"七"则是在"六合"方位的基础上又加了"中"这个方位。中国古代还存在着一个圣数"七"神秘意蕴的重要来源——七方空间。《汉书·律历志上》中保留着按照这一象征模式解释"七"的古训:"七者,天地四时人之始也。""七"指:天、地、四时、人,是宇宙世界的开端。"七"成为一个吉祥的数字。《周易》以乾为天为马,以坤为地为牛的类比模式,可知"五日为牛,六日为马,七日为人",分别暗指下、上、中三方位的成立。在中国古代,每年正月七日为人日,以七种菜为羹。董勋《问礼俗》曰:"正月一日为鸡,二日为狗,三日为羊,四日为猪,五日为牛,六日为马,七日为人。"七日是一个和人密切相关的神圣日子,从古人去世超度亡灵"作七"(七天法事)也可以看出人们认为"七"是一个再生性的数字,人们希望通过它重获新生。《礼记·月令》:"(名)其数七。"《周礼·考工记》:"凡攻木之工七。"木工技艺也考究七法。

"七"和天文学有关系。如"七曜":从前采用的以日、月、火星、水星、木星、金星和土星命名的一星期的七日:日曜日、月曜日、火曜日、水曜日、木曜日、金曜日、土曜日,它们分别对应于现在的星期日、星期一、星期二、星期三、星期四、星期五、星期六。《大戴礼记·易本命》提道:"七主星。"《史记·律书》有言:"《书》曰:'七正,二十八舍'。""七正"即日月五星,"二十八舍"就是它们运行所舍止的二十八个星宿,可见古人观测日月五星是以二十八宿为背景的。在《史记·律书》的结语中,太史公进一步总结说:"(故)璇玑玉衡以齐七政,即天地二十八宿。"璇玑玉衡即北斗七星。七星中的"七"具有一种神圣和神秘的性质。于是,古人谈及天子之政时,也经常以北极星作为象征。孔子曰:"为政以德,譬如北辰。居其所,而众星共之。"(《论语·为政》)另外,还有"黄帝七辅"、"舜七友"、"汤七佐"等传说。取法于天象自然之启示的"七"为"火德之数",它在礼仪教化、政事、祭祀各方面都有至高无上的意义。如礼仪教化《礼祀·王制篇》说:"司徒……明七教以兴民德。""七教:父子、兄弟、夫妇、君臣、长幼、朋友、宾客。"与"七教"相联系的,是圣人"治人七情"。何谓"七情"?《礼祀·礼运篇》解释说:"喜、怒、哀、乐、惧、爱、恶、欲,七者弗学而能。"又如政事:古代天子以

"七事"治国。天子对臣下还要施用"七术"。另如祭祀:"天子七庙,诸侯五,大夫三,士一。"(《礼记·礼器》)道教极重视"七"这个圣教,如七夕祭七星之礼俗便是明证。

"七"即使后来成为一个纯粹的数字概念,仍然积淀着这种神秘观念的无意识原型,派生出无数以七为结构的文学和文化现象。如《七略》,我国最早的图书目录分类著作,西汉刘歆编辑宫廷藏书,分成辑略、六艺略、诸子略、诗赋略、兵书略、术数略和方技略七类。再如《论语·微子》记述的"七逸民":伯夷、叔齐、虞仲、夷逸、朱张、柳下惠、少连。《世说新语·任诞》、《晋书·嵇康传》所说的"竹林七贤"。《论语》中有"善人教民,七年亦可以即戎矣"之说;《孟子》则有"七年之病求三年之艾"的比喻;《列子》说:"七年之后,从心之所念。"都把七年视为一个自然周期。文体中运用"七"的现象很多,如七体,沿袭汉·枚乘《七发》而成的一种文体,骚体的一种;汉·傅毅有《七激》,刘广有《七兴》,曹植有《七启》,张协有《七命》。另外,"七岁"、"七世"、"七旬"、"七月"、"七日"、"七晨"、"七夕"、"七夜"、"七秩"(七十大寿)一类表时间的词也为历代文人所津津乐道。一些很常见的诗词汇还有:七宝、七玉、七珍、七珠、七彩、七弦、七辇、七香、七虫、七花、七魄、七尽、七步、七重、七行、七穴、七丸、七净、七移、七转、七飞、七百、七千、七万……作家诗文集及著作以"七"命名的有《七颂堂诗集》、《七颂堂词集》、《七人联句诗记》、《七胜记》、《七姬咏林》、《七幅菴》、《七太子传》、《七家词钞》、《七修类稿》、《七修续稿》、《七峰诗选》、《七峰遗编》、《七烈传》、《七破论》、《七疗》、《七部语要》、《七部名数要记》、《七一轩诗钞》、《七释》、《七经楼文钞》,等等。古代的文学作品中还存在着大量的以"七"题名的体裁,如《七谏》、《七发》、《七哀》等。

《诗·邶风·凯风》中有这样的诗句:"有子七人。"古今涉及"七"的诗句很多,有意思的是台湾现代诗人纪弦也写过一首诗歌《6与7》:"手杖7+烟斗6=13之我",幸运数字"6"和"7",却组合成不吉利的"13",极具讽刺意味。这里对"七"都是推崇和喜爱的。

俗语中运用"七"的现象也不少。如七宝(佛经上指金、银、琉璃、砗磲、玛瑙、珍珠、玫瑰);七出(旧指休妻的七种理由:无子,淫逸报会,不事舅姑,口舌,盗窃,妒忌,恶疾);七雄(指战国时秦、韩、魏、楚、燕、齐、赵七国);旧时人死后每隔七天一祭,共七次,称"做七"。

相对于一、二、三、四、五、六来说,"七"这个数字,在《周易》和中国文化中就不那么突出了。但是,"在世界上所有的较高等的文明民族中,'七'这个数字的神秘用法都十分常见,而且几乎弥漫在社会文化的各个领域和角落。"①

"七"是一个世界性的数字之谜。从《旧约》中,任何一个信徒或非信仰者都轻而易举地发现,"七"这个数字具有一个非同一般的意义。上帝虽然运用流放手段惩罚杀弟的该隐,同时又说:"凡杀该隐的,必遭报七倍。"在嘱咐诺亚造方舟逃生时叮嘱说:"凡洁净的畜类,你要带七公七母,不洁净的畜类,你要带一公一母。空中的飞鸟,你也要带七公七母。可以留种,活在全地上,因为再过七天,我要降雨在地上……"(《创世记》第七章第2—4节),等等。

《人论》的作者、西方著名哲学家恩斯特·卡西尔在论及数字"七"时,写道:

从美索不达米亚人类最早的文化传播到四面八方,但即便在没有或不可能有巴比伦—亚述人影响的地区,七也是一个特别神圣的数。在古希腊哲学中,也仍然带有这种神话—宗教特征;在一段被认为是费劳罗所写的残篇中,七被比做没有母亲的处女雅共娜,"因为它是万物的统治者和教导者;它是神,永存、稳固、不动的神,自己与自己相似,不同于其他数"。(狄尔斯编:《费劳罗残篇》32B)在基督教中世纪,教父们把七说成是充实与完美之数、普遍与绝对之数:七星完满之数。②

总之,天数"七"是一个和时间以及人类生活密切相关的数。它是一个良性的生命周期,美妙的生命过程。它蕴涵文化学、美学意味,是天、地、人,即时、空、命运之始,是和天象、地理及命运息息相关的美好数字。而且,以"七"为元素组成的文字和文化现象无不是中国文化、集体无意识的反射,具有浓厚的吉庆和美好意味。

八、八卦相错

地数"八"由于《周易》八卦的巨大影响,成为中国文化中一个特殊的圣数。在《周易》中,地"八"的美首先是卦象美,是动荡之美、错落之美、通德类情之美。《周易·系辞上》中有三段关于"八卦"的文字,很值得我们思考:

是故刚柔相摩,八卦相荡。鼓之以雷霆,润之以风雨;日月运行,一寒一暑;乾道成男,坤道成女。

是故四营而成易,十有八变而成卦,八卦而小成。引而伸之,触类而长之,天下之能事毕矣。

---

① 叶舒宪、田大宪:《中国古代神秘数字》,社会科学文献出版社1996年版,第135页。
② [德]恩斯特·卡西尔:《神话思维》,中国社会科学出版社1992年版,第163—164页。

易有太极,是生两仪,两仪生四象,四象生八卦,八卦定吉凶,吉凶生大业。

《周易·系辞下》中也有三段话:

八卦成列,像在其中矣;因而重之,爻在其中矣;刚柔相推,变在其中焉;系辞焉而命之,动在其中矣。

古者包犠氏之王天下也,仰则观象于天,俯则观法于地,观鸟兽之文与地之宜,近取诸身,远取诸物,于是始作八卦,以通神明之德,以类万物之情。

八卦以象告,爻象以情言,刚柔杂居,而吉凶可见矣。

《周易·说卦》里也有这样说明八卦的话:

天地定位,山泽通气,雷风相薄,水火不相射,八卦相错。

这几段话,我们可以从动静两方面来赏析。

动美。先抓住几个字来解析:"荡"、"变"、"错"。"八卦相荡",乾、震、巽、坎、离、艮、兑、坤八卦,也即自然界天、雷、风、水、火、山、泽、地八物,都处在互相运动、相互磨合的过程中,"动荡"是它们的基本特质。因此,"八"其实是一个运动的数字,"八"字本身从象形的角度来看,有着无限的扩展力,好像两条抛物线,弦线两端不断接近轴线,不断接近完美。"十有八变",变化是八卦到六十四卦的根本原因,变化也是世界不变的道,也是周易的根本寓意,从八变而触类旁通,万事万物的生长变化都可以从"八"中衍生。"十"中有"八变",变化是世界的根本运动方式,静止只是少数和相对的现象,这里就有朦胧的哲学意味了。"八卦相错"指八种卦各个不同,各司其职。乾天、坤地确定上下的位置,艮山、兑泽气息相互连通,震雷、巽风相互激荡,坎水、离火格格不入;八卦交错形成世界对立又统一的不同关系,表现万物的纷杂运动。这是八卦的"动"的一方面。

静美。另外,八卦还有"静"的一面。《易》说"八卦成列"、"八卦以象告"、"八卦而小成"、"八卦定吉凶",从中我们就可发现八卦也有静态之美。"八卦成列,象在其中","八卦"规律的排列就形成"象",而正是这些简单而又深奥的象,具有代表性和象征性。"八卦以象告","象"是在向人说明什么,揭示什么,它们透露着"吉"、"凶"的信息。八卦,代表着自然宇宙的种种属性。《周易·说卦》曰:"乾,健也。坤,顺也。震,动也。巽,入也。坎,陷也。离,丽也。艮,止也。兑,说(悦)也。"八卦,也代表着神圣的动物家族。《说卦》曰:"乾为马,坤为牛,震为龙,巽为鸡,坎为豕,离为雉,艮为狗,兑为羊。"八卦还象征着家庭伦理观念。乾称父,坤称母,震为长男,巽为长女,坎为中男,离为中女,艮为少男,兑为少女。八卦又象征着人体的各部位,《周易》以"乾为首、坤为腹、震为足、巽为股、坎为耳、离为目、艮为手、兑为口"，将八卦视为一个完整的生命系统。我们再来看看朱熹那首有趣的八卦取象歌："乾三连、坤六断、震仰盂、艮覆碗、离中虚、坎中满、兑上缺、巽下断"，不是很形象生动、具有美学意味吗？这些象征和形象表达都非常有趣，前文已经详细剖析过八卦的象征意味，这里就不再多说了。

为什么"八卦定吉凶"呢？这当然是卜筮的结果。远古人类面对神秘的大自然，占卜知其奥妙，那是常事。而八卦"动"和"变"形成的结果无疑就有某种可以推测的意义，所谓"八卦而小成"，"引而申之，触类而长之，天下之能事毕矣。"天下的事情就可以在人类的掌握之中了，人也就可以了解身边的事物，知道什么可以做，什么不可以做，这就是当时人们的观念和占卜行为的动机。这不是简单的迷信，因为里面还蕴涵人生着哲理和道德教谕。总之，八卦虽然是"小成"之象，但八卦之象是六十四卦象的基础，是"能事毕"、"生大业"之前提和基础。我们把八卦的"动"和"静"和万事万物以及人类社会联系起来看，就可以发现在宇宙的化生过程中，美也不知不觉的被创造出来。正如邵雍《观物外篇》中所说："八卦相错，然后万物生焉。"

地数"八"还具有信息美。"八"还出现在消息卦"临"中："元，亨，利，贞。至于八月有凶。"这简直是一句匪夷所思的断语。"八月有凶"，为什么？八月、九月在中国农历中都是举足轻重的月份，是大月，据说此时出生的人赢弱的话往往夭折，存活下来了，便是大气之人。"有凶"不一定便是完全糟糕的，它是给人一个警示。"八"是"少阴之数"，《刘梦得文集卷第十三·易论》曰："八为少阴。穆姜薨于东宫，始往而筮之，遇艮之八。《史》曰：'是谓艮之随。'夫艮之随，唯六二爻不动，余五尽变，变者，遇九六也。二不动者，遇八也。"也许，"八月有凶"是暗示不可轻举妄动。穆姜或未遂从预警，以致"薨于东宫"罢。

地数"八"之美最终通向"礼"、通向音乐、通向建筑、通向文学和文化。它在中国文史典籍中也出现频频，大抵涉及礼和国事，《诗·小雅·伐木》就有"陈馈八簋"这样的礼事描写。《管子·五行》："地理以八制。"《大戴礼记·本命》："八者，维纲也。"八方、四正、四隅，当然是维持纲纪的条例。从中国封建社会表彰的"八德"——"孝、悌、忠、信、礼、义、廉、耻"来看，我们更能理解"八"在维系中国道德体系中的作用。"八"成为维护稳定的象征，事遇"八"则"稳"，所谓"四平八稳"。以至于神话传说中道教也有"八仙"济世助民，清代满族的军队组织和户口编制制度，就以八旗为号，分正黄、正白、正红、正蓝、镶黄、镶白、镶红、镶蓝八旗。虽然八旗人的后代"八旗子弟"，多成为倚仗祖上有功于国而自己游手好闲的纨绔子弟,但是"八旗"无疑在清朝政治上是起了开创和稳定国家的作用。

天籁之"八音",是奇妙美好的音乐。《太平御览》卷九引《王子年拾遗记》说:"伏羲坐于方坛之上,听八风之气,乃画八卦。"八卦之"八"来自于大自然的八风。"八风"自然有声,由于相信风吹万物所发之声是音乐的本源,人们就很容易将八风和八音联系在一起。古代乐论中的"八音",指金、石、丝、竹、匏、土、革、木八种材料制成的乐器所发现的乐音。八音的节奏是十分美妙的,《尚书·舜典》中就有"八音克谐"之赞美。舞蹈的妙处也在合于音乐的节奏,模拟风的变化流转,《左传》中鲁大夫众仲就说过:"舞者,所以节八音,行八风者也。"虽然"八音"到了现在已经发展为更为完备的音乐理论,但是生活中,我们还是不知不觉的喜欢用"八"为一个节奏点,连眼保健操、广播体操以及其他运动,都以"八"为节拍。古代舞蹈奏乐中,八佾是最高规格。八个人为一行,这一行叫一佾。八佾是八行,八八六十四人,只有天子才能用。《论语》中记载了这样一件事:大夫季札要求用"八佾"的礼制在庭院中奏乐舞蹈,以大夫的身份地位而观帝王之舞乐,是无礼之僭越行为。孔子谈到此事,愤愤地说:"是可忍,孰不可忍也。"孔子这种重礼乐统一的思想无疑就是他"兴于诗,立于礼,成于乐"(《论语·泰伯》),以及"志于道,据于德,游于艺"(《论语·述而》),的礼乐美学思想的体现,而礼乐思想在周易中也处处可见。

在中国传统建筑中,八卦观念也深深地浸润其间。从选择宅基、墓地开始,堪舆家或风水先生就依八卦"相地",强调建筑形象与自然界的统一、和谐。八卦符号往往直接用来辟邪,如八卦避邪花钱(下图的山鬼母钱即是)。确定立坟安宅方位时,八卦中的乾、艮、坤、巽与十二支、八天干(十干中的戊、己不用)构成"二十四路"、"二十四山"。

由于"八方"与"八卦"观念的浸染渗透,传统文化中派生出一大批以"八"为名的现象,"八灵"、"八神"、"八元八恺"、"蜀中八仙"、"唐酒中八仙"、"竟陵八友"、"唐宋八大家"、"嘉靖八才子"、"海内八大家"、"骈文八大家",民间故事中也有:八大夜叉,八大龙王,八大明王,八大神将,天龙八部,等等。

世界上,只是在某些民族的文化传统中"八"才有独居鳌头的位置,成为超过其他所有数字的圣数,例如在日本。日本神话把自己的国家叫做"大八岛国",至今仍有"八道"之称:东海道、东山道、北陆道、山阴道、山阳道、南海道、西海道。日本人把主要的姓归纳为"八姓",把天上诸神敬称为"八百万众神",这是否与中国文化之影响有关尚未及探究。总之,地数"八"因为八卦的原因,在

山鬼母钱

中国文化传统里有着很深远的哲学和美学意蕴。

九、乾元用九

前已多次论及,天"九"在中国具有至高无上的地位,这和《周易》"乾元用九"有密切联系。

《周易·乾卦》有:

> 用九:见群龙无首,吉。

《乾卦·象》又曰:

> 用九,天德不可为首也。

《周易·文言》又说:

> 乾元用九,乃见天则。

> 乾元用九,天下治也。

也就是说,"用九"是"观""天"运行的规律,"用九"的法则必须是"群龙无首",即体现天道变化的法则,龙曲则活,直则死,用九之道蕴涵着质朴的生命哲学。能像乾元那样刚健而不"为妄"①,"与时偕行",天下即可得到大治。可见,"九"和人事相关,具有至尊之美、最高之美。如王弼认为这些文字"全以人事明之"。

我们看看《周易上经乾传第一·周易》中王弼的注释:

> 九,天之德也。能用天德,乃见群龙之义焉。夫以刚健而居人之首,则物之所不与也;以柔顺而为不正,则佞邪之道也。故乾吉在无首,坤利在永贞。

———————————

① 王弼注《周易》以及《汉上易传》等诸家都提到"不为妄",即动静有时。

　　九,阳也。阳,刚直之物也。夫能全用刚直,放远善柔,非天下至理未之能也。故乾元用九则天下治也。夫识物之动,则其所以然之理皆可知也,龙之为德不为妄者也。

　　九,刚直之物。唯乾体能用之,用纯刚以观天,天则可见矣。

"九"是"阳"、"刚"、"直"之物,是天的德,但是"刚健"不可以久,不能"全用刚直","龙"之"生"在"曲",而不在"直",为人亦应进退自如、能屈能伸,而不妄为。也就是说,"九"虽然是"刚直"之物,但是其美却在"曲",这和"美在曲线"的审美理念不期而合。欧阳修《易·童子问》关于"用九"的理解可以与王弼的观点互参:

　　"用九:见群龙无首吉"者,何谓也? 谓以九而名爻也,乾爻七九。九变而七无为。易道占其变,故以其所占者名爻,不谓六爻皆常九也。曰用九者,释所以不用七也。及其筮也,七常多,而九常少。有无九者焉? 此不可以不释也。曰群龙无首吉者。首,先也、主也。阳极则变而之他。故曰:"无首也"。凡物极而不变则弊,变则通,故曰:"吉也"。物无不变,变无不通,此天理之自然也。故曰:天德不可为首,又曰:乃见天则也。……阴阳反复,天地之常理也。圣人于阳尽变通之道,于阴则有所戒焉,六十四卦阳爻皆七九,阴爻皆六八,于乾坤而见之则其余可知也。(《欧阳文忠公集·居士集卷第十八·明用》)

　　童子问曰:乾曰用九,坤曰用六,何谓也? 曰:释所以不用七八也。乾爻七九,则变;坤爻八六则变。易用变以为占,故以名其爻也。阳过乎亢,则灾数至九,而必变。故曰:"见群龙无首,吉。"物极则反,数穷则变,天道之常也。故曰天德不可为首也,阴柔之动多入于邪,圣人因其变以戒之,故曰利永贞。(《欧阳文忠公集·七十六卷第一·易童子问》)

"易道占其变","阴阳反复,天地之常理",所以诸卦六爻并非都是"九"。而乾卦六爻皆"九",所以不能以"刚健"居"先"、为"主",否则,"阳极则变而之他。"所以,我们一定要明白:"凡物极而不变则弊,变则通"的道理。这里,我们又可以看出,"九"之美在动,在变化反复。正如许慎在《说文解字》中依照小篆中"九"字字形加以解说一样:"九,阳之变也,象其屈曲究尽之形。""九"之美在变,在曲;我们从中国图腾"龙"的流动、曲折之美就可以深深体味这种美。可见,从"乾元用九"我们可以获得很多哲理启示和审美启迪。

　　"九"因而在中国文化艺术中运用深广,前苏联学者托波罗夫说:

　　在中国古诗中,"9"为"完"、"多"之义。在个人神秘主义的经验中,

"9"有着至关重要的作用。由"2"、"3"、"7""9"、"12"派生的数字(如佛教中的"33"、"37"、"99"、"24"、"36"等等,以及108即12×9),已被虔敬化,因而被用于仪典以及种种神话诗作;静坐沉思者借以修持的传统计数,亦然。①

"九"又有九九归一之美,天人合一之美。一、三、五、七、九共五个数本来就被《周易》当做天数,而"九"同时又是"三"的倍数,是至高无上的天数。因此,在传统文化中,"九"所蕴涵的东西极为丰富驳杂。"九"首先是"数"。朱骏声在《说文通训定声》中说:"古人造字以纪数,起于一,极于九,皆指事也。二三四为积画,余皆变化其体。""九"又泛指多数、数量大、多次,如"九设攻城之机变。"(《墨子·公输》)因为"九者,阳之数",所以常用以为"道之纲纪",如《管子·五行》写道:"天道以九制。""九"是"三"的自乘积,"九"作为模式数字,蕴涵着原始宇宙观和原始的哲学观念。《黄帝内经·素问·三部九侯论篇》曰:"天地之至数,始于九焉。一者天,二者地,三者人;因而三之,三者,以应九野。……三而成天,三而成地,三而成人,三而三之,九则九为九。九分为九野,九野为九藏;故神藏五,形藏四,九为九藏。"在这一数的组合中,包含着极其古老的数学观念,体现出"天人合一"、"天人感应"的文化心理,反映出"九"作为"天地之至数"在民众心理上具有极大神秘性。"九"于是被广泛运用政治及社会生活。中国古代官吏的等级也是九级,即"九品"。易学中有"九宫八卦"之说,指离、艮、兑、乾、坤、坎、震、巽八卦之宫加上中央宫。何谓"九宫"?《武经总要》云:"凡九宫之法,天有九星,以镇九宫。地有九州,以应九土。其式以灵龟,戴九履一,左三右七,二四为肩。六八为足,五居中央,而寄于坤二是也。"看来,"九"用于人事,更多的是象征美好寓意,这正是中国哲学"天人合一"的寄寓。天子所居明堂亦有九宫结构。中国古代建筑普遍用到"九",如天坛圜丘。天坛圜丘呈圆形,共三层。第一层的中间砌一块圆石,象征太极。太极石周围铺砌的石料为扇形,其数为"九",这是第一圈。以后逐圈扩展,所用石料都是"九"与"九"的倍数。第一层一共铺砌石料九圈,形成一个以"九"为基数的序列即9、18、27、36、45、54、63、72、81;第二层为90、99、108、117、126、135、144、153、162;第三层为171、180、189、207、216、225、234、243。一共27圈。以此方式构建的天坛圜丘有非常强烈的表现崇拜"九"的文化主题,象征天道以及人对天的无限虔敬之心。在中华古代的文化理念中,"九"是天数、阳数之极,象征着高不可及的神话空间,它既可

① 托波罗夫:《神奇的数字》,《民间文学论坛》1985年第4期。

以作为平面的区域范围，与计数的概念相统一，也会以夸张变体的形式出现，虚化为无限广阔的立体空间。《吕氏春秋》说："天有九野，地有九州，土有九山，山有九塞，泽有九薮。"（《吕氏春秋·有始》）还有神州思维中的"九天"，正是沿用了"九"的神秘用法。

"九"在中国神话和宗教中也运用甚广。中国古代神话甚至有黄帝问九天玄女兵法的传说（参见《云笈七籤卷之一百一十四·九天玄女传》）。道教文化就有"九天玄女"等神位。即使从印度传入的佛教，在经过中国文化的浸染以后，也出现了对数，特别是对"九"的尊崇。如佛教中的九制结构，例如，平面结构，它是指在一个平面空间中，由中央和四方、四隅构成九方；塔式结构，顾名思义，它指代神话空间的垂直层级；三元结构，这一用法中"九"，其核心是"三"，表示神圣的"三位一体"；自然结构，它取法于对自然"九"制的模拟。

总之，天数"九"是极阳之数，"九"具有阳刚之美、壮美；同时，"九"又有曲线美、循环往复之美、动态美；而且，"九"更是人类期望利用自然之道的美好寄寓，蕴涵天人合一理念的人文美、生命美。

十、十朋之龟

在《周易》中地"十"也是一个十分重要的数，除了"十有八变"之外，"十"的出现主要有两种情况。在《屯》卦、《复》卦和《颐》卦，体现的是时间概念，如"十年"。在《损》卦、《益》卦中以"十朋之龟"出现，是一个计量概念，寓意美好。先看前者：

《屯》卦：

> 六二：屯如邅如，乘马班如。匪寇婚媾，女子贞不字，十年乃字。

> 象曰：六二之难，乘刚也。十年乃字，反常也。

《复》卦：

> 上六：迷复，凶，有灾眚。用行师，终有大败，以其国君，凶；至于十年，不克征。

> 象曰：迷复之凶，反君道也。

《颐》卦：

> 六三：拂颐，贞凶，十年勿用，无攸利。

> 象曰：十年勿用，道大悖也。

古人时间观念中的"十年"，应该是一个漫长的时间段。婚姻、军事以及颐养，都是当时社会生活十分重要的事情。婚姻是人类繁衍的一个重要步骤，"无后"之所以被列为大"不孝",究其根底,也是因为认为人类自身的繁衍非常重要。十年战争失败,让我们联想起特洛伊十年战争带给人们多严重的灾难。违背颐养之道,十年不用,当然也是有悖天理人道的。这里"十"是关键性的一个数字,不一定是实数,不过言其长而已。

再看"十朋之龟":

《损》卦:

> 六五:或益之十朋之龟,弗克违,元吉。
>
> 象曰:六五元吉,自上佑也。

《益》卦:

> 六二:或益之十朋之龟,弗克违,永贞吉。王用享于帝,吉。
>
> 象曰:或益之,自外来也。

正如古人言:"遗以十朋之龟,贵若连城之璧。"(《清容居士集卷第三十九·回冷教授》)价值十朋的大龟是国宝、灵龟,用这样的龟进行占卜当然不会违背意愿。我们先来看《损》卦,王弼在解说此爻时说:

> 损以柔居尊而为损道。江海处下,百谷归之。履尊以损,则或益之矣朋党也。龟者,决疑之物也。阴非先唱柔,非自任尊以自居,损以守之。故人用其力,事竭其功,知者虑能明者,虑策弗能违也,则众才之用尽矣。获益而得十朋之龟,足以尽天人之助也。

因为损己反而获益,"十朋之龟"也正是损己之人的品德象征。

再看他对《益》卦"十朋之龟"的解释:

> 以柔居中而得其位,处内履中居益以冲益。自外来不召,自至不先不为,则朋龟献策。同于损卦六五之位,位不当尊,故吉在永贞也。帝者,生物之主,兴益之宗,出震而齐巽者也。六二居益之中,体柔当位,而应于巽,享帝之美,在此时也。

这是"享帝之美",是"吉人自有天相"的典型例子。当然,前提条件是要明白损己益人以及体柔固贞之道,如黄庭坚所言"夫士也不能自智其灵,好贤乐善,以深其内,则十朋之龟何由至哉?"(黄庭坚:《豫章黄先生文集第十六·序三十五首·洪氏四甥字序》)这里的"十"无疑是一个美好的数,大数。这里的"十"应该也不是实数,言其多,贵重也。

在《周易》"天一,地二;天三,地四;天五,地六;天七,地八;天九,地十"的天地之数中,奇数象征天,称天数,九为天数之极,偶数象征着地,称地数,十为地数之极,而且还是《周易》占筮中的"成数"之极,表示神秘的圆满。此种"圆满"之

意在中国文化中影响深广,与中国人的"乐生"观念密切相关。受到《周易》数论的这种影响,"十"无疑在远古中国社会中有很重要的意义。《史记·律书》指出:"数始于一,终于十。""十"字是指事字,甲骨文象用一根树枝代表十,金文象是结绳记数,用一个结表示十,后来一点变成了一横。《说文》解释:"十,数之具也。一为东西,|为南北,则四方中央备矣。"孔颖达疏:"十者,数之极。"《左传·僖公四年·疏》曰:"十是数之小成。"可见,"十"是一个大数,成数,完美之数。《周易》"地十"是一个最大的阴数,完满之数;从"十年"等数字的习惯用法又可以看出,十是一个最大的周期,具有久远的含义;从"十朋之龟"这个概念又可以看出,"十"大而美,且具有无限的延展性,具有神秘的与天地鬼神相通的功能。它既圆满又延展,具有审美的张力,《周易》《既济》卦和《未济》卦就是充分的体现。

"十"在文学作品以及文化生活中经常出现,如《诗·小雅·六月》就有非常美好的"十亩之间兮"。又如:十里长亭(古时设在路旁的亭子,常用作送别饯行之处);十番(合奏乐以十种乐器演奏的名称);十牌(十户人家。牌:门牌);十生九死(歇后语);十方地面(庙宇。佛教指东、西、南、北、东南、西南、东北、西北和上下);十方常住(寺庙。佛教认为"不变"为常住。寺庙是不变的,故称);十有九就(十成之中有九成可望成功)。又如:十郎八当(落花流水,七零八落);十变五化(变化多端);十亲九眷(众多亲戚);十相具足(十分美貌);十相俱足(娇妻美妾俱全);十数(十多,十几,表示众多);十荡十决(多次冲击均能破敌);十万(数目。又形容数量极多);十恶五逆(种种不可赦免的大罪);十尧(圣人众多);十朋(许多朋友);十有八九(绝大多数);十全十美(完美无缺)。另外还有"十恶不赦",等等。

总之,天地之数,都具有特殊的文化学和美学意味。数,代表着先民试图用某种人为的符号语言去法象天地之道,在大小宇宙之间建立沟通交往的联系。而神秘数字和八卦符号在当时能够通过自身的奇偶组合变化代表天意和神明解答人类所渴求的卜问难题,因而是一种虚幻的双向交流符号,或者说是人类认识自我、了解自然的一种自娱自足的智慧的数字游戏。

将简单数字与天地之广大相提并论,说明中国先人们想通过对数的把握,获得神秘的知晓天地之道的本领。其中虽夹杂着有迷信心理,但作为人独有的符号系统,"数"已成为精神领域和人类自我意识结构中的本质力量,更具有哲学内涵和美学意味。如卡西尔所说:

它证明自身是一种将多种意识力量联结成网的纽带,它把感觉、直觉和情感等领域结成一个统一体，数因而实现了毕达哥拉斯学派赋予和谐的那种功能。它充当神奇的纽带，这纽带与其说是把万物联结起来，不如说是使万物与灵魂达到和谐。①

确实，天地之数具有使天地万物和人类灵魂密不可分的和谐之美、神秘之美。

另外，我国古代习惯使用数字筹码演几何图形，如数以千计的易图就是一个典型的例子。"图"也是易数的一个重要的内容，但是《周易》中除了卦象以外，并无它图。历代易图广有影响因而非常重要的易图有三大类："河图"、"洛书"类，"先天图"类，"太极图"类。"太极图"中，重要的也仅是"周氏太极图"和"阴阳鱼太极图"。"易"中几乎所有的图形都很整齐美观，如太极图就很有美学欣赏价值。太极图的阴阳相推相摩，S 曲线的无限延展和运动变化都非常美妙。而伏羲八卦及六十四卦的先天卦序，不论其作何排列，或方、或圆、或梯、或矩、或菱，都可显示出平衡、对称、升降（屈伸）、往复、生化、交换、循环、周期等的规律，深合天理自然之妙！以上诸图之美，都可以说是从易数衍生发展的美。

---

①　［德］卡西尔：《神话思维》，中国社会科学出版社 1992 年版，第 169 页。

第三章 象数与中国艺术

"《易》之为书也,广大悉备。"①《周易》是一本无所不包的宝典,"以言者尚其辞,以动者尚其变,以制器者尚其象,以卜筮者尚其占。"②中国艺术当然也可以从中吸取营养和精华。艺术作品是人类情感的艺术化载体,而《周易》通过"观物取象"、"立象尽意"而达到"类万物之情"、"通神明之德"及"感而遂通天下"③近似审美的效应,其中虽也包含着逻辑判断思维的萌芽,但其所保持着的直觉性思维方式,直觉激发、直觉想象、直觉类比和直觉判断等等。却与艺术思维方式有着先天相似相通之处。因此,说中国的文学和艺术的发生、发展与"易"的发生、发展有着血缘联系是顺理成章的。这里,我们且以中国乐舞、书画为例来尝试说明中国艺术和象数的关系。

第一节 象数与乐舞

音乐是什么?《礼记·乐记》曰:"凡音之起,由人心生也。人心之动,物使之然也。感于物而动,故形于声。声相应,故生变,变成方,谓之音。比音而乐之,及干戚羽旄,谓之乐。"音生于人心,物使人心"感"、"动",发之于"声","声"相应、变化,而形成节奏、和声、旋律,便是"音"。人们按照"音"的节奏,拿着"干戚"、"羽旄",蹁跹起舞,这便是"乐"。这里既说明了音乐的缘起,又描写了古代人集体乐舞的场景。

《周易》对中国乐舞的很多方面都有影响,这是得到公认的。清人章学诚在《文史通义·易教》中就指出了"象"与"乐"之相通:

> 象之所包广矣,非徒易而已,六艺莫不兼之,盖道体之将形而未显者也。

---

① 王弼等注:《周易》,四部丛刊初编本,《系辞下》。
② 王弼等注:《周易》,四部丛刊初编本,《系辞上》。
③ 王弼等注:《周易》,四部丛刊初编本,《系辞上》。

……歌协阴阳，舞分文武，以至磬念封疆，鼓思将帅，象之通于乐也。

六艺莫不有"象"，如"歌"有"阴阳"之象，"舞"有"文武"之象；"磬"念"封疆"，"鼓"思"将帅"，可见，"象"与"乐"与"舞"是相通的。而这种"乐"、"舞"不是单纯的娱乐，还具有鼓舞将士、恢弘文武功能，其中自然也有着更多的巫祀意义。王国维也据此认为"歌舞"和"巫"有直接的关系："歌舞之兴，其始于古之巫乎"，"巫之事神，必用歌舞"（王国维：《宋元戏曲考》）。我们可以肯定，《周易》卜筮过程中有乐舞活动的存在，而且对中国乐舞的发展有很大影响。下面我们就先看看《周易》本身的乐舞思想，再看看中国音乐舞蹈之发展和象数的关系。

《周易》诸卦中，有两卦文字涉及"乐"。

其一是《需》卦："象曰：云上于天，需。君子以饮食宴乐。"《需》卦是《乾》、《坤》、《屯》、和《蒙》卦后的第五卦，据《周易·序卦》言："物稚不可不养也，故受之以《需》。《需》者，饮食之道也。"《需》卦是饮食之道，也就是养生之道。云到了天上，不能下雨，人要蓄精养锐，饮食宴乐，以待时机。"宴乐"此处是比照气候，休养生息，"饮食"以养身，"宴乐"以怡情，两者在人养生中处于同样重要的地位。可见，中国古人早已懂得了"饮食宴乐"之道，而且把"乐"和人的物质、情感需要等而待之。

其二是《豫》卦："象曰：雷出地奋，豫。先王以作乐崇德，殷荐之上帝，以配祖考。"意思是说，春雷出地响震，万物莫不欢欣。先王效法于此，制作音乐，歌颂功德，进献上帝、祖先，娱乐神灵。这里"乐"和"德"以及祭祀活动有紧密的联系，"乐"有着娱悦上帝、祖先等神灵的用途。《豫》卦坤下震上，"利建侯行师"，是"顺以动"之卦，宗教和战争在上古社会生活中有着极为重要的地位。顺应上天的"意愿"而行，才能保证建侯行师顺利。此处所提到的"乐"，更多的是祭祀娱神和颂扬战功的作用。唐代孔颖达《正义》释此云："雷是阳气之声，奋是震动之状。雷既出地，震动万物，被阳气而生，各皆逸豫，故曰'雷出地奋，豫也先王以作乐崇德'者，雷是鼓动，故先王法此鼓动而作乐，崇盛德业，乐以发扬盛德故也。"[1]这里不仅指出了"豫"之音乐特征，而且也点明了"豫"之美感特征（豫悦逸乐）。所谓"逸豫"，就是指美感的愉悦性。"作乐崇德"之"乐"，自然也包含舞蹈在内。闻一多先生也把"豫"字说成是古代的一种乐舞。他在《周易义证类纂·乐舞》中，旁征博引，论述颇详。其根据之一是，《说文》："豫，《象》之大者。"象，指《象》乐。《墨子·三辩篇》："武王胜殷杀纣，环天下自立以为王，事

---

① 孔颖达：《周易正义》，上海古籍出版社1990年版，第51页。

成功立,无大后患,因先王之乐,又自作乐,命曰《象》。"《尚书·璇玑钤》:"德洽作乐名《予》。"予,即"豫"字。其根据之二是,《宋书·乐志》和《古今乐录》都记述过"大《豫》之舞"。其根据之三是从《豫》卦象辞可以看出,"奋者振也,奋豫犹振象,谓乐容也。"他的结论是:"豫坤下震上,坤为地,震为雷,雷出地有声,作乐之象也。坤又为众,震又为决躁,聚众决躁,舞蹈之象也。"

总之,这种以乐舞取悦神灵以求福佑的意识,是上古社会现实生活的反映,我们从中可以窥见原始音乐由巫而艺的蜕变信息。因此,我们有充足理由认为,乐舞滥觞于上古社会的巫术活动。

至于《周易》《文言》、《系辞》和《杂卦》所涉及的"乐",都是喜悦的意思。《乾卦·文言》中有:"乐则行之,忧则违之,确乎其不可拔。"这是儒家不卑不亢、自由和独立的君子风范之典型写照。《周易·系辞上》有:"乐天知命故不忧。"君子乐观、自信、智慧、坦然、无畏,这充分展示了儒家的乐观精神。《周易·系辞上》上又有:"(君子)所乐而玩者,爻之辞也。"爻辞可以让君子在闲暇时间把玩、领悟,体味其中高雅的哲理趣味。《杂卦》还提道:"比乐师忧。"团结、顺从、比附,值得庆幸和高兴,而兴师动众、战争,却是令人忧虑的事情,这里既体现了《周易》以及中国古人提倡团结、崇尚和平、反对战争的传统精神,同时也体现了古代社会生活中普遍存在的审美意识。

《周易》文字还有涉及"歌"的。《离》卦九三爻辞:"日昃不离,不鼓缶而歌,则大耋之嗟。"敲着瓦器唱歌,"缶"其实本是日常器皿,人们随手用这种带盖的瓦盆来击鼓歌唱。卦辞说,西边的太阳这么明亮美丽,这时候还不敲击缶乐而歌唱,那岂不如七八十岁的老人还不快乐地生活一样,招来徒然的嗟叹与悲伤了?!这是怎样一种积极乐观的生活!《中孚》卦六三爻辞:"得敌,或鼓、或罢、或泣、或歌。"我们仿佛可以看到这样的场景:得知敌人要来的消息,有的敲鼓示警,号召兵民迎战;有的撤退逃走;有的哭泣悲伤;有的却慷慨激昂地歌唱"壮士一去兮不复还"。以"歌"来待敌,除了可以激扬士气,鼓舞人心以外,怕也是一种幽默和愚敌,寻找对策和时机,积极备战,一种乐观自信的心态跃然眼前。《中孚》卦象是兑下巽上,即正兑和反兑组成,"兑"为口,"中孚"卦象巽上兑下,正好是两口对唱之象形。

《周易》中很多美好的文字,虽然没有提到"乐"和"歌",但我们几乎可以从中听到天籁之音。如《中孚》卦九二爻辞:"鸣鹤在阴,其子和之。"白鹤如仙般美丽,一鹤在鸣唱,其配偶和音同唱,这是多么温馨而美妙的场景。我们可以看出中国人对"鹤"的欣赏和偏爱,"鹤"一直是幸福、自由、健康和快乐的象征,寓含着古人们对自由人生的追求。当然,也有"哀"的乐。如《中孚》卦上九爻辞:"翰音登于天。"恐怕就尖锐而不美妙,《小过》卦之"飞鸟遗音"也好像是一种不祥的预兆。鸟是人类生活中最常见的朋友,它敏感而胆怯,它的惊恐和慌乱,往往是一种不好的预警,这里或许有神秘和迷信的成分,而人们恰恰在这种预警之辞里,感受到一种与警示相伴随的"翰音"、"遗音"之悲壮凄厉美。

　　《周易》文字涉及"舞"的有一句:"子曰:书不尽言,言不尽意。然则圣人之意,其不可见乎? 子曰:圣人立象以尽意,设卦以尽情伪,系辞焉以尽其言,变而通之以尽利,鼓之舞之以尽神。"①"鼓之舞之",音乐和舞蹈能够渲染一种迷狂的氛围,使人们飘飘欲仙,以兹达到通"神"的境界,得到神谕,于是天人合一,获得某种感知。《毛诗》中"言之不足故嗟叹之,嗟叹之不足故永歌之,永歌之不足,不知手之舞之足之蹈之也。情发于声,声成文谓之音。"指出舞蹈是言语、感叹和歌唱不足以表达感情时的产物,可见舞蹈是人类情感表达的较高层次。《周易》和《毛诗》中所谈到的乐舞产生的情况正可以说明音乐和舞蹈的起源,震耳欲聋的鼓乐和疯狂的舞蹈会让人达到一种痴迷的境界以通神,歌唱和舞蹈能够更好地抒发和表达感情,正是乐舞的这种功能诱发了它们的产生。或为了神示,或为了宣泄情感,都可以让人们在乐舞中获得心理的释放和自由舒展。

　　《渐》卦巽上艮下,虽然没有提到"舞",但是我们可以明显地看到其象的"舞"之精神和美,我们还可以断定当时存在巫、舞未分的原始羽舞,也可以推断后世人们可能从两卦卦象中受到启发创造文舞、武舞。让我们来看《渐》卦的各爻辞:

　　　　初六:鸿渐于干,小子厉,有言,无咎。

　　　　六二:鸿渐于磐,饮食衎衎,吉。

　　　　九三:鸿渐于陆,夫征不复,妇孕不育,凶;利御寇。

　　　　六四:鸿渐于木,或得其桷,无咎。

　　　　九五:鸿渐于陵,妇三岁不孕,终莫之胜,吉。

　　　　上九:鸿渐于逵,其羽可用为仪,吉。

我们可以看到这样一幅图景:鸿雁小心翼翼地飞到岸边,对人类还有些提防;鸿雁又进一步飞到磐石上,梳理它的羽毛,一边还警惕地张望;渐渐地,鸿雁大胆地飞到高平的陆地,飞到屋檐旁边的大树上,飞到山陵;最后鸿雁又飞到了陆地上,这个时候的鸿雁的美丽羽毛可以用来做仪舞之用。整个《渐》卦都是一个动的

---

① 王弼等注:《周易》,四部丛刊初编本,《系辞上》。

过程、渐进的过程。我们不但可以看到鸿雁飞来飞去美妙的舞姿,还可以看到一幅人类和鸟类和平共处的图景。据高亨考证,"仪,盖舞具也",而"舞谓之仪,舞具亦谓之仪,一义之转耳"。飞上陆地的鸿雁的羽毛可以做文舞的道具,这里也就涉及一个德的问题、礼的问题。为什么飞到"干"、"磐"、"木"、"陵"的鸿雁不可以取其羽做乐舞的"羽"呢?这里恐怕还是巫筮和祭祀的要求。干净、健康而且美丽的鸿雁,其羽毛才可以用做仪舞的"羽","不可乱也"。①

《周易》中涉及舞的还有《夬》卦,如果说《渐》卦之象可以使人们从中得到启发和模仿,创造文舞;那么,《夬》卦,则就是涉及武舞了。《周易》第四十三卦是《夬》卦,兑上乾下。"夬:扬于王庭,孚号。"这是一种在王庭表演的舞蹈,而且其动作之美在于"扬",还伴着有节奏的齐谐呼号。据今人李镜池(1902—1975)说,"扬于王庭"之"扬",是指"拿着兵器的武舞",该语意为:"在王庭中跳武舞,是快乐事。"《夬卦·象辞》曰:"夬,决也,刚决柔也。健而说,决而和,扬于王庭,柔乘五刚也。孚号有厉,其危乃光也。"强健、快乐、刚决而又和谐。我们从"健而兑,决而和"、"扬"、"孚号"中可以看出这种舞应该是力量之舞、阳刚之舞,同时伴以大声的吆喝和吼叫。《夬》卦对乐舞的重要贡献还在于对"号"的突出强调。《象》之"孚号",是既善又美的"号",符合德的声乐;九二爻之"惕号"是惊恐警惕的"号",夜晚戒备,符合中道;上六爻之"无号","终有凶",老百姓没有声音了,死气沉沉,当然是不吉利的。这里既提出了"声"与"德"的关系,又揭示了"声"和"哀乐"的关系。

《渐》、《夬》二卦,便是"舞分文武"见于《周易》的直接证据。除此以外,还有人为《周易》与舞蹈的密切关系提供力证:世界舞蹈史上现存最古老的舞谱,首推"八卦舞谱"。该舞谱是"以太极八卦为蓝本,记录舞蹈形式结构的一种图谱",它"以阴阳为纲纪,以八卦的方位为舞蹈动作运动的向标,五行定位",相传为夏禹所创,故又称"禹步"②。这种说法似乎得到大多数人的默认。

另外,从文化学视角看,《周易》对传统音乐理论渗透最深的莫过于阴阳观念。《系辞》把宇宙之始归于"一",也就是太极;太极化生阴阳二端,阴阳相推衍生天地万物,天地万物含阴阳之气。音乐当然也不例外,所以历史上最早提及"音乐"一词的《吕氏春秋·大乐》中就写道:"音之所由来者远矣……万物所出,造于太一,化于阴阳。萌芽始震,凝寒以形。形体有处,莫不有声。声出于和,和

---

① 王弼等注:《周易》,四部丛刊初编本,《渐卦》上九爻辞,《系辞上》均有此语。
② 参见周冰:《巫·舞·八卦——神州文化集成丛书》,新华出版社1991年版。

出于适。和、适先王定乐,由此而生。"万物造化出于"太一"、"阴阳",乃有形体。有形便有声,而声出于和、适。先王依和适定乐。这里提及音乐的根源也在于"太一"、"阴阳",可见《周易》对音乐的影响。

《周易》象数对中国音乐的重要影响,还体现在"音律"。"律"其实就是一个"数"的关系。我国古代音乐理论发达甚早,音乐十二律与《周易》中的阴阳"六爻"有着密切的关系。阳爻用"九",阴爻用"六",于是,"六律"(阳)之中,声音最洪大响亮的黄钟之音,律管长度定为"九寸"。《礼记·月令》仲冬之月:"其日壬癸……其音羽,律中黄钟。"郑玄注:"黄钟者,律之始也,九寸。""六吕"(阴)之中,林钟之音,长度则定为"六寸"。《礼记·月令》季夏之月:"其间微,律中林钟。"郑玄注:"林钟者,黄钟之所生,三分去一,律长六寸。"黄钟为九,林钟用六,正象征着阳九阴六,表现出对阴阳六爻的绝对信仰。在玄妙高深的"六爻"背后,隐藏着古典音乐美妙的旋律。

我们来看看有名的"律气说"。中国在春秋、战国时代,对数的关系也有了进一步的认识。比如音律学,发现了三分损益法,乐音之间的关系也可化为一种数量关系。大约在春秋末年,就有人把气的周年运行和月份、音律相联系,正如《国语·周语三》所载:

　　古之神瞽,考中声而量之以制。度律均钟,百官轨仪。纪之以三,平之以六,成于十二,天之道也。

　　夫六,中之色也,故名之曰黄钟,所以宣养六气九德也。

　　由是第之,二曰太蔟。所以金奏,赞阳出滞也。

　　……三间中吕,宣中气也。……五间南吕,赞阳秀也。

又如《吕氏春秋·十二纪》载:

　　正月,"天气下降,地气上腾"。

　　三月,"生气方盛,阳气发泄"。

　　五月,"日长至,阴阳争,死生分"。

　　八月,"杀气浸盛,阳气日衰"。

　　九月,"寒气总至"。

　　十月,"天气上腾,地气下降"。

　　十一月,"日短至、阴阳争,诸生荡"。

《十二纪》中,每一月都有相对应的音律,因此,音律和阴阳二气的消长也有某种对应关系。《吕氏春秋·音律篇》,提及音律和阴阳气的对应关系:

　　黄钟之月(十一月),"阳气且泄"。

太蔟之月(一月),"阳气始生"。

蕤宾之月(五月),"阳气在上"。

应钟之月(十月),"阴阳不通"。

发展了音律和阴阳二气相对应之观念的是《史记·律书》:

十一月,黄钟,"阳气踵黄泉而出"。

二月,夹钟,"阴阳相夹厕"。

四月,中吕,"阳气之已尽"。

五月,蕤宾,"阴气幼少"。

七月,夷则,"阴气之贼万物"。

八月,南吕,"阳气之旅入藏"。

九月,无射,"阴气盛用事,阳气无余"。

使音律和阴阳二气对应观念完备的,是《汉书·律历志》,其将十一月至次年十月都用音律和阴阳二气相配。这种关于律与阴阳相配记载首见于刘歆,它产生于西汉末年,名叫"律气",也就是用音律来描述此消彼长之阴阳二气。律气说显然受《周易》影响,特别是阴阳观念和象数理念的影响。

《周易》中有几卦提及"律"、"同",对后世音乐理论也有极大影响。《周易·师卦》初六爻"师出以律,否臧凶",《象传》释曰:"'师出以律',失律凶也。"这里的"律"就是一个齐的问题。正如我们现代战争吹号角一样,古代战争是用"击鼓"来行令三军的。如果击鼓音节乐律混乱,士兵便无从听令而溃阵,王弼是这样解释的:"为师之始,齐师者也。齐众以律,失律则散,故师出以律,律不可失,失律而臧,何异于否? 失令有功,法所不赦,故师出不以律,否臧皆凶。"王弼指出了"律"的根本在"齐"。"律"还有"和同"的问题,这突出体现在《周易·睽卦》中。《睽卦·象》曰:"二女同居,其志不同行";"天地睽,而其事同也;男女睽,而其志通也;万物睽,而其事类也",这里主要讲同异问题。"同"关键在于"志同","二女同居"恐怕是同侍一夫,所以肯定不会"同志",是表面同而心实不和,非真"同"。天地"事同"、男女"志通"、万物"事类",其道全在于"睽"。另外,《睽卦·象》曰:"睽;君子以同而异。"提出了"以同而异"的哲学观点,这种观点也同样具有美学意义。这是说天地万物各有各的形态,君子观此,当找出事物的共性,明了对立的道理,把握时机。同时,君子自身应具有高风亮节的情操,做到如孔子所言的那样,"和而不同"。"以同而异"是和而不同,求同存异,是和谐统一、太和。这对后世音乐的"和"、"同"问题颇有启发。《周易》的这种"和同"观念在先秦其他文献中也有反映。《国语》"财用不乏,民用和同,是时也"。

"饮食可飨,和同可观。""夫战,尽敌为上,守和同顺义为上。"分别讲"和同"是合乎时的大义,和同非常美好,和同在战争问题上是取得胜利的决定因素,充满着对和同的赞美。晏子也讲"和同",他从音乐上和饮食上分别说明仅有"同"是不行的。从音乐上讲,五音"和"才好听。"同"则一个声音,单一的声音,没有音乐,没有旋律。"同"中要有"异","音"如果都一样那就不是"乐"了。总之,《周易》"律"、"同"思想在中国美学史中具有非常重要的美学意义。

《周易》对中国乐舞影响深远,突出体现在对音乐典籍思想和理论的潜移默化上,《乐记》就是范例。《礼记·乐记》是中国音乐美学史上"法典"式的文献,它奠定了中国古典音乐美学的基础,树立了后代音乐理论的范式。正如今人丘琼荪先生所说:"历代音乐理论,又多不出《乐记》一书之范畴。"①《乐记》的音乐思想受《周易》影响,主要表现在礼乐与天地相配上。而这乃是《乐记》的纲领性观念。《乐记》说:"乐由天作,礼以地制。圣人作乐以应天,制礼以配地。"《乐记》又说:"乐著太始,而礼居成物。著不息者天也,著不动者地也,一动一静者天地之间也。故圣人曰利乐云。"这段话明显来自于《周易·系辞上》的"乾知大始,坤作成物",是对"乐由天作,礼以地制"的进一步说明。《乐记》还以"和"、"序"等概念分别与乐、礼相对应,并进一步阐述乐从天、从阳,礼从地、从阴的思想。"乐者,天地之和也,礼者,天地之序也。和故百物皆化,序则群物皆别。乐由天作,礼以地制。"这里把"乐"放在高于"礼"的地位,"乐"是天地之太和,可以感化万物,使万物蓬勃生机,同时也可以起到教化人心的作用。正如《乐记·乐象》篇所赞美的,音乐"清明像天,广大像地,终始像四时,周旋像风雨,五色成文而不乱,八风从律而不奸,百度得数而有常。小大相成,终始相生,倡和清浊,迭相为径,故乐行而伦清,耳目聪明,血气和平,移风易俗,天下皆宁"。音乐是人类不可须臾或缺的审美活动。

从文化学视角看,《周易》对传统音乐理论渗透最深的莫过于阴阳观念。《系辞》把宇宙之始归于"一",也就是太极;太极化生阴阳二端,阴阳相推衍生天地万物,天地万物含阴阳之气。音乐当然也不例外,所以历史上最早提及"音乐"一词的《吕氏春秋·大乐》说:"音之所由来者远矣……万物所出,造于太一,化于阴阳。萌芽始震,凝寒以形。形体有处,莫不有声。声出于和,和出于适。和适先王定乐,由此而生。"万物造化出于"太一"、"阴阳",乃有形体。有形便有声,而声出于和、适。先王依和适定乐。这里提及音乐的根源也在于"太一"、

---

① 丘琼荪:《〈乐记〉考》,载《〈乐记〉论辩》,人民音乐出版社 1983 年版。

"阴阳",可见《周易》对音乐有着何等的影响。《周易》象数对中国音乐的重要影响,还体现在"音律"上。"律"其实就是一个"数"的关系。我国古代音乐十二律与《周易》中的阴阳"六爻"有着密切的关系。阳爻用"九",阴爻用"六",于是,"六律"(阳)之中,声音最洪大响亮的黄钟之音,律管长度定为"九寸"。《礼记·月令》仲冬之月:"其日壬癸……其音羽,律中黄钟。"郑玄注:"黄钟者,律之始也,九寸。""六吕"(阴)之中,林钟之音,长度则定为"六寸"。《礼记·月令》季夏之月:"其间微,律中林钟。"郑玄注:"林钟者,黄钟之所生,三分去一,律长六寸。"黄钟为九,林钟用六,正象征着阳九阴六,表现出对阴阳六爻的绝对信仰。在玄妙高深的"六爻"背后,隐藏着古典音乐美妙的旋律。

　　另外,"易象"对"乐"的影响也不可忽视。清人章学诚在《文史通义·易教》中就指出了"象"与"乐"之相通:"象之所包广矣,非徒易而已,六艺莫不兼之,盖道体之将形而未显者也。……歌协阴阳,舞分文武,以至磬念封疆,鼓思将帅,象之通于乐也。"六艺莫不有"象",都是载道的方式,只是其象的形式并不显著,人们没有觉察到而已。如"歌"有"阴阳"之象,"舞"有"文武"之象;"磬"念"封疆",鼓思"将帅",这些理论都受到《周易》的影响。真是易象广大,无所不包。

　　从上我们可以看出,《周易》时代乐舞虽主要和祭祀、道德修养以及追求天人合一的境界相关,但它所具有的朴素音乐思想及乐舞传统对中国音乐舞蹈有着很大影响。事实上,中国古典乐论多援《周易》以为说,此例不胜枚举。古之"乐"实为诗、乐、舞三位一体,甚至含有戏剧的基因,其内涵甚为宽广,正如郭沫若所说:"中国旧时所谓'乐',它的内容包含得很广,音乐、诗歌、舞蹈,本是三位一体可不用说,绘画、雕塑、建筑等造型美术也被包含着,甚至连仪仗、田猎、看馔等都可以涵盖。所谓乐者,乐也。凡是使人快乐,使人感官可以得到享受的东西,都可以广泛地称之为乐,但它以音乐为代表,是毫无问题的。"①因此,我们不但可以从《周易》各卦中捕捉到古之"乐"的足迹,了解认识中国古"乐";我们还可以由此知道中国音乐舞蹈的传统理论和创作都与《周易》象数理有不可切割的联系,甚至可以说发轫于此。

---

　　①　郭沫若:《公孙尼子与其音乐理论》,载《〈乐记〉论辩》,人民音乐出版社 1983 年版。

第二节　象数与书画

　　《周易》之象数跟中国书画息息相通,其二者的关系,第一体现在书画的起源和《周易》卦象有不解之缘,第二体现在"观物取象"、"阴阳"、"玩"等"易"之精神对中国书画意识的深刻渗透,第三体现在历代书画家及其书画理论对"易"之境界的追求。

　　爻卦含有哲学和艺术的基因,它是介于哲学和艺术之间的象征性符号,也可以看做是中国艺术的雏形。这雏形中包含着可供无限发展的要素,中国书画便是从中生长出来的艺术。方块汉字是以"象形"为其发生学本源的文化符号,"书肇乎自然"的观念在华夏历史上源远流长。南朝宋书家虞和《论书表》称"爻画既肇,文字载兴",唐朝李阳冰《上李大夫论古篆书》云"圣达立卦造书",清人刘熙载在《艺概·书概》开篇就借《易》象阐说书之本与用:"圣人作《易》,立象以尽意。意,先天,书之本也;象,后天,书之用也。"(刘熙载:《艺概·书概》),近代更有学者断言"中国最古的文字就是八卦"(李朴:《中国艺术概论》)。可见古今书法家都不约而同地指认书法源于卦象。刘师培在《经学教科书·论〈易经〉与文字之关系》中曾举"乾坤坎离之卦形,即天地水火之形"为例,认为草书"乾"字像乾卦之形,篆文"水"字像坎卦之倒形,等等。我们不一定要断言八卦就是象形文字,但须承认,象形文字和《易》之卦象在"法像万物"上确实内在同构。又,前人以"六书"概括汉字的发生,所谓"象形"、"象事"、"象意"、"象声"、"转注"、"假借"(《汉书·艺文志》)。其实,"六书"义理在《易经》卦象中已见蕴涵。书法如此,绘画亦然。

　　中国向有"书画同源"之说,在于二者皆是借线条造型以传情达意的艺术,是线与线构接叠加的审美创造物。若寻根溯源,就现存典籍看,线条艺术其历史先声无疑以《周易》本文的爻符为最早。也就是说,《周易》的阳爻"——"与阴爻"— —",某种意义上亦是传统书画这种追求线条美之艺术的"智慧原型"。就其实质言,阴爻"— —"无非是阳爻"——"的线条之断,阳爻"——"无非是阴爻"— —"的线条之连,两者互为异体,因此,未尝不可将这一分为二又合二为一的阴阳爻看做"一画"。凭借这堪称"万象之根"的"一画",作《易》者仰观宇宙俯察人心,构建出"广大悉备"[①]的八八六十四个卦象,由此执简驭繁,概括并解

---

　　①　王弼等注:《周易》,四部丛刊初编本,《系辞下》。

释了天地间万事万物及其生长演变规律。而这不乏原型意义的"一画"，又开启了中国艺术家巧借有限线条表现无限时空的创造性思维。线条是中国画形式法则中特殊功能的表征，它十分显著地显现了中华民族绘画的特色和审美意识。国画线条是画家提炼自然形象，从客观形态变移成主观形态，融入情思心绪、意识谐趣，创造艺术美感魅力的基本手段。而且中国画的线条还要和书法契合，所以它的造型语言要"写"出，非绘出，更非描出。中国画是以线为造型，线条在毛笔的运行中勾勒、盘旋、顿挫、往复、横竖、曲折、聚散、交错、飞舞、提按。而且通过墨的浓淡、干湿、枯润等多种变化，造型达意，抒发情怀，让笔墨展示出画家的品性、人格、功力和修养。书法用笔所表现出的线条美感和任何一种用线造型的绘画相比，它是独特的，中国独有的。

　　《周易》"观物取象"、"立象尽意"的观察视角使中国书画的"字"和"象"在"取象"的基础上更注意"写意"，更具有理想性、寄寓性和个人气质。中国书法很重象形美，我们任以一书法家之言为证，蔡希综《法书论》(《唐文拾遗》卷二一)："凡欲结构字体，未可虚发，皆须象其一物，若鸟之形，若虫食木，若山若树，若云若雾，纵横有托。"这完全是"以见天下之赜，而拟诸其形容，像其物宜"的精神体现。在"象"中还须得"意"。王羲之《论书》说："须得书意转深，点画之间，皆有意，自有言所不尽，得其妙者，事事皆然。"这蕴藏于点画之间而又为言语所不能尽的"意"即是"书意"之"妙"，就是透过书法而写出人的情感世界与精神境界。李阳冰就说："于天地山川，得方圆流峙之形；于日月星辰，得经纬昭回之度；于衣冠万物，得揖让周旋之礼；于须眉口鼻，得喜怒惨舒之分；于虫鱼鸟兽，得屈伸飞动之理；于骨角齿牙，得摆拉咀嚼之势。随手万变，任心所成，通三才之气象，备万物之情状。"(李阳冰：《上李大夫论古篆书》，《全唐文》卷四三七)古人论书极重意趣，苏轼在评论张旭书法时说："张长史草书颓然天放，略有点画处而意态自足，号称神逸。"这里强调的书法审美境界中的"意态自足"，正是中国艺术重"意象"的生动说明。中国画亦和书法一样追求意象，这和西方绘画的宗旨大相径庭。西方绘画传统强调写生和临摹，绘画作品极肖于生活真人实景；而中国画却不推崇对客观事物外在形象的如实描摹，而强调写意，抒发个人胸臆，表达诗意盎然的意境。如郑板桥所谓"胸中之竹"非"眼中之竹"，"手中之竹"又非"眼中之竹"，就正是典型的中国写意态度。中国画早期的"人大于景"，也是写意重于写实的观念反映。

　　中国画是最富创造性的艺术，也是最自由的艺术。以神写形，以神取形，以神变形，追求不似之似，强调主观加工、提炼和概括，追求以一当十的境界。石涛诗曰:"天地浑融一气,再分风雨四时,明暗高低远近,不似之似似之。"齐白石云:"妙在似与不似之间,太似为媚俗,不似为欺世。"不似之似,即处于具象和抽象之间,强调既要真实描写客观具象,又要在形式处理上表现主观意向,这正是国画境界的灵魂。近代山水画大师黄宾虹更旗帜鲜明地提出画不能绝似表象:"画有三:一、绝似物象者,此欺世盗名之画;二、绝不似物象者,往往托名写意,鱼目混珠,亦欺世盗名之画;三、唯绝似又绝不似于物象者,此乃真画。""绝似又绝不似",就是"不似之似",形似而神是,要画出的是对象的神意、气息和韵律,所谓"忘形得意"、"遗貌取神"。总之,中国书画对意境的追求正是和《周易》"观物取象"、"立象尽意"一脉相承。

前已指出,"一阴一阳之谓道"的阴阳理念贯穿《周易》始终。《周易》阴阳爻符是"圣人设卦观象"的产物,卦画早期在很大程度上可能就是一种原始文字和绘画图腾。卦画之阴阳理念对中国书画有很大影响。汉代蔡邕在《九势》中说:"夫书,肇于自然,自然既立,阴阳生焉;阴阳既生,形势出矣。"在这里,"阴阳"甚至是书法"形势"出现的基本要素。刘熙载还把阴阳刚柔的因素具体化地运用于文艺形式论中,如他在论书法艺术时说:"书要兼备阴阳二气。大凡沈著屈郁,阴也;奇拔豪达,阳也。书,阴阳刚柔不可偏陂,大抵以合于《虞书》九德为尚未。"(刘熙载:《艺概·书概》)他不但阐释了"书"之"阴"、"阳"的具体表征,还提出两者不可偏颇,要合于《虞》德,书法要合于《易》道之阴阳。正是由于受到《周易》阴阳理念的影响,中国画家们都将写"天地万物"落实到有"阴阳气度"的"笔墨"上,独创了中国画特殊的符号系统——"笔墨"。画家们以墨色之浓淡枯湿,体现出精湛的笔墨技巧,构成了这种传统绘画艺术单纯以黑白(阴阳)两色为基色的卓尔不群的风格。明代画家石涛就发出这样的感慨:"古今造物之陶冶也,阴阳气度之流行也,借笔墨以写天地万物而陶乎我也。"清朝画家龚贤也认为绘画:要"与造化同源,阴阳同候。"康有为则云:"书法之妙全在运笔,该举其要,尽于方圆,操纵纯熟,自有巧妙。"这里所说的方、圆之笔,正是阴阳在笔法中的体现。"笔墨"成了评价中国画水平高下、文化品位高低、画家涵养厚薄的重要尺度。当代画家更提出:

　　　　人们看一幅中国画,绝不会止于线条(包括点、皴)仅仅看做造型手段,他们会完全独立地去品味线条的笔性……他们从这里得到的审美享受可能比从题材、形象甚至是意境中得的更过瘾,这就是中国画在世界上独一无二的理由。

　　　　(看)一幅新的中国画和一幅好的中国画,在我们心底里有杆秤。一幅好的中国画要素很多,但基本的一条就是笔墨。由于笔墨最后一道底线的存在,使我们在西学东渐的狂潮中仍然对中国画没有失去识别能力和评价标准,我们仍能够在一百年的风云人物中认准谁是大师,而谁只是昙花一现。我们积极评价这一百年中西绘画的交融和冲突,因为它把中国画的底线逼出来了。它使我们非常清楚不该在哪些方面固守阵地,笔精墨妙,这是中国文化智慧根之所系。①

由此可见,阴阳笔墨至今仍是中国画的审美标准之一,这也可见《周易》阴阳对中国画影响之深远。

除了观物取象、阴阳理念的影响外,圣人们"居"而"玩其辞"、"动"则"玩其占"的"乐"之态度对中国画的自娱娱人,强调"意"、"趣"有很大影响。中国画家常常将绘画创作称为"墨戏"或称"玩墨"。这一提法虽出现于宋,但可追溯到很远,魏晋时期的文人"玩墨"之风就已很盛行。《兰亭序》记录晋永和九年(353年)春,王羲之同谢安、孙绰等名士41人,在会稽郡山阴县之兰亭举行"修禊"之礼,饮酒赋诗,"游目骋怀"。实际上这是借诗酒之兴,"放浪形骸"的一次春游。王羲之在饮酒赋诗中即兴而就诗序,《兰亭序》遂成千古绝唱。在游戏中淡去了尘世间的种种烦闷,使《兰亭序》达到书法艺术化"烦"为和谐的审美境界。应该说这是完全彻底的"玩墨"活动。到了宋代,这种"玩墨"之风日甚,尤以书画为最,当时的苏东坡、李公麟、米芾、黄庭坚经常聚在一起谈书论艺,酒至酣时,也一定要挥毫作书作画。由于书画"玩墨"之风盛行,"玩"之领域也扩大到与书画相关的一切:印章、印泥、笔、墨、砚、纸、装裱,等等。在欣赏书画中,习惯的说法常常是"玩味"、"赏玩"、"品鉴",乐趣的获得也在一个"玩"字上。这种审美心态和《周易》"玩其辞"、"玩其占"有着深切的渊源关系。而中国文人墨客和"酒"结下的不解之缘也和《周易》中"乐""玩"的传统相关。

黄宾虹先生说:"书画秘诀在太极中。"②通观中国古代书论、画论,其与易学中所提出的一些重要概念,如太极、乾坤、阴阳、象、气、道器、言意和神化毫无关系者,可谓未之有也。我们甚至可以说,《周易》是奠定中国书画理论和创作思维大厦的一块主要基石。在浩瀚的中国古籍中,单就画论而言,我们随处可见《周易》理论和思维方式的痕迹。如唐代张彦远《历代名画记叙论》对画的功用

---

①　张仃:《守住中国画的底线》,文学艺术论坛/中国艺术家论坛,http://www.qpgzs.com/cgi-bin/lb5000/view.cgi? forum＝11&topic＝25。

②　李巍:《再论〈周易〉与中国画》,《周易研究》2000 年第 1 期。

说明"夫画者,成教化,助人伦,穷神变,测幽微"就明显地受《周易》赞易"范围天地之化而不过,曲成万物而不遗,通乎昼夜之道而知,故神无方而《易》无体"的影响。宋代王微干脆在《叙画》中说:"以图画非止艺行,成当与'易象'同体",其实是要求绘画不要停留在"形而下者为之器"的程度,要有"形而上者为之道"的高度。

《周易》中说:"无往不复,天地际也。"大地的变化、发展,正是在往复、顺逆、上下、左右、高低、曲直、刚柔、虚实等辩证运动中展示出来。中国书法就充分体现这种流转起伏之美。明代大臣、书法名家解缙(1369—1415)曰:运笔必须"周而折之,抑而扬之,藏而出之,垂而缩之,逆而顺之,下而上之,袭而掩之"。① 这种要求从根本来说是以大地万物之运动变化节律为依据的。明代的顾凝远说:"凡势欲左行必先用意于右,势欲右行者必先用意于左,或上者势欲下垂,或下者势欲上耸。"②强调要笔锋无处不到,须是用"逆"字诀。清代的笪重光在《书筏》云:"将欲顺之,必故逆之;将欲落之,必故起之;将欲转之,必故折之;将欲掣之,必故顿之;将欲伸之,必故屈之;将欲拔之,必故摁之;将欲行之,必故停之。书迹逆数焉。"这些用笔经验的警策性语句,也源自《周易》,并与老子说的"将欲歙之,必固张之;将欲弱之,必固强之"③几乎毫无二致。书画理论以及创作用笔更是受《周易》"夫乾,其静也专,其动也直,是以大生焉;夫坤,其静也翕,其动也辟,是以广生焉"这种动静相宜理念的深刻影响。而且,这种精神的美学意义已超越了在书画领域用笔的范围。

"易数"对中国书画也影响颇深。如书法中把笔墨、大地万物和作者心灵统一起来的"一画",其根本思想就源于老庄美学和《周易》象数美学思想。"一"这个数字的神秘规定在书法中有独特地位。书法以"一"墨来分五色,因为"一"最能体现"易有太极,是生两仪,两仪生四象,四象生八卦"以及"道生一,一生二,二生三,三生万物"之至理。正如老子所言:"天得一以清,地得一以宁,神得一以灵,谷得一以盈,侯得一以为天下正。"万物皆可由"一"而化育。庄子曰:"通于一而万事毕。"万象皆可由一画来表现。相传伏羲氏作八卦,以"乾"居首而代表天,画此卦符正由一画(阳一)开始,故有"一画开天"之说。石涛说:"立一画之法者,盖以无法生有法,以有法贯众法。"又说:"一画者,众有之本,万象

---

① 解缙:《春雨杂述》,载《中国书法文化大观》,北京大学出版社1999年版,第863页。
② 《顾凝远画引》,《画论丛刊》,上卷,人民美术出版社1996年版,第143页。
③ 《老子道德经》,《四部精要》,第12册,上海古籍出版社1992年版,第135页。

之根。"①中国书法艺术的发展,正是从一笔、一画、一条线开始,繁衍演化为许多的形、体、势、法,产生了自甲骨文、金文、汉隶、晋唐宋元明清的真、行、草,以至今天不胜枚举的书艺作品。张彦远在《历代名画记》中说:"昔张芝学崔瑗、杜度草书之法,因而变之,以成今草书之体势,一笔而成,气脉通连,隔行不断。唯王子敬明其深旨,故行首之字往往继其前行,世上谓之一笔书。其后陆探微亦作一笔画,连绵不断;故知书画用笔同法。""一笔书"具有血脉相贯的圆通之美,王羲之书法就具有这种魅力,唐太宗李世民在《王羲之传论》中对其作了这样的详述:"详察古今,研精篆、素,尽善尽美,其惟王逸少乎!观其点曳之工,裁成之妙,烟霏露结,状若断而还连;凤翥龙蟠,势如斜而反直,玩之不觉为倦,览之莫识其端。"而王献之的《鸭头丸帖》,上下连绵、一气呵成,实开"一笔书"之先。"一"成为书画艺术创作法典性的数字,此中意味如禅宗中一指禅师竖起一指一样寓意深广。在画家眼中,"一画法立而万物著矣"、"我有是一画,能贯山川之形神"(石涛:《画语录·一画章》);在书家笔下,"开始于一画,界破了虚空,留下了笔迹,既流出人心之美,又流出万象之美"。"千笔万笔,流于一笔,正是这一笔的运化尔。"正如宗白华先生说:"罗丹在万千雕塑的形象里见到这一条贯注于一切的'线',中国画家在万千绘画的形象中见到这一笔画,而大书法家都是运此一笔以构成万千的艺术形象,这就是中国历代丰富的书法。"②

易数对中国书画的影响深矣远矣,甚至一些书画家将象数和中国画创作直接联系在一起。让我们来拜读一下宋释仲仁的《华光梅谱》:

> 梅之有象,由制气也。花属阳象天,木属阴而象地,而其放各有五,所以别奇隅成变化。蒂者花之所自出,象以太极,故有一丁。房者华之所自彰,象以三才,故有三点。蕚者花之所自成,象以七政,故有七茎。谢者花之所自究,复以极数,故有九变。此花之所自出皆阳,而成数皆奇也。根者梅之所自始,象以二仪,故有二体。本者梅之所自放,象以四时,故有四向。枝者梅之所自成,象以六爻,故有六成。梢者梅之所自备,以八卦,故有八结。树者梅之所自全,象以足数,故有十种。此木之所自皆阴而成数皆偶也。不惟如此,花正开者其形规,有至圆之象。花背开者其形矩,有至方之象。枝之向下其形规,俯有覆器之象。枝之向上其形矩,仰有载物之象。于须亦然,正开者有老阳之象,其须七。谢者有老阴之象,其须六。半开者有少阳之

---

① 道济:《苦瓜和尚画语录》,《画论丛刊》,上卷,人民美术出版社 1962 年版,第 146 页。

② 宗白华:《中国书法里的美学思想》,载《美学散步》,上海人民出版社 1981 年版,第 167 页。

象，其须三。蓓蕾者有天地未分之象，体须未形，其理已著，故有一子二点者，而不加三点者，天地未分而人极未立也。花尊者天地始定之象，故有所自而取象莫非自然而然也。识者当以类推之。

释仲仁将一、二、三、四、五、六、七、八、九、十这十个奇偶数都附会到梅之象上，"花属阳象天，木属阴而象地"，其放各有"五"，对应"太极"故有"一丁"、对应"二仪"故有"二体"、对应"三才"故有"三点"、对应"四时"故有"四向"、对应"六爻"故有"六成"、对应"七政"故有"七茎"、对应"八卦"故有"八结"、对应"极数"故有"九变"、对应"足数"故有"十种"。"花"有"至圆"、"至方"之象，"枝"有"覆器"、"载物"之象，"须"有"老阳"、"老阴"、"少阳"之象，"蓓蕾者有天地未分之象"，"花尊者"有"天地始定之象"，如此等等，把《周易》象数的"道"发挥得淋漓尽致。中国古代书画家的创作思维与《周易》象数结下的不解之缘，无以尽述。

除此之外，《周易》象数中的美学观念，还深刻作用于中国人的其他艺术审美活动中。中国的诗歌，讲究抑扬顿挫的语调变化；戏剧则是有规律的自由表演体系，以空灵和写意的手法去拓展舞台空间，为表演的灵活变化创造条件；中国园林强调景观的多面性，有所谓景随步移的说法，让游人在视点的转换中感受到不断变化的审美对象；建筑艺术重视空间的变化，在明与暗、宽与窄、方与圆、高与低的变化中显示出建筑艺术的动态美和音乐美。所有这些，都跟《周易》有密切的关系。中国艺术追求气势、运动、韵律、空灵这样一些审美理想，其理论基础就在于《周易》的象数中。

第四章　象数与中国人的诗意安居

第一节　"风水"与中国人的乐天知命

中国人自古以来,无论是生之居还是死之穴,都极为讲究"风水"。
"风水"的定义,最早见于晋代郭璞《葬书》:

> 葬者,乘生气也。五气(五行之气)行乎地中,发而生乎万物。人受体于父母,本骸得气,遗体受荫。《经》曰:气感而应,鬼福及人。盖生者气之聚;凝结者成骨,死而独留;葬者反气纳骨,以荫所生之法也。丘垄之骨,冈阜之支,气之所随。《经》曰:气乘风则散,界水则止。古人聚之使不散,行之使有止,故谓之风水。风水之法,得水为上,藏风次之。

郭璞是在《周易》"气"论基础上提出"风水"这个概念的。"气感而应,鬼福及人",死人安葬需选择有"气"之地。"气乘风则散,界水则止",所以要避风聚水才能"聚"气、"止"气。

由《周易》象数而生发的"风水"概念是中国古代特有的一种文化现象,旧指住宅基地、坟地等的自然形势,如地脉、山水的方向等的体系。1989年版的《辞海》中,"风水"是这样定义的:"亦称'堪舆'。一种迷信。认为住宅基地或坟地周围的风向水流等形势,能招致住者或葬者一家的祸福。也指相宅、相墓之法。"①风水先生相宅相地有一些辅助工具,比如罗盘。(见下图)

---

① 辞海编辑委员会编:《辞海(1989年版)》(缩印本),上海辞书出版社1990年版,第1725页。

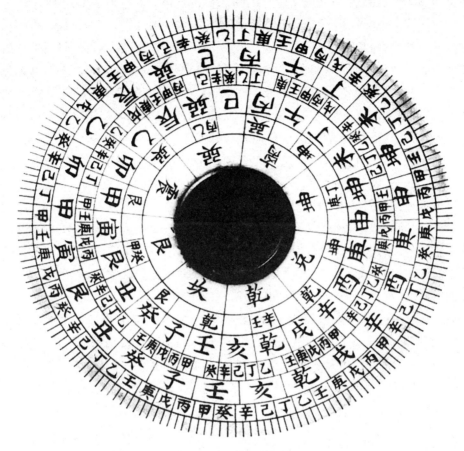

明代象牙风水罗盘①

　　进入 20 世纪 90 年代,学术界,尤其是建筑界对"风水"研究者日益增多,发表了不少论文与专著对"风水"提出了自己的看法。有的认为"风水"是古代人们对居住环境进行选择和处理的一种学问;有的认为它是一种有关环境与人的学问,具有神秘色彩、朴素思想、浓厚迷信成分、少许合理因素的经验积演;也有的认为"风水"是集天文学、地理学、环境学、建筑学、规划学、园林学、景观学、伦

---

① 罗盘是中国堪舆学的重要测具,此罗盘制作年代为明代,高 0.7 厘米,直径 8.4 厘米,中心圆池有指南针,外刻文字。内周刻有"乾兑坤离巽震艮坎"八卦,外周刻有天干地支等,刻度标准,设计简洁。然中心圆池的铜件被腐蚀,指南针损坏,已不能使用。

理学、心理学、预测学、人体学、美学于一体,综汇性极高的一门学术,等等。笔者认为,"风水"包含丰富的内容,不能简单地与"迷信"画等号。墓地的选择,是对先人的一种尊重和悼念,同时也对生人的生活寄寓着一种美好的祝福;而生人居住环境的选择和创造,则是通过对建筑、园林以及环境的美化来求得人与世界和谐共进,这给我们诸多启发。先人的"风水"观念确实夹杂着不少的迷信意识和愚昧思想,也给人们社会生活带来许多负面影响,但是我们可以剔除其腐朽落后的思想,研究其背后的居住理念、环境思想和美学意义。而且,古人因对"风水"的重视而遗留给我们的大量宝贵文化遗产,至今仍有相当的审美价值和借鉴意义,对此我们应该辩证地看待,不应轻易否定。

风水理论受周易象数思想直接影响,具体表现在如下方面:

其一,阴阳理论。《庄子·天下》曰:"《易》以道阴阳。"阴阳平衡是《周易》重要思想,《系辞》和《说卦》共有 5 处谈及"阴阳"。"阴阳不测之谓神"(《系辞》),阴阳不可预测和认识,是神秘的"道",但是"阴阳之义配日月"(《系辞》),我们可以从"日月"的运行和特性来了解它。也就是说,"观变于阴阳而立卦"(《说卦》),通过观察天地阴阳变化,我们可以通过设立卦象来认识它,比如《乾》卦就是"天行健","言阴阳相薄也"(《说卦》);而"阴阳合德,而刚柔有体"(《系辞》),我们又可以从中体察天地之数。风水学说充分吸收了《周易》象数的阴阳思想,阴阳平衡成风水学说重要原则之一。风水学说中,山以高峻为阴,平衍为阳;曲为阴,直为阳;俯为阴,仰为阳;尖为阴,窝为阳;静为阴,动为阳;山为阴,水为阳。所以在风水中,大的格局要体现阳,要有比较多的阳的成分,如要有丰富的水流,有较大面积的平原等。阴阳平衡的地方:"阴阳序次,风雨时至,春生繁祉,人民和利,物备而乐成"(《国语·周语》),才具备人们繁衍生息、安居乐业的环境物质条件。"阳益阳,而阴益阴,阳阴之气固可以类相益损也。"(《春秋繁露·同类相动》)山无水不变,水无山不合。一动一静,一阴一阳,才合乎《周易》之道。

其二,方位观念。《周易》谈及"位"有 90 多处,强调"中正"、"得位"、"吉位",警诫"凶位",试以《乾》、《坤》二卦就可以典型例证。《乾》卦曰:"大明终始,六位时成。"何谓"六位"? 据《焦氏易林·易林卷第四》解释:"天地即乾坤二卦,六位:震、巽、坎、离、艮、兑","六位"即指雷、风、水、火、山、泽,这里其实说的是宇宙万物的形成阶段,万象更新,生机勃勃,这是所谓"成",也就是"得"位。《坤卦》:"君子黄中通理,正位居体,美在其中,而畅于四支,发于事业,美之至也。"这里的"位"也就是指人类学习宇宙天地之道,而端正自己,修身养性,身心都达到美的境界,即"正位",也就是"合位"。另外,《周易》中有五位概念。所谓五位,是指大衍之数中五个天数 1、3、5、7、9 这五个奇数;五个地数 2、4、6、8、10 这五个偶数,"五位相得而各有合",1 与 2 相得,3 与 4 相得,5 与 6 相得,7 与 8 相得,9 与 10 相得,有了"五位"之名。强调的也是"得位"和"合位"。1、6 北方水,2、7 南方火,3、8 东方木,4、9 西方金,5、10 中央土。堪舆家又将九宫与九色相配,成为"一白、二黑、三碧、四绿、五黄、六白、七赤、八白、九紫"。易学中牵涉到方位的有四象、河图、洛书、九宫、先天八卦、后天八卦、十二辟卦、二十四山、卦气图、六十四卦圆图等。其中前四种是方形的方位,后六种是圆形方位。圆形方位从东西南北四位发展到八卦的八位,十二辟卦的十二位,二十四山的二十四位,卦气图的七十二位与六十位,直至六十四卦圆图的六十四位。《周易》及其易学的方位观念对风水影响很大,风水罗盘中几乎包括了易学的各种方位。而五行相生相克也成为风水学说重要原则之一。

　　其三,吉凶观念。风水中推算吉凶的理论是从《周易》及其易学中引进的。《周易》本身就是卜筮之书,讲吉凶。孔子谈论"吉凶"多而全面。①《周易》有 24 处出现"吉凶"二字,一处出现在《乾卦·文言》中,其他均出现在《系辞》中。《周易·系辞上》曰:"方以类聚,物以群分,吉凶生矣。""圣人设卦观象,系辞焉而明吉凶,刚柔相推而生变化,是故吉凶者,失得之象也。"《周易》判断吉凶的办法是"观象",卦辞根据一卦之卦象来判断一卦的吉凶。《周易·系辞上》曰:"八卦定吉凶,吉凶生大业。""探赜索隐,钩深致远,以定天下之吉凶。""天垂象,见吉凶,圣人象之。""定之以吉凶,所以断也。"另外,《周易》"吉"字出现 275 次,"凶"字出现 118 次,"吉"明显重于"凶",这也是中国人乐天知命的一个表现。"吉凶"因为程度不同分为六种情况:"吉"、"吝"、"厉"、"悔"、"咎"、"凶"。高亨《周易古经今注·第六篇·吉吝厉悔咎凶解》,释《易经》之"吉"有:吉,初吉、中吉,终吉,贞吉,大吉,元吉,引吉;释《易经》之"吝"有:吝,小吝、悔吝,终吝,贞吝;释《易经》之"厉"有:厉,有厉,贞厉;释《易经》之"悔"有:悔,有悔,悔吝,无悔,悔亡;释《易经》之"咎"有:为咎,匪咎,何咎,无咎;释《易经》之"凶"有:凶,终凶,有凶,贞凶。"总之,吉者,福祥也;吝者,艰难也;厉者,危险也;悔者,困厄也;咎者,灾患也;凶者,祸殃也。"吉、利喻好,属于"休";吝、厉、悔、咎、凶喻坏,属于"咎"。虽然有五种不理想的情况出现,但是,言及"悔"时,58 次中"无悔"、"悔亡"计 29 次;言及"咎"159 次时就有"无咎"141 次,所以,整体上来看,还是

---

①　在王弼《周易略例》中,唐四门助教邢璹注"序"中写道:"象之吉凶,鲁仲尼之论备矣。"

吉多凶少。另外，与"吉"相关的是"元"、"亨"、"利"、"贞"在《周易》中也出现频仍。《易传·文言》曰："元者，善之长也；亨者，嘉之会也；利者，义之和也；贞者，事之干也。"高亨在《周易古经今注·第五篇·元亨利贞解》中则另有所析："元，大也；亨，即亨祀之亨；利，即利益之利；贞，即贞卜之贞也。"高亨分析《易经》之"元"有：元吉，元亨，元夫；《易经》之"亨"有：亨，小亨，元亨；《易经》之"利"有：无不利，无攸利，利，不利；《易经》之"贞"有：贞吉，贞凶，贞吝，贞厉，贞，可贞，利贞。这四个字在《周易》中出现 500 多次，也大部分是言"吉"多，言"凶"少，如"不利"只出现 39 次，"贞凶"、"贞吝"、"贞厉"出现 26 次，如此等等，都足以说明《周易》对"吉"的喜好以及乐观的精神。而这种思想深深影响风水学说，强调趋吉避凶，并采取种种符合"道"的方法化凶为吉。

其四，气论。《周易·说卦》说："天地定位，山泽通气。""山泽通气，然后能变化，既成万物也。""物"是由山泽"精气"的流动转变而生化出来的，《周易·系辞上》曰："精气为物，游魂为变，是故知鬼神之情状。"据王弼解释说："精气烟煴，聚而成物。聚极则散，而游魂为变也。尽聚散之理则能知变化之道，无幽而不通也。"也就是说，"气"聚则成物，散则成游魂，所以明白了"气""聚散"的道理，便能够知道变化的道理，没有什么神秘的东西不可以被了解。而且，"气"讲究的是"同气相求"，性质相同的"气"就会互相吸引，聚在一起。《乾卦·文言》曰："子曰：'同声相应，同气相求。水流湿，火就燥，云从龙，风从虎，圣人作而万物睹。'"而人类的情感相投也和万物阴阳柔刚的感应交融一样，正如《咸卦·象》所说："柔上而刚下，二气感应以相与。"因此，物必须要"气"相聚才会生，而相聚的基本条件是"同"，有"同"才会"感应"，相互"感应"了才会"相与"，也才会"通"，才会有"变化"，充满生气的万物才会形成，圣人明白这种变化的道理，就能够达到无所不知的境界。"气"的哲学强调的就是中国人所强调的"和"。人要了解大自然的生命奥妙，和自然和谐相与，最终达到天人合一的境界，这样就会亨通，人类也才会蓬勃地繁衍发展。

风水术中发挥了《周易》以及历代关于气的理论，强调气在风水中的作用。在郭璞的《葬经》中，就曾说"葬者乘生气"。在《葬经》中，通篇充满"气"的概念。气无所不在，其表现形式多种多样：

> 夫阴阳之气，噫而为风，升而为云，降而为雨，行乎地中，而为生气。夫土者气之体，有土斯有气。气者水之母，有气斯有水。《经》曰：土形气行，物因以生。夫气行乎地中，其行也，因地之势；其聚也，因势之止。《经》曰：形止气蓄，化生万物，为上地也。《经》曰：地有吉气，土随而起。支有止气，

水随而比。

"气感而应,鬼福及人",死者安葬需选择有"气"之地。"气乘风则散,界水则止",所以要选择得水藏风的宝地,才能"聚"气、"止"气,才是好风水,能够福荫后代。这种说法有多少科学可信成分我们姑且存疑,不过,择地的目的估计一是可以使尸骨不易腐烂,更久地保存,二是寄托生者对死者的哀思和敬重,希望死者有一个美好的居住环境,三是灵魂观念和重生思想,认为亡灵的安息可以使生者更好的生活。说到底这还是出于对"人"的一种关怀,颇有些人本主义味道。

其五,天人合一、乐天知命。天、地、人合一是风水的最高原则,风水的选择必须要真正合于《周易》天人合一、"乐天知命"的精神,正如《乾卦·文言》所强调的:"夫大人者,与天地合其德,与日月合其明,与四时合其序,与鬼神合其吉凶。先天而天弗违,后天而奉天时。天且弗违,而况於人乎?况於鬼神乎?"具有生命力量且行为高洁的"大人"要与"天地"、"日月"、"四时"以及"鬼神"相"合"。如果事先认识到天道,那么"天"便可以在人们的了解和掌握之中,便能做到不会违背人的意愿;如果还不知道天道的奥妙,那么就应该奉行天的时序。既然连"天"都不会违背"合"德的"大人",那么推而广之,普通的人和鬼神就也都不会和大人相违了。因此,"合"于人之生是至关重要的,"以天地万物为一体"(《阳明先生集要理学编卷四·答聂文蔚书(其一)》),方能够达到天、人、鬼神皆成就自己功德的境界,亨通无咎。采取顺应而不是对抗的方式对待天地运行之自然规律,这无疑是中国人的智慧表现。

"乐天知命"在《周易·系辞上》说得更为具体:"与天地相似,故不违;知周乎万物,而道济天下,故不过;旁行而不流,乐天知命,故不忧;安土敦乎仁,故能爱。"这里既是说易道,更是说人道。只有"似"天之"行健"、地之"厚德载物",才不会违背自然规律;智慧周遍万事万物,以道济助天下,才不会有什么过错;即使还没有走上正轨,在旁道运行,也不流失自己的方向,乐于天道而知晓人自身的命运,所以就不会忧虑;安于所处的地位而敦厚自己的仁德,所以能够博爱人和天地自然万物。孔子曰"五十而知天命",这种"知",是一种对世界和自身的认知;同时又是一种"乐",乐达自信。当然这种乐也并不是盲目乐观,而没有忧患之心。"乐"天,与"忧患"时世是并行不悖的。"作易者其有忧患乎?"(《周易·系辞下》)没有危机意识,没有责任感,遁世无为,只顾一己之乐,不是真正的"乐天",而是如朱熹所言:"切冀眠食之间以时自重,更能不以乐天知命之乐,而忘与人同忧之忧。"(《晦庵先生朱文公文集卷第三十八·答杨庭秀(万里)》)朱子是深谙《周易》精神的。

　　从"天地之化"、"万物之理"和"昼夜之道"中去感悟,学习如何立身于世界的道,这就是为什么中国人好"风水",谈"吉凶"的根本原因所在。也正如此,中国人非常重视立身安命之环境,即使是死者葬穴的选择,也是为了生者。而且,"风水"观念使中国人注意环境的选择和美化,从而创造生活的美。正像英国学者李约瑟所说:"风水对于中国人民是有益的。……虽然在其他一些方面,当然十分迷信,但它总包含着一种美学成分,遍及中国的田园、住宅、村镇之美,不可胜收,都可由此得到说明。"正是这种对人的重视和对天地鬼神的敬畏,使中国人追求一种诗意的安居。

　　按照《周易》阴阳、方位、聚气、就吉避凶、乐天知命等原则,风水的选择主要有以下两种:以水为主和以平原为主。按照《周易》的说法:"水流湿,火就燥,云从龙,风从虎,圣人作而万物睹。"风水学说于是以"山泽通气"为原则,强调山水的相生,山随水行,水界山住,水随山转,山防水去(《堪舆完孝录》)。风水里面风水各占一半,关于风,就是强调"气蓄"。风水选址要求藏风或避风,水流去的一边风吹不得,水流来的一边也吹不得;关于水,凡入一局之中,未看山,先看水,以水寻龙。水是龙的血脉,两水之中必有山。故水会即龙尽,水交则龙止。水飞走即生气散,水融注则生气聚。水深处民多富,水浅处民多贫。水聚处民多稠,水散处民多离。流来的水要屈曲绕抱,流去的水要盘桓。会聚的水要悠扬、澄凝。具体要求有八项:一曰眷,去而回顾;二曰恋,深聚留恋;三曰回,回环曲引;四曰环,环抱有情;五曰交,两水交会;六曰锁,弯曲紧密;七曰织,之玄如织,形成水网;八曰结,众水会潴。(《山洋指迷》)水的具体看法是:水色碧,水味甘,水气香,主上贵;色白,水味清,水温暖,主中贵;水色淡,水味辛辣,气味很浓烈,那么此地为下贵。江苏苏州城就是以水为主的选择。遇到缺水或水势不佳的地区,则用开沟引水,挖湖、塘蓄水,筑堤坝拦水等办法取得宝贵的水;遇到不利的山则用山上植树,挖补山形以达到由凶化吉,等等;水流量充足,无须蓄水,则需在出水处筑建桥、亭、堤、塘,并非真正为了蓄水而只起到锁住水流,留得财源的象征作用,另外还有在村头筑塔建阁以保住文运,等等,都是为了采取象征性的办法保护风水。

　　所谓"十山不及一平洋,江北江南富贵乡"。风水先生在选择民居、都城、市镇时,都强调"负阴抱阳"或"背阴面阳"。民居选宅要求是山居则选择平坡建宅,平野则选择高处落居,而且要藏风蓄水。《玉髓真经》认为:"若人家偶在两高合槽处,其家必贫困;若人家偶在一高顶上,水归两旁去处,其家亦必寒窭。山居取平坡,但若在平野,亦要在高处,不取低沉沮洳。"

中国民居颇注意风水选择和营造。试以1996年被国务院批准为全国重点文物保护单位的诸葛八卦村为例。诸葛八卦村位于浙江中西部兰溪市境内,据说该村落整体结构是诸葛亮第27代裔诸葛大狮按九宫八卦设计布局的,距今已有700多年的历史。在村落中心有一口名叫"钟池"(见下图)的池塘,半边池水半边地,两面各设一口水井,形成极具象征意义的鱼形太极图。以钟池为核心,有八条小巷向外辐射,将全村分为八块,全村房屋呈放射性排列,自然地归入坎、震、巽、离、坤、兑、乾八个部位,形成内八卦。更为神奇的是村外八座小山环抱整个村落,小山似连非连,排列在八卦的八个方位上,自然形成外八卦。从高空俯视,内外八卦赋形庄严完整,整个山村隐隐中透出一种和谐而又庄重的神秘。①

钟池边的八卦墙,背面一"福"字

国都、郡府等大、中城市当然更注意风水,要求局势宽大,落气隆厚,非平原不可。"帝都要求大局,也就是垣局,坦局必落平原。"(《地理知止》)所以要求

---

① 图片和文字编辑自遨游搜网站"诸葛八卦村景点介绍",http://www.auyou.cn/scenerylist/1011.html。

象征鱼形太极图的钟池

"背名山而面洪流"。中国历代国都的选址和建设都很讲究易道,考虑风水。春秋时吴国的都城、秦都咸阳城、东汉洛阳城等,包括我们现在的首都北京城,无不是按周易象数、风水理论安排的。

春秋时吴国的都城,相传为吴王阖闾时伍子胥设计修建。"子胥乃使相土尝水、象天法地,造筑大城,周廻四十七里。陆门八,以象天八风;水门八,以法地八聪。"(《吴越春秋·阖闾内传第四》)春秋时奄国都城——奄城,位于今江苏省常州市西南,属武进县湖塘乡奄城村,奄城遗址保存完好,是我国现在最古老、最完整的地面城池建筑。它有三重城墙,即王城、内城和外城。当时的城市规划设计已受八卦思想影响。第一,王城门向南开,八卦为离,离的意思是明,表明王者向明而治,即面南而王。这个门的朝向代表人。第二,内城门西南向,八卦为坤,坤代表地,代表阴。地要顺应天,阴要顺阳,臣要顺王。坤居西南为母,母道在养育万物。西南是万物长养的方位。第三,外城门西北向,八卦为乾,乾代表天,代表阳。乾居西北为君道,为父道,天道尊严。奄城的规划设计体现了天、地、人的和谐关系,是早期风水思想的反映。

秦都咸阳城。宋代张子微《玉髓真经》卷九在谈到秦都咸阳时说:

　　长安之龙,起于横山,其山皆是黄石,绵亘八百余里。及至雍州之地,泾水出安定,在雍州之西,自西而南入渭水,而北是渭氵内(弯曲之处)。渭水出鸟鼠同穴,而鸟鼠为雍州之西山,至泾水所属之地,则为北山。惟此依山狭水,号为天府之国。

可见咸阳的风水是十分好的,秦始皇时代对《周易》象数非常推崇和迷信。《三辅黄图》记载:

> (始皇)二十七年作信宫渭南,已而更命信宫为极庙,象天极。自极庙道骊山,作甘泉前殿,筑甬道,自咸阳属之。始皇穷极奢侈,筑咸阳宫,因北陵宫殿,端门四达,以则紫宫,象帝居。渭水贯都,以象天汉;横桥南渡,以法牵牛。

秦咸阳以正殿象征紫微,渭水穿都象征天汉,上林苑引水筑岛象征东海,这显然是周易思想的影响下造作的。不过,由于统治者无视《周易》中的"形而上"的"道",不以"德"修身治国,只单纯追求"形而下"的外在的"器"的建造,因而达不到天人合一的境界,诸事自然也不会亨通。

东汉洛阳城的规划设计也是按周易象数思想安排的。全城呈南北长方形,南临洛水,北抵邙山,东西六里,南北九里,又叫九六城。为什么要选九、六这两个数字呢?九代表天,六代表地,九六城就是一个小天地。九又代表皇帝,六代表皇后,因此,九六城意味着皇宫。城内有24条大街,街两旁种植栗、漆、梓、桐等各种行道树,还有排水渠道。"外则因原野以作苑,填流泉而沼。发萍藻以潜鱼,半圃草以毓兽。"(班固:《两都赋》)"永安离宫,修竹冬青。阴池幽流,玄泉冽清。鹈居鸟秋栖,鹖舟鸟春鸣。睢九鸟丽黄,关关嘤嘤。"(张衡:《二京赋》)。东汉洛阳城真正是适于人们居住的宝地。

我们现在的首都北京城也是一块风水宝地。以北京为都城始于西周燕国,距今已有三千多年的历史。以后十六国前燕、安禄山的大燕、金、元、明、清都定都北京。辽代北京是陪都。总共有七个朝代或政权在北京建都。

最先用风水理论论述北京作为都城理由的是唐代著名风水师杨益,他说:

> 燕山最高,像天市,盖北干之正结。其龙发昆仑之中脉,绵亘数千里……以入中国为燕云,复东行数百里起天寿山,乃落平洋,方广千余里。辽东辽西两支关攘,黄河前绕,鸭绿后缠,而阴、恒、太行诸山与海中诸岛相应,近则滦河、潮河、桑干河、易水并诸无名小水,夹身数源,界限分明。以地理之法论之,其龙势之长,垣局之美,干龙大尽,山水大会,带黄河,辰(背靠)天寿,鸭绿缠其后,碣石钥其门,最是合风水法度。以形胜论,燕蓟内跨中原,外控朔漠,真天下都会。形胜甲天下,辰山带海,有金汤之固。(《人子须知》引)

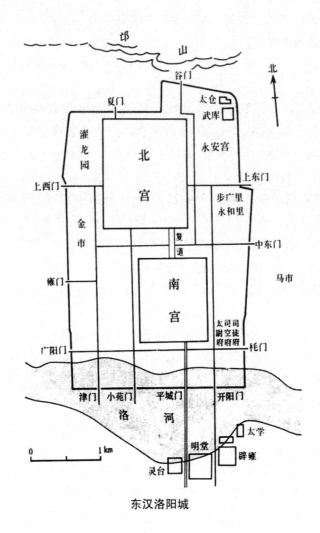

东汉洛阳城

历代都有对北京城的盛赞,明朝金幼孜的《皇都大一统赋》,对北京地势的赞誉是:

> 北京实当天下之中,阴阳所和,寒暑弗爽。四方贡赋,道里适均。且沃壤千里,水有九河沧溟之雄,山有太行居庸之固……维此北京,太祖所属。天造地设,灵钟秀毓。总交汇于阴阳,尽灌输于海陆。南临钜野,东瞰沧溟。西有太行之截山臬,北有居庸之峥嵘。泻玉泉之逶迤,贯金河而回萦。

为什么历代统治者都这样讲究风水,最终却还是不可避免地使其王朝走向衰败呢?笔者认为,这是由于很多统治者不能领会《周易》中的"形而上"的"道",不以"德"修身治国,而只单纯追求"形而下"的外在的"器"的建造,因而

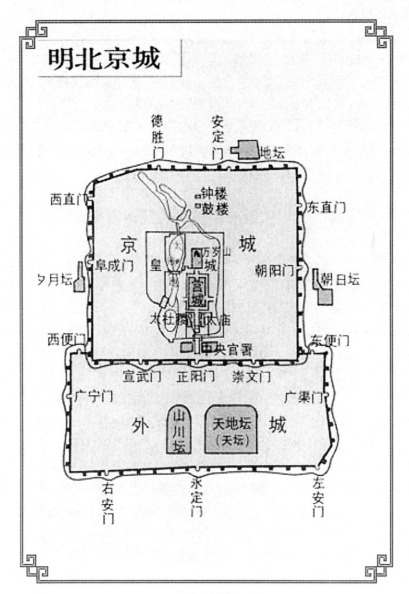

明北京城

达不到天人合一的境界，最后自然也不会亨通。

另外，古代建设都城非常讲究合乎"数"，在《周礼·冬官考工记第六》里有一段话："匠人营国，方九里，旁三门，国中九经九纬，经涂九轨，左祖右社，面朝后市，市朝一夫。"大小城市建设、山居民宅构筑也都会考虑符合《周易》精神，即风水的选择和维护。

笔者认为,"风水",无非是生死安顿问题。《周易》里的"安"便是其中心。"生"的"安"居,"安"顿固无可置疑。即便是"死",也须找一个适宜的"安"宿之地。有关风水的整个思想都是对人生的一种关怀,这种关怀贯注了人生的整个过程:从生到死,从死到生,这正是《周易》风水观的基本点。

当然,《周易》对风水学说的影响不仅仅限于阴阳平衡、五位相得、趋吉避凶、气感而应和天人合一等思想,两者之间的关系还有很多地方值得我们探究,这将是我们下一步的工作。

第二节 象数与中国建筑及诗意安居

象数衍生"风水"学说,"风水"除了利用象数原理对环境进行选择以外,还包括对环境进行改造,通过改造而优化环境,使之由不利转为有利,逢凶化吉,以利于人们居住。这一切充分体现在中国古代建筑上。

中国古建筑造型主要有宫殿、寺庙、民居、园林、书院、宗祠、陵墓、佛塔等。而民居的形式更丰富多样:北方的四合院,黄土高原的窑洞,长白山的井干式民居,南方的天井式民居,江浙的水乡民居,云南竹楼,闽西客家土围子,广西的木干阑,维吾尔的生土民居,蒙古包,等等。这些不同的建筑均有不同的造型,宫殿的雄伟、寺庙的肃穆、书院的庄重、宗祠的严整、陵墓的阴森、园林的玲珑、佛塔的巍峨,风采纷呈,均具有中国特色的建筑艺术美。四合院的对称封闭,黄土窑洞的朴实无华,江浙民居的灰瓦白墙,云南竹楼的凌空俊逸,桂北民居的依山就势,维吾尔生土民居的前院后厅,湘赣天井民居的凭栏俯瞰……这些不同的建筑形象,呈现出丰富多彩的艺术魅力,充满诗情画意,给人以不同的审美感受。

《周易》象、数对中国建筑有非常大的影响,而贯穿于象数的"理"也是中国建筑所具有的"诗意安居"风格和美感的直接原因。

中国建筑的外形和装饰都受到《周易》诸卦象的影响。建筑实体的直观显现是"形",建筑的艺术实际上就是造型的艺术,造型艺术使人们凭自己的视觉可以观感到建筑外部轮廓和内部三维空间的美。《周易·系辞》明确指出中国先人的居住方式和丧葬礼仪受《周易》卦象所影响。据《系辞下》载:

> 上古穴居而野处,后世圣人易之以宫室,上栋下宇,以待风雨,盖取大壮。古之葬者,厚衣之以薪,葬于中野,不封不树,丧期无数,后世圣人易之以棺椁,盖取大过。

《系辞下》认为宫室建筑"盖取大壮"。《大壮》卦由上震下乾(☳)组成。《说卦》曰："震为雷,乾为圆。"《大壮》卦是上有雷雨,下有圆屋之象,它是房屋由山野穴居上升为地上木构房屋(宫室)的符号表征。"栋",屋脊,承而在上;"宇",椽子垂而向下,故曰"上栋下宇",这样人居屋内可避风雨。又,上震为"动",下乾为"健",犹如风雨动于上,而宫室壮于下。半坡村遗址和仰韶遗址便是明证,商周台榭建筑以及历代宫廷建筑的宏伟大制也都可以从大壮卦找到根据。

　　先秦两汉的建筑风格比较侧重于阳刚壮美的表现,其形象追求的是"宽大崇高",其细部追求的是"错彩镂金"。所谓"天尊地卑,乾坤定矣。"(《周易·系辞上》)古人以"大""为贵",《礼记·礼器第十》中讲:"有以大为贵者。宫室之量,器皿之度,棺椁之厚,丘封之大,此以大为贵也。"刘邦因为刚打下天下就大兴土木而感到不妥,丞相萧何对他说:"天子以四海为家,非令壮丽无以重威。"(《史记·高祖本纪》)春秋战国的"高台榭、美宫室";秦始皇建咸阳宫,"覆压三百余里";武则天建明堂提出"时既沿革,莫或相遵……,上堂为严配之所,下堂为布政之居";宋徽宗建明堂"三代之制,广修不相袭,世每近,制每广";清代乾隆更大兴土木,亲自过问,改建祈年殿,故宫和热河建筑群(避暑山庄),引水造山,还说:"水无波澜不致清,山无曲折不致灵,室无高下不致情。"等等,都可以见出中国建筑的审美追求在"大",同时也追求曲致。

　　不过,"君子以非礼弗履。"(《大壮卦·象辞》)《周礼·冬官考工记第六》中将城市分为天子的王城,诸侯的国都和宗室与卿大夫的都城三个级别,规定:"王宫门阿之制五雉,宫隅之制七雉,城隅之制九雉。经涂九轨,环涂七轨,野涂五轨。门阿之制,以为都城之制。宫隅之制,以为诸侯之城制。环涂以为诸侯经涂,野涂以为都经涂。"又说:"礼有以多为贵者。天子七庙,诸侯五,大夫三,士一。""有以高为贵者。天子之堂九尺,诸侯七尺,大夫五尺,士三尺。"建筑的规模必须符合礼制,斗拱的设置、和玺、旋子彩绘以及屋顶瓦的色彩和材质都有明确的等级规定。所以,中国古人虽然崇尚"大",但要求符合礼制的广居和华居。《丰》卦就是一个最好的说明。《丰》卦"象曰:丰,大也。明以动,故丰。王假之,尚大也。""丰",就是"大",光明而且运动,所以受人推崇。不过,《丰》卦上六爻辞又曰:"丰其屋,蔀其家,窥其户,阒其无人,三岁不见,凶",如果房屋过于大,而不见其人,那么就凶险了。《序卦》也指出:"丰者,大也。穷大者必失其居。"过分追求"大"必然会流离失所,所以,丰大要适可而止。

　　中国的建筑以木结构为主,不像西方古建筑的石结构那么永久耐用,木建筑因为火灾等天然的毁坏和人为的焚毁史书上比比皆是。建筑的永久性好像也不是中国古人的终极追求,各朝各代都喜欢大兴土木,建筑的更替也是朝代兴亡的见证。其实,如果历代国君们也能够和"君子"一样意识到"居"的真正含义,追求一种适意的安居,完全可以留下更多美好建筑来见证中国历史。

另外,"重门"也是中国建筑的一个特色。《周易·系辞上》云:"重门击柝,以待暴客,盖取诸豫。"是说城、郭双重门的功能是为了防止外敌入侵以及盗贼抢窃。"阖户谓之坤,辟户谓之乾。"(《周易·系辞上》)房屋空间的启闭开合是它的功能作用,关闭门户是晚上(坤),打开门户就意味着白天到了(乾)。门户在建筑中非常重要,空气、人气(财气、官气、运气等)的流通都必须通过门户的阖辟。"一阖一辟谓之变,往来不穷谓之通。"这样一来,中国建筑的门户甚至是变通的关键,"往来不穷",使凝固不动的建筑变得有生机和活力。还有像窗户之《离卦》(䷝)也是对建筑影响比较大的一卦,此卦象是代表火,比喻光明。仔细观之,六二和六五两爻为中空的阴爻,初九、九三、九四和上九为阳爻,先人"结绳而为网罟,以佃以渔"①大概是取诸离卦,而且古建筑棂格采光窗也取之于离卦,"履错然"②、"黄离"③都可以见其美。《离卦·象》曰:"明两作,离,大人以继明照于四方。"所以,统治者立"明堂"以表达大人"向明而治"④,以太阳普照万方之心治国安民的思想。《礼记》"天子立明堂者,所以通神灵,感天地,正四时,出教化,宗有德,重有道,显有能,褒有行者也"对此说得很明白。既然"重明"⑤如此重要,我们便可以理解中国建筑为什么那么注意通过窗户采光、取景,从而使居住环境具有诗情画意了。

阳宅取自《大壮》卦、《丰》卦、《豫》卦和《离》卦等,讲究"正大"⑥、"重门"和"重明",即以阳刚为美。而阴宅陵墓建筑取自《大过》卦,以"弱"为形,即阴柔为美。《大过》卦象(䷛)是上兑下巽,《说卦》曰:"兑为泽,巽为木。""泽灭木,大过。"⑦即"木"被"泽"掩盖之象。泽引为穴坑,木引申为棺椁,这当指死亡之仪。《大过》卦《象》辞有"'栋挠',本末弱也"之句,这一方面指墓葬的形式:初六(第一爻)为阴爻,中间虚空,似乎很形象地表明了处于地下墓穴中的棺椁墓室;而

---

① 王弼等注:《周易》,四部丛刊初编本,《系辞下》。
② 王弼等注:《周易》,四部丛刊初编本,《离卦》初九爻辞。
③ 王弼等注:《周易》,四部丛刊初编本,《离卦》六二爻辞。
④ 王弼等注:《周易》,四部丛刊初编本,《说卦》。
⑤ 王弼等注:《周易》,四部丛刊初编本,《离卦》《象》辞。
⑥ 王弼等注:《周易》,四部丛刊初编本,《大壮卦》《象》辞。
⑦ 王弼等注:《周易》,四部丛刊初编本,《大过卦》《象》辞。

上六亦为阴爻,表示陵墓上有中空屋宇笼罩于层层墓室之上;中间的四个阳爻表示夯土层。根据考古发掘和建筑史家确证,商周的贵族陵墓,地面上常保留有建筑的遗迹,这便是以后祠堂的发端形式。所以"大过"卦恰似商周墓室的典型形式。另一方面,"栋挠"也是一种自然现象,婴儿期弱小,老年期弱小,那么死亡也没有什么害怕的了,君子要以"独立不惧,遯世无闷"的心态去面对它。这正如孔子言:"未知生,焉知死。""朝闻道,夕死可以矣。"我们可以从古代任意一个有名的墓穴看到"大过"的寓意,即便是死了,"德"也是非常重要的。另外,古人占卜墓地吉凶和《大过》卦九三爻"栋挠,凶"和九四爻"栋隆,吉"很相似,古人选择墓地时有一个简单的试验,把那块地方的土挖出来再填好,过几天再来观察,土地陷进去了就凶,土地隆起来了就吉。

从《大壮》卦我们可以领略先人对人间美好居住的追求,同时,我们又可以看到中国人的死亡观念和土葬风俗。而宗教信仰、祭祀活动在古代社会生活中非常重要,宗庙建设当然尤其重要,这一点在《观卦》和《涣卦》中体现非常突出。

《观》卦,风行地上,古人认为风是最具有感化力、普及力和征服力的。所以,《观卦·象辞》曰:"圣人以神道设教,而天下服矣。"把形而上的"道"神圣化,并用形而下的方式诸如修建宗庙、祭祀祈求等活动表现出来,以达到教化百姓、安定天下的目的。"观,盥而不荐。有孚颙若。"[1]"观"要求庄严肃穆、忠信虔诚、洁净恭敬,这样才能感天动地,感化臣民。从卦象来看,《观》卦(䷓)是一个放大的《艮》卦(☶),艮为门阙,观是高大的门阙,先考先妣与天地都进入了高大的门阙,故为宗庙之象。《观》卦卦象很象是在地上建立巍峨的宗庙殿宇的样子,下面四个阴爻很像长长的路阶,虚道便于君子拾级而上。而九五、上九两个阳爻,居高在上,大而威严,是庙宇和祖先神灵的牌位。"大观在上","观"礼仪是隆重而气势浩大的。

《涣》卦是中国祭祀建筑的典型象征。风水涣(䷺),巽上坎下。"王假有庙","先王以享于帝,立庙。""风行水上"是涣散之象,但同时又是"流行通达"[2]之象。"立庙"是为了以丰厚的供品祭祀天帝以及先祖,以祈求福佑,并且凝聚人心。故《涣》卦卦意为涣散而能凝聚也,聚之使不散,行之使有止。在"涣其群"后却能够"涣有丘",虽然"匪夷所思"[3],但这正是"光大"的缘故。因为王德

---

[1]　王弼等注:《周易》,四部丛刊初编本,《观卦》。

[2]　《易童子问卷第二·欧阳文忠公集七十七》:"涣者,流行通达之谓也,与夫乖离分散之义异矣!"此说甚佳。现在很多人对《涣卦》的解释都只重其"分散"意,谬也。

[3]　王弼等注:《周易》,四部丛刊初编本,《涣卦》六四爻辞。

崇高而流行天下,使天下的人涣散其群,却纷纷归附于"王",所以"涣"而亨。另从《涣》卦的卦象来看,实象庙宇的建筑群。初六中空喻门户,九二喻二门墙垣,六三与六四喻东西各有四个香炉,中空喻通向祭堂的道路,九五和上九喻封闭的神坛殿宇,故其能够藏风聚气。从整个卦象来看,下卦是水波荡漾、险动而柔,上卦是"风随"而行、刚健强悍。九五、上九两阳爻封闭其上,特别是九五"大号"天下,完全可以压住下面阴柔之势,"王"是风,民是"水",风动而水动,风控制着大局,"王居,无咎",有崇高之象。而且,从《涣》卦的六爻"吉"、"悔亡"、"无悔"、"元吉"、"无咎"、"无咎"等吉利的占断之语我们可以看出此卦是非常好的一卦,从中也可以看出为什么中国人对"风水"情有独钟。

另外,《萃卦》和《震卦》也和宗庙建筑有关。"萃","王者富有九州四海万物之象"(《欧阳文忠公集七十七·易童子问卷第二》)。"王假有庙","用大牲吉"①,王去宗庙拜祭,献上丰厚的牺牲,是隆重而吉祥的祭祀活动。"泽上于地",是蓄积的形象,也见出水源积蓄的重要。"震","出可以守宗庙社稷以为祭主也"②。"震"为长子,为祭器。长子守宗庙社稷,是合乎礼仪的。在天电闪雷鸣之际,宗庙祭祀,"虩虩"、"哑哑",谨慎而肃穆,这是对天雷和神灵的敬畏,可以"致福"、"有则";"不丧匕鬯",镇定自若,不慌不忙,有德行而从容,这是君子之风度。这里极具人文精神,是对人的肯定。

从《观》、《震》、《萃》、《涣》诸卦,可以看出祭祀活动是以"大"为美,宗庙建筑也以雄伟壮观、庄严肃穆为美。

以上这些都说明建筑与《周易》卦象有着不可分割的联系。《周易》当然不止以上这些卦对中国风水和建筑有影响,其他卦也都和人们的生活起居相联系,我们不难找出其与中国建筑之联系的蛛丝马迹,这里不再例证。

在中国建筑装饰方面,人们也明显可以看到《周易》卦象的影响,最有说服力的莫过于"龙"了。《周易》中关于"龙"的生动描绘主要集中在《乾》卦。如其各爻辞及"用九"所说的"潜龙勿用"、"见龙在田"、"君子终日乾乾"③、"或跃在渊"、"飞龙在天"、"亢龙有悔"、"见群龙无首"等,都生动地描绘了龙的不同形式的美:隐伏静观以待的"确乎其不可拔"、"栖于田"之"龙德而正中"、"终日乾

---

① 王弼等注:《周易》,四部丛刊初编本,《萃卦》。
② 王弼等注:《周易》,四部丛刊初编本,《震卦》《象》辞。
③ 虽然乾卦九三爻辞没有谈到"龙",但是"终日乾乾"就是"龙"的精神,君子是在学习"龙"的精神,"反复道也"。这和歌德在《浮士德》中所说的"男儿的事业将昼夜不停"有相似之壮美。

乾"之"进德修业"、"跃于渊"的"进退无恒"和"及时"、飞于天的"同声相应、同气相求"、腾于云的"与时偕极"等,我们可以从中领略到刚健美、运动美和曲线美,等等。

同时,我们也可以学习"龙德",即"天行健,君子以自强不息"。中国人的精神,就是龙的精神,也就是自强不息、不断进取的精神。"時乘六龙以御天"①,从乾卦给我们的启示和寓意中,我们又可以看到中国古人的充分自信和人文精神。当然,这种"自强不息"是"与时偕极"的,是与时代和机遇同行、进退自如的"不息"。"龙蛇之蛰以存身"②的明哲保身和"龙战于野其血玄黄"③骁勇奋战都是龙之美。

传说,龙是一种三栖动物,天、地、渊(水),它都可以来去自如。正因如此,中国古人对龙非常景仰,把它当做一种最重要的图腾,当做民族的象征,广泛的运用于生活和建筑装饰中。《说文》中说:"龙,鳞虫之长,能幽能明,能细能巨,能短能长,春分而登天,秋而潜渊。"通常说的"龙有九似",即项似蛇、腹似蜃、鳞似鲤、爪似鹰、头似驼、掌似虎、耳似牛、眼似虾、角似鹿。还有一说"龙有九像",即头像牛、身像鹿、眼像虾、嘴像驴、须像人胡、耳像狸猫、腹像蛇肚、足像凤趾、鳞像鱼。

同时,"龙"的形象虽然万变,却因为"云从龙"④,"召云者龙"(王弼:《周易略例卷第十·明爻通变》),龙总是腾云驾雾"变化云为"⑤,是"吉事有祥"⑥的象征。《庄子·天运篇》:"龙乘云气而养乎阴阳"。龙,成了民族吉祥的象征。《后汉书·张衡传》:"夫玄龙迎夏则陵云而奋鳞,乐时也;涉冬则屈泥而潜蟠,避害也。"《史记·天官书》:"东官苍龙——房、心。心为明堂,大星天王,前后星子宿。不欲直,直则天生失计。"这些,均含有以龙为星的意思。中国古代轩辕黄帝,就被看成是卷龙。《史记·天官书》:"权,轩辕,轩辕黄龙体。"这里的"权"读"卷",指卷龙星。

这种成为中国图腾的龙,并不使人感到恐怖,反而和远古人有着亲密、和谐的关系。正如弗洛伊德在《图腾与禁忌》一书中转述佛莱学说时所说的一样:

---

① 此段引文未标注处均出自王弼等注:《周易》,四部丛刊初编本,《乾卦》及其《文言》。
② 王弼等注:《周易》,四部丛刊初编本,《系辞下》。
③ 王弼等注:《周易》,四部丛刊初编本,《坤卦》上六爻辞。
④ 王弼等注:《周易》,四部丛刊初编本,《乾卦·文言》。
⑤ 王弼等注:《周易》,四部丛刊初编本,《系辞下》。
⑥ 王弼等注:《周易》,四部丛刊初编本,《系辞下》。

"图腾,是一群原始民族所迷信而崇拜的物体,他们相信在自己与它们之中的任何一个均维持有极亲密且特殊的关系……个人和图腾之间的关联是一种自然利益的结合;图腾保护人们,而人们则以各种不同的方式来表示对它崇敬。"①

中国古人们可以尽情对"龙"这个图腾进行审美观照,也乐于把它广泛运用于建筑中,光在紫禁城的太和殿一座大殿上,里里外外,上上下下,就共有12654条神态各异的龙。

另外,除了"青龙"以外,还有"白虎"、"朱雀"、"玄武",即虎、凤、龟,它们组成"四灵",成为中国建筑装饰中常用的主题。它们分别处于左、右、前、后,代表地上东西南北四方。秦汉时期用龙、虎、凤、龟装饰的瓦成了皇家宫殿专用的瓦,唐、宋、明、清四个朝代的皇城宫门也取名为朱雀门(南门),玄武门(北门)。秦始皇陵选在骊山北麓,左边有青龙盘,右边有白虎踞,把西方四神兽用于选择墓地。这正是古代早期的阴阳五行学说影响下的"天人合一"的思想体现。另外,在民居住宅里常见有画在大门、正梁或屋顶上的太极图像,图形显示一阴一阳、一虚一实,象征着旋转不已、生生不息。至于相关门位、屏壁、排水、道路、忌讳、天井、镇符等各种论说,多数含有求吉避恶之意。挂在大门上的照妖镜、铁叉、五色布以及各种符号文字,它们都以形象、色彩、内容起着纳福招财、去灾避祸的风水符号作用,这些传统装饰的产生也应该离不开《周易》的影响。

除了"象"以外,《周易》"数"对中国建筑也有明显的影响。各朝各代的建设都离不开易数,尤其在宫廷建筑中"易数"有着广泛的应用与体现。其中,以三(三极)、九(用九)的运用,最为突出。在《周易》中"三"是象征天、地、人"三才之道"或"三极之道"的一个数字,六十四卦中的每一卦,都包含着三极之道。此所谓"六爻之动,三极之道也。"(《周易·系辞上》)于是,中国传统的宅院建筑之最高规格,也为左、中、右"三路"之制。例如,明清时期的北京紫禁城,山东曲阜的孔庙、孔府等。

北京紫禁城内,前朝、内廷的主要建筑均为"三"大宫殿。以太和殿为主的三大殿之基座(又称须弥座),分为上、中、下"三"重,又称"三台"。而且,每一层的台阶数,也都与"三"有关;"下重级二十有三,中上二重级各九";乾清门"中三陛,三出各九级"。在最高级别的礼制建筑即"天坛"中,祈年殿屋顶为"三"重檐形式,基座呈"三"层。

易数"九"在中国建筑中使用更为广泛而突出。《周易》中《乾》卦六爻全部

① 弗洛伊德:《图腾与禁忌》,中国民间文艺出版社1986年版,第133页。

用九而不用七,谓之"用九","九"乃"天德",即至纯、至萃、至精之德。《乾·文言》曰:"乾元用九,天下治也。"因为中国人相信掌握并运用了"用九"的法则,便可做到天下大治、举国太平。所以在建筑中自然要运用"九"了。从皇家宫廷建筑到民间建筑,都可以找到"九"的影子。西周关于建筑的等级规定是社会制度的一项重要内容。《周易》以"九"为阳数之最,"九"成为礼制等级中最高的一等,形成由"九"逐一向下奇数递减的礼制系统,对城市规划、宫室建筑就有更详细具体的限制。《周礼·考工记》:"匠人营国,方九里,旁三门,国中九经九纬,经涂九轨,左祖右社,面朝后市。"《考工记·匠人》:"内有九室,九嫔居之;外有九室,九卿朝焉。"《西京赋》:"大夏(厦)耽耽,九户开辟。"《大戴礼》:"明堂者古有之,凡九室。"明堂九室,朝堂明堂均然。《礼记·月令》:"季春之月,毋出九门。"郑玄注:"天子九门者:路门、应门、雉门、库门、皋门、城门、近郊门、远效门、关门",此所谓天子九门。

　　北京正阳门建造高度为九丈九尺。各地对旧住宅门第的规模,又向有"九十九间半"的说法。北京故宫的房屋总间数为九千九百九十九间半而不足万间整数,谓之"采九九数"。北京天坛圜丘(见下图)象征天道以及人对天的崇信。帝王祭天自然要用阳数中最高数字即"九"。天坛广泛地应用了数字"九"的象征手法,祭天的主要场所圜丘,它的台阶、栏杆、铺地石都采用象征帝王的最高数九为单位。圜丘呈圆形,共为三层。圜丘最上一层即举行祭天大礼之场所,坛面全部用青石铺砌,中央一块圆石为心,围绕中心石的四周皆用扇面石,一层一层逐层展开。其数为"九",这是第一圈,以后逐圈扩展,所用石料都是"九"与"九"的倍数。第一层一共铺砌石料九圈,形成了一个"九"与"九"的基数,以"九"为级数,逐层增加序列。即 9、18、27、36、45、54、63、72、81;第二层以此类推,为:90、99、108、117、126、135、144、153、162;第三层为:171、180、198、207、216、225、243。所用石料数皆体现出"九",象征九重天。三层平台四周皆有石栏杆,最上一层的四面栏杆,每面各有 9 块栏板,四面共 36 块;第二层每面 18 块,下层每面则 27 块。三层平台之间皆有台阶上下,每层台阶皆为 9 步。在北京紫禁城太和殿、保和殿台基中央皇帝专用的御道上雕着 9 条石龙,主要宫殿的四条戗脊上排列着 9 只走兽,皇宫门前最大的影壁上用 9 条龙作装饰,所以称为"九龙壁",而且在这座九龙壁的屋脊上有 2×9＝18 条行龙,影壁壁面用了 30×9＝270 块不同的琉璃面砖拼合而成。这都可以看出中国古人们在建筑施工中对"九"的崇拜。

　　总之,以三和九为代表的阳数在中国古典建筑中备受青睐。其他易数在中

天坛圜丘

国建筑中也多有体现。三层圆台上层直径为 1×9＝9 丈,中层直径 3×5＝15 丈,下层直径 3×7＝21 丈,阳数中的一、三、五、七、九皆包含在其中了。明代三大殿共处的工字形大台基,其南北长为 232 米,东西宽 130 米,二者之比为 9∶5。按阴阳之说,单数为阳,阳数为九属最高,五居中,所以古代常以九和五象征帝王之数,称"九五之尊"。①

　　另外,"四"在建筑中也比较受重视。祈年殿为祈求丰年之地,所用数字多与农业有关。圆形大殿的柱子分里外三层,最里层为 4 根大立柱,象征着一年四季;中层 12 根立柱象征一年 12 个月;外檐 12 根柱象征一天 12 个时辰;中、外两层 24 根柱子又象征一年 24 个节气。易数对中国建筑影响深远还有一个明证是,我国在汉代以前,多使用洛书、河图的原理于土木工程学。这方面的例子不胜枚举,如《尚书·洪范篇》、《管子·幼官篇》、《墨子·近敌祠篇》、《易纬·干凿度》、《大戴礼·明堂篇》等所记载的九畴、祠庙、太庙、明堂等之建筑或所用方法都明显地运用了易数原理。至于易数用在迷宫、奇门遁甲等方面,似是晋、隋

① 参见傅熹年:《关于明代宫殿坛庙等大建筑群总体规划手法的初步探讨》,载《建筑历史研究》,第 3 辑,中国建筑工业出版社 1992 年版。

时代才开始,且多出于方术家的著作或言论(兵家也采用),即所谓"术数之学",四库全书便收有不少这一类的书籍,并说曾经淘汰了多种。其数量不可谓少。入宋以后,便正式出现了含有位置解析学的数字几何图形,大都由洛书九数衍出。

贯穿于象数的理,或曰"道",无处不存在美的哲学。中国建筑的规模、色彩、材料和装修,以及立面造型和平面规划都效法《周易》精神。

其一,无处不体现"阴阳"之道,如"阴阳相济"、"虚实相生"、"刚柔互补"等原则。

《周易·系辞下》说:"阴阳合德而刚柔有体。"中国建筑艺术,既有阴柔阳刚美的侧重,又提倡两者和谐,强调阴阳两种势力的对立统一,高低凹凸、明暗虚实的阴阳变化与相和。建筑的构图观念和形象特征中的刚柔、明暗、凹凸、硬软等都无不是"阴阳"之道的外现。传统建筑的基本立面构图是三段式的,底部为台座或台基,中段为柱子加出挑屋檐的斗拱,顶段便是颇有民族特色的大屋顶。这一形象本身就表现出虚实有规律的变化。台基实体一块为阳,柱子加斗拱较虚透细巧为阴,大屋顶庞大如盖又为阳,而这三部分又各有阴阳变化。台基虽实,但常选用白青灰等浅色石砌。如重要建筑台基较高,则往往分成数层,并围上雕刻精细的拱杆(如天坛祈年殿,太和殿的汉白玉台基),以避免其外观过实而使阳中蕴阴,柱子虽然较虚透,但其刚直有力擎托起大屋顶,且常漆成红色,斗拱亦作牛腿挑梁形,使其虚中带实,阴中有阳刚之气。最为奇妙的是我国古建筑的屋顶,集中反映出与西方建筑不同的风神情调。西方建筑多圆形,葱头形的弯隆顶和三角顶,它们向上凸起,外张感较强。而我国建筑的屋顶是微微向上反曲的,形成十分柔和、完美的凹曲线。屋角也经过特殊的艺术处理——夸张地向外卷起,形成优美的飞檐翘角。这样,尽管硕大的屋顶主要表现出阳刚之美,但它那非几何性颇具内敛感的造型,又带有飞动、轻巧、跳跃等阴柔美的特征,达到了以阳带阴,虚实结合的和谐统一。所以传统建筑艺术唯有含刚蕴柔,寓刚于柔,方算妙品。

其二,在此影响下,中国建筑还十分讲究对称变化之美。

卦象对称美技术在建筑上得到广泛应用,可以以北京故宫建筑为例。从天安门到神武门,整个庞大建筑群,以中轴为基准,前后、左右处处注意对称。以太和、中和、保和三大殿为中心,乾清、坤宁二宫为后卫,文华、武英二殿为侧翼,无论形象和名称,都体现对称协调原则。御花园中的山、水、木、石、亭阁之间也无不注意安排得对称协调。这个理论对于阳宅和阴宅均适,如在建房或墓地选择时应该有围合"马蹄形"的环境空间,便于避西北风和接纳阳光,有利人们的生存和健康。同时,建筑设计要有变化才美,无变化,呆板则不美。变化要结合山水地形之变化,甚至为了美,应该适当地将原始环境加以改变。

其三,对景、意、境交融的审美情境及意境的绵延无尽之追求。

中国古典建筑既讲究"观物取象"、"立象尽意",又讲究"方圆相胜"、"小中见大"、"意境相生"、"象在意外"的情景交融,崇尚境外景、景外境之美,中国的园林建筑更是其中的杰作。阴柔秀美的园林与正规建筑、广殿高楼互补,追求诗情画意和韵味含蓄,体现出一种朴素、雅洁、宁静、自然的风格。中国传统建筑幽隐深密的意境还体现在庭院美中,所谓"行其庭不见其人"(《周易·艮卦》)。庭院一般是指前后建筑与两边廊庑或墙相围成的一块空间,建筑主阳为实,庭院主阴为虚,这一虚一实组合而成的"前庭"和"后院",按中轴线有序连续的推进,大大增强了传统建筑阴阳合德的艺术魅力。北京的故宫、山东曲阜的孔庙等建筑集群之所以会吸引千千万万旅游观赏者,其主要原因恐怕亦在于此。如果孤立地去观赏这些群体中的主要殿堂,它们的基本造型变化不大,不能反映出古建筑艺术的绚丽多彩,然而一旦将它们用围廊、门楼、亭阁、隔墙等有机地组合在一起,形成虚实相济的建筑群,其感染力会大大增强。即使在秦汉时期主要表现阳刚之美的建筑中,也不是完全不注意室外空间的组合。如秦阿房宫,也不是实体一块的建筑单体,而是以殿、楼、阁,以及诸多架空间道、复道联络组合而成的庞大建筑群,在阳刚之美中透出丝丝的秀美。而且,建筑环境强调有山有水,这是中国传统审美的追求,也是人们阴阳平衡的心理需要。

可见,中国园林和建筑都不约而同地追求阴阳和谐、对称变化、象在意外等审美境界,其目的都是要最终达到"天人合一"、人与环境的统一和谐。

另外,中国生态环境建设和保护也与建筑一样,都受到《周易》潜移默化的影响。比如说居住环境犹如人体之完美,有首、有臂,两臂围合,环境安全,背靠的山又有金、木、水、火、土五行。北侧的山应高大,居中为玄武,左侧应有青龙山辅佐,右侧有白虎山挡风,南有朱雀山为屏应,前有河水流过是理想的风水地,也就是"枕山、环水、面屏"的空间模式。中国历代的环境保护思想和环境保护法规均受《周易》"生民"及"居安"之思想的影响。

总之,《周易》非常重视"居"。而"居"中的人文精神,向往诗意安居,是中国建筑的灵魂所在,也是中国人的真正追求。这应是人类共同的崇尚。《周易》有 32 处谈到"居"。其"居"可以分为两种:一种是利于"居"的:"居贞吉"、"利居贞"、"居吉"、"居无咎"。而"所居而安者"主要是因为"正位居体"、"居位中"，而这就要求"居上位"者在"居方"、"居业"、"居其室"、"居其所"时都必须"宽以居之"、"居德"、"居贤德"、"屯见而不失其居"。也就是说，君子要以"德"为居，并且要懂得让人们安居乐业。另一种是不利于"居"，而利于"迁"的："二女同居"，这是指不同"志"者不可以同"居"，强调"居"的志同道合。"物不可以久居其所"，"穷大者必失其居"，也就是说，"久居其所"不利于人和事物的前进变化，而且，"居"要得其"所"，"非所困而困焉，名必辱；非所据而据焉，身必危"，强调的是符合身份和地位的适意之"居"。"为道也屡迁，变动不居"，"道"是因为时势的变化而不断变化的，那么圣人也应该"通其变，使民不倦，神而化之，使民宜之"。也就是说，通晓变化之道，让老百姓迁而不怨恨疲倦，让"迁"等重大活动神圣而有意义，使老百姓和乐从容地对待，居其所而得迁，乐于迁。"穷则变，变则通，通则久"，圣人应该明白这个道理，也要让百姓明白这个道理，这才是人民安居乐业、繁荣昌盛的真谛所在，这样便能够"垂衣裳而天下治"，天下太平了。"居"和"迁"，不同情况的两种选择，都是以"安"为目的。"居"是"安"，"迁"是为了"安"，正如《周易·井卦》"居其所而迁"的道理一样，最终也是"安"。同时，"居"又不是静止不动。"君子居则观其象而玩其辞"，君子在日常起居中观天地万物之易象而把玩易辞，那么"居可知"，从"刚柔杂居"①可以占断吉凶，可以达到智慧的境界，也可以达到美的境界，"乐土，乐土，爰得我所！"（《诗经·魏风·硕鼠》）天下和平、"乐土"安"居"，是全世界百姓的共同追求，"居"之意也大矣！

①　本段涉及"居"的引文均出自王弼等注：《周易》，四部丛刊初编本，恕不一一标注。

第五章　象数美学价值的现代性思考

第一节　象数：让世界走向中国

《周易》让世界了解中国。《周易》也为世界其他国家的人们和学者打开了认识中国古典文化、哲学以及美学的大门。

其一，《周易》象数对东方国家影响巨大。特别是韩国和日本，对中国文化膜拜已久，往往照搬中国《周易》象数思想。就以韩国为例，《周易》在朝鲜半岛的传播不仅源远流长，而且至今仍然广泛而深入。位于朝鲜半岛南部的韩国以太极图形为国旗图案（见下图），韩国柳承国在其《太极旗的原理和民族理想》一文中说："太极旗是象征着大韩民国的理念和民族精神的国旗，是白地儿中间有

韩国国旗

一圆形的太极，太极由两种颜色青色和红色组成，分别含有阴、阳两种含义，太极的周围是乾坤坎离四卦。"他并对其具体含义作了说明：白地儿"表现了传统上就尊重白色的白衣民族的纯洁性和单一性"；圆形的太极图是因为"太极是宇宙

万象的根源,是作为人间的源泉、永不灭亡的真理"。又说:"不但包含了太极的原理,人道的极致是人极,而人极即是太极";阴阳两仪其含义是阳代表天,阴代表地,"在天和地之间产生了人类社会和民族国家,同样在阴阳的循环与调和中百事万物生长繁荣";乾、坤、坎、离四卦实际上是乾、兑、离、震、巽、坎、艮、坤八卦的缩略,"表示阴阳作用在空间上的广大无边和时间上的永远无穷"。四卦的特征是"乾作为天道意味着至公至善的正义;坤作为地象征着厚德丰饶等共同利益;坎作为水性表示智慧和活力;离作为火性意味着光明和热情"。指出"'正义、丰饶、光明、智慧'这四种东西是我们大韩民国的国是"①由此可见,《周易》在韩国的至尊地位,也可以看出《周易》象数文化精神的巨大张力和世界意义。

　　其二,**西方数学和中国古老的易学有很深的渊源**。易数和西方数学在很多方面有不约而同的发现,如易卦与群论的联系。群是现代数学中一个极为重要的概念。它是 19 世纪法国青年数学家伽罗华(E.Galois,1811—1832)在研究 5 次以上代数方程的解法时,于 1832 年引进的。今天群论已发展成为一门艰深的数学分支学科。我们看到,在适当地定义了易卦集(类似地对两仪、四象、八卦的集也一样)的运算之后,易卦集就成为一个交换群。它与数学中的模 2 加群同构,而且有许多有趣的子群。又如:易卦与集合论的联系。集合论是现代数学的基础,它不仅渗透到了数学的各个领域,也渗透到了许多自然科学和社会科学的领域。德国数学家康托(G.Cantor,1845—1918)首先提出了集合的概念,他于 1872—1897 年间发表了一系列关于集合论的论文,奠定了集合论的基础。《周易·系辞上》说:"物以类聚,人以群分",这里所说的"类"与"群"就与数学中的"集合"概念非常接近。再如:易卦与布尔代数的联系。布尔代数最初是在对逻辑思维法则的研究中出现的。英国哲学家布尔(G.Boole,1815—1864)利用数学方法研究了集合与集合之间的关系的法则。布尔向量常被用来作为描述一些具有 n 个因素而每个因素都有两种对立状态的数学模型。我们看到,每一个易卦都可以看成一个布尔向量;反过来,每一个布尔向量也可以当做一个易卦。而易卦的全体所成的集合又是一个布尔代数。我们完全可以肯定西方数学和易数很多方面殊途而同归,而且易数往往遥遥领先。因此,易数对西方数学的影响不容忽视,这其中还有很多数学之谜期待我们去解答。

　　其三,**《周易》象数对西方数学和文明之深远影响是不容置疑的**。如西方人写计算机发展史,或承认中国四千多年前所发明的珠算,乃是今日计算机的老祖

---

① 朱伯崑主编:《国际易学研究》,第 1 辑,华夏出版社 1995 年版,第 276—278 页。

宗;或承认中国在六千年前伏羲所发明的洛书或九宫迷阵,就正是今日计算机的自动控制系统之理论基础。不但西方的旧数学,和我国有很深的历史渊源;就是西方的新数学,也仍和我国的古数学,脉络相通。诸如新数学中几何图形,乃至于集合、逻辑的新观念,尤其是计算机所使用的零与一两进位计算法,以及太极图、卦图、河图、洛书的作图法,等等,大都与我国的《易经》及古数学,有不可分的关系。以发明微积分和二进制(二元式)数学①而名震世界的18世纪德国大哲学家兼大数学家莱布尼茨对于《周易》的推崇,简直是到了无以复加的地步,他在写给白进德神父的信中说:"易图是留传于宇宙间的科学中之最古的纪念物。""易六十四卦给予了普通文字的发明以重大的暗示,使思想与数发生关系。"他还充满感情地说:伏羲握住了文字、数学、科学"这方法的钥匙","应该允许我们做中国人吧!"由此可见,《周易》象数对西方文明之功不可没。

　　其四,许多重要的西方思想家都特别重视《周易》对于中国文化的影响,并将其作为人类文明的一种重要成果来加以看待。法国学者狄德罗(Diderot, Denis,1713—1784)在他所主编的《百科全书》中把《易经》及其相关的符号、象数等作为中华民族思维方式的重要特点。即使是对东方哲学有严重偏见的辩证法大师黑格尔也十分重视《周易》和《老子》,把阴阳辩证法看做中国人的"全部科学"或"最深的科学"。② 一些西方学者对《周易》研究颇深,他们非常推崇《周易》,并且从《周易》中受到很多启发和启示。据说1701年11月,白进德把中国宋代邵雍(1011—1077)的伏羲六十四卦次序和伏羲六十四卦方位图寄给了莱布尼兹。莱布尼兹(G.W.Leibriz,1646—1746)惊奇地发现六十四卦符号竟然与他发明的二进制原理完全吻合;丹麦著名物理学家玻尔(N.H.D.Bohr)发现太极图("阴阳符号")竟是量子力学互补性原理并协原理的形象说明,并最终选定太极图作为他的族徽图案;英国著名科学家李约瑟(J.Needdham)终生选择中国科技史为研究事业,对《易经》符号用于炼丹术倾注极大兴趣;美国当代物理学家卡普拉(F.Capra)认为卦象符号具有通过变化产生动态模式的观念,与现代物理中的S矩阵理论最为接近……美国、德国、英国和日本的一些科学家、数学家(现在美国数学家把数学列为艺术)及大工商企业家,他们已经正在重新审视、

---

①　记述莱布尼兹二进制数学最详明的,首先是仇丹(Dutens)的莱布尼兹全集,其次便是科秋拉氏的莱布尼兹化理学,以及现在尚存留汉诺威图书馆的莱氏二进制元配六十四卦图表六件和书札等说明。莱氏以0代表阴爻,而以1代表阳爻,并以[000000]代表坤,以[111111]代表乾。莱氏的二进制元算法,比伏羲晚了六千多年。

②　参见方克立主编:《中国哲学与辩证唯物主义》,高等教育出版社1998年版,"导论"。

研究和应用《周易》的科学价值。无论在工商管理、计算机设计、数学理则等方面，处处都和《周易》的数学原理联系在一起。而且，《周易》的数学价值已经越来越引起国际上的广泛注意。

在当代德国，《周易》卦象还作为一种思想和美的象征被极力尊崇。柏林市政府通过了一项市政规划，将位于市中心的圆形广场改建成以《周易》为主题的文化广场，名"周易广场"（I Ging Platz）。按照这个规划，64块分别刻有六十四卦的金属圆盘将矗立于广场四周，卦名等内容分别用中文、德文和英文三种文字书写。①

当然，中西文化的交流还存在很大的距离。最突出的例子是，西方著名美学家鲍桑葵居然认为中国、日本，甚至整个东方都"没有关于美的思辨理论"②，因而在他的代表性专著《美学史》中便没有东方美学的位置。西方很多著名美学家也犯过类似的错误，显然除了"欧洲中心论"的思想在作怪外，还是因为对中国和东方美学缺乏了解的缘故。现在这种局面有所改观，但迄今为止，西方美学家对中国美学仍缺乏真正的了解，西方学者对《周易》的了解因文化差异而认识有限，比如美国人研究《易经》，却谬误颇多。多数美国书商把《易经》翻译成"变化的书"（The Book of Changes），就较"易有不易（即不变）、变易、交易、简易四义"少了三种意义，因此也不能够完全阐释"易"的博大精深，而只能表达"易"中之义。不过，令人庆幸的是，很多西方学者已经把《周易》当做一种世界文化，一种共享资源，并被之深深吸引。台湾学者黎凯旋先生在他的《易数浅说》中提到两份来信，从中可以看出西方人对《周易》的态度：

> 我们知道，《周易》反映和代表着中华民族传统的思维和说理方式。然而，对于产生于中国的《周易》，也可以从一个更为抽象的角度进行审视。这时便会了解到，就它反映和代表的一定的思维认知的形式来说，是人类所共有的，是可以为人类所共享（share）的。这就是说，它揭示的是真理性的东西，而真理是没有地域或民族性的。所以，当称之为"我们的《周易》"时，容易使人产生某种真理垄断的感觉。显然，围绕《周易》称呼上的这类忌讳，并非忌其冲犯神圣，而是忌其"冲犯"真理，它反映了西人的大易学

---

① 原注：internet：www.wir—gmbh.de/501/mehring/mehring3.htm，赵继明：《现代西方易学对话》，《山西大学学报（哲社版）》1999 年第 4 期。

② 鲍桑葵：《美学史》，商务印书馆 1985 年版，第 3 页。

观——《周易》不是"你们的"或"我们的",而是"世界的"(global)。①
这可以代表国外学者的普遍态度,其一是他们都认识到了《周易》的重要性,其
二,他们正在挖掘《周易》的价值,而且执意认为《周易》是全人类的共同财富,应
该共同开发和利用其宝贵资源。我们也认同这样的说法,《周易》的智慧与方法
不仅属于中华民族,也属于世界各国人民,具有文化人类学价值。

由此我们应该认识到,《周易》可以成为一扇使全世界认识中国的大门,开
启它,意味着让世界走进中国。我们有责任向国外学术界介绍中国哲学和文化。
我们应该加大对《周易》的阐释和述介,让外国学者正确认识《周易》的象、数、理
的价值。而其中的一个有效途径就是通过象数美学的角度,让更多人了解中国
文化、了解《周易》,了解中国传统美学和中国的文学艺术。

第二节　象数美学价值的现代启示

诚如当代学者张其成先生所言:"由《易传》所创立而由象数学派所发展的
'象数思维方式',采用取象—观象法、取数—明数法、符号模型法,表现出整体
性、功能性、形象性、变易性特征,对中国传统文化尤其是传统科技(以中医为代
表)产生了重大影响。"②"象数思维方式"不但在传统文化中立下了汗马功劳,
而且其影响现在依然在扩展。近代以来,对于《周易》的关注已大大地超越了中
国的国界,易学研究成为国际汉学界以至国际学术界关注的重要课题。目前,各
国的易学会异常活跃,各种类型的国际易学研讨会在中国大陆、台湾和世界各地
频繁召开,各地易学研究者不断推出优秀研究成果,在中国台湾中华易经学会和
山东大学周易研究中心(现山东大学易学与中国古代哲学研究中心)等重要易
学研究机构的大力推动下,易学研究已成为海峡两岸学术交流的最重要领域和
最活跃通道之一,也成为中国文化走向世界的最有效途径之一。易学研究成为
了国际学术界的一门显学。

象数美学思想也越来越被发现和重视,在中国当代得到广泛应用:各类商标
设计、网络设计理念、环境美学应用、后现代艺术等,处处可见象数的影子。象数
美学价值越来越彰显,特别是由象数衍生的《太极八卦图》,即通俗所言《阴阳鱼

---

① 美国易学家 Carol K. Anthony 1995 年 1 月 11 日来信;德国心理学家、易学翻译家 Hanna
Moog 1998 年 11 月 1 日来信。[转引自黎凯旋:《易数浅说》,(台北)易学出版社 1992 年
版]

② 张其成:《象数易学》,中国书店 2003 年版,"前言"第 4 页。

图》,利用最广。《阴阳鱼图》当前在有关《易》学、气功、武术、医学等领域的会议、书籍及有关的团体的徽记上,频频出现。不少现代化的企业也用《阴阳鱼图》作商标或徽记,如电视台标、公司标志,往往生动而具有美感,其中都有《周易》阴阳理念的影子。可以说,工、商、学、农、医、艺等各界都深受《周易》思想影响。

象数美学在 21 世纪似乎受到更大重视。如吕尧臣、吕俊杰为献礼建国六十华诞设计的“阴阳太极壶”(见下图)就是以“阴阳太极图”为元素,采用“壶中藏壶”的形式将阴壶(红)、阳壶(黑)合二为一,诠释阴阳相合生万物、进而生生不息的“和谐、生福(壶)”理念。并且于壶形中隐藏了 6 个“60”造型,以对应建国60 周年,可谓是六六大顺,天作之合。两“壶的手”(见下页图)相交相扣,以西方人体艺术夸张手法象征阴阳、男女,阴阳两极互相勾连,充满了生命的律动。与壶相配的五个紫砂杯象征着水、木、金、火、土,壶和杯的摆放暗合阴阳五行之道。

吕氏阴阳太极紫砂壶

当然,在《周易》成为显学的同时,我们应当沉思:到底有多少人真正懂得“易”？我们打开网络,各类易学网站层出不穷,铺天盖地,不过,专业性、学术性的网站不多,而大多数钻进《周易》“占筮”的死胡同里,玩弄小术,谈不上传播《周易》的“道”,更谈不上宣传象数美学思想了。而且,《周易》及其易学的研究和实际的运用相隔甚远,理论和实践脱节,这使《周易》成为一卷大而无当的故纸堆。《系辞下》曰:“易之为书也不可远”,《周易》是中国古人留给我们的宝贵

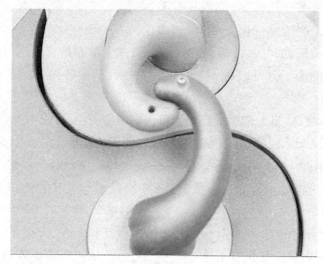

壶的手

财富,它的最大好处就在于它的变易性和普适性,我们不可以疏远它。我们要好好地挖掘它的现代价值,让它熠熠发光。笔者认为,目前我们可以从下面三点来考虑。

其一,象数美学和科学技术相结合,发掘其实践价值。现在是科技的时代,象数美学思想研究和利用必须"与时偕行",也就必须和科学技术契合,必须有实用性,能够更好地服务于人类的生活和工作。《周易·系辞下》曰:"不可为典要,唯变所适。"恰如王弼所言,《周易》"不可立定准也"①。《周易》之所以现在还完整地保留下来,原因之一就在于它一直"变动不居",永远和时代同进退。我们要更多地挖掘象数的实用美学价值,更好地发挥象数对中国的科技、天文、数学、医学、建筑、文学、艺术等诸方面的良好作用,去除象数中的迷信成分和杂糅部分,而继续利用其阴阳相生、平衡对称、流转变化、无限延展等美学思想,使中国建筑、雕塑等艺术更有创意,符合美的旋律,流盼生辉。现代科学技术日益发达,西方美论对中国传统也冲击很大。但是,并不说明《周易》象数的地位就不重要了。相反,如果要使民族更有生存力、竞争力,那么必须重视中国传统哲学、文化的精髓,《周易》象数美学思想在科技发达的当代社会依然有其利用价值。《周易》智慧与美学不仅属于历史,也属于现在,并具有未来的意义,我们应该以发展的眼光来看待它,不断开发它的潜力。我们要结合两者,使《周易》象

① 王弼等注:《周易》,四部丛刊初编本。

数美学融入现代生活,使枯燥乏味的科技化社会充满着爱、生命和美。

其二,**象数美学和忧患意识偕行,"以化成天下"**。毋庸置疑,《周易》象数强调一种高雅的"玩"之审美、"乐"之境界的同时,又是充满忧患意识的,这也正是中国美学的高贵品质。《系辞下》发出感慨:"作《易》者其有忧患乎?"作《易》的人大概是有忧患意识吧!? 读到这里,我们不由得感到历史责任压肩的厚重感。"鼓万物而不与圣人同忧"①,易道使万物由之以化生,而圣人虽体道以为用,但是又不能无所作为,所以辛苦经营,独自忧心。"后以财成天地之道,辅相天地之宜,以左右民。"②君王学习天地的法则,而制定社会阴阳交流动的法则,助成天地法则合宜的推行,以达到指导人民之目的。这是怎样的责任感与义务感! 这里蕴涵着浓厚的求生意念和发展观念,不是求一己之生,而是求人类的生存、百姓的发展。正因为《易》"又明于忧患与故",才使人可以从中学习到生存的道理,恰如《孟子·告子下》所言:"然后知生于忧患而死于安乐也。"所以,整个《周易》美学,包括象数美学,其核心是清醒的忧患意识。是我们当代社会生活和审美活动必须注意的。正因为有了忧患意识,才不会让那些垃圾"文化"、低俗"艺术"充斥我们的世界,毁坏我们的文明和美。我们应该有责任感、历史感,怀着忧患意识,在对"道"的探索中,不断寻求美、发现美、创造美。

其三,**象数美学盈溢人文精神,达到"太和"境界**。象数美学的重要表现在人文精神的充分张扬。从中国文化方面来看,"人文"二字最早出现在《周易·象传》:"文明以止,人文也。观乎天文,以察时变;观乎人文,以化成天下。"对"人文"的了解和观察,可以达到教化天下的效果。刘勰《文心雕龙·原道》认为"太极"是"人文"的起源:"人文之元,肇自太极,幽赞神明,《易》象惟先。"当代学者庞朴在《中国文化的人文主义精神(论纲)》中说得非常明白:"放眼整个世界,拿希腊、印度、中国这三大古老文明作比较,人们会承认,以伦理、政治为轴心,不甚追求自然之所以,缺乏神学宗教体系的中国文化,倒是更为富有人文精神的。"③《周易》象数虽然有很多的卜筮成分,但是,终极目的只有一个:为人服务,而且更强调"动"之合乎"道"。《周易》在处处重视人自身的教化和高尚人格的塑造的同时,强调"天人合一",即与自然和谐共振,天地人鬼神达到高度的统一,以此达到真、善、美统一的境界。怎样达到人和自然的和谐,人和人之间的

---

① 王弼等注:《周易》,四部丛刊初编本,《系辞上》。
② 王弼等注:《周易》,四部丛刊初编本,《泰卦·象辞》。
③ 庞朴:《中国知识分子的人文精神》,河南人民出版社1994年版,第9页。

和谐,人自身心灵的和谐,达到"太和"境界,在当今物欲横流的社会,显得更为重要。这种人文精神应该说更适宜于人类在地球上和平健康居住。正是这种人文精神,使人类对自身备加关怀和尊重爱护,并因为重生而强调不断地对人自身的"德"进行培养,培养健康的人格。这种人文精神的突出表现是中国美学的"乐生"境界。对生活和未来充满信心,对挑战和艰险无畏无惧。在现实人生中,我们应重拾象数美学的人文精神,重塑"大人"形象,重塑乐生的文化心理,而不应面对困境时悲天悯人、消极度日,这正是《周易》象数美学在当代文化中的意义所在。

《周易》象数之美,恰似"黄裳"①,静静地展现在我们现代人面前:"君子黄中通理,正位居体,美在其中,而畅于四支,发于事业,美之至也!"②对其进行全面研究,开拓创新,必可为和谐社会建设提供很多思路。

---

① 　王弼等注:《周易》,四部丛刊初编本,《坤卦》六五爻辞。
② 　王弼等注:《周易》,四部丛刊初编本,《坤卦》文言。

结　语

　　"《易》之为书也,广大悉备。"①此言不虚。《周易》实乃中国古代百科全书式的宝典,蕴藉着中华民族的深层智慧和生活艺术,积淀着中国古人的美学思想和人文精神。

　　古往今来,不知有多少学者,以"探赜索隐,钩深致远"②的精神,探索《周易》种种奥秘。英才如云,注疏充栋。《周易》恰似一片开启乾坤之门的金钥匙,启迪一代代文哲的情感和智慧。"仁者见之谓之仁,知者见之谓之知。"③每一领域的每一个研究者,都能从中获得启示,挖掘到自己需要的宝藏,形成为己所用的观点。

　　构成《周易》智慧和精神的最根本的起点无疑就是中国古人观察和把握宇宙万物所采用的两个最基本维度:"象"和"数"。④ 笔者以五章之目,近十七万之言,探讨了《周易》象数所蕴涵的美学思想,对其和中国艺术、人文环境的关系作了粗浅的爬梳,并试图对其进行现代性思考。因而,笔者自揣对《周易》象数美学思想中的人文精神和乐感特点有了一定的把握,对中国艺术特点和诗学理论的象数渊源亦有了一些初步的认识。然象数蕴涵何其深邃、外延何其广大,实乃不可穷、不可尽也。笔者一介女流,又何能尽其美学之堂奥!唯冀能窥其冰山一角而已。

　　此之一角,又何其之大,何其之坚!笔者关于"《周易》象数美学思想"的研究工作还远未成熟,尚有不少谬误。且笔者对其越深入研究,越觉其奥妙浩渺,深感不能将其穷尽。"物不可穷也"⑤,此为的言!

　　《周易》以"未济"作为六十四卦之尾,蕴涵着中国先贤对宇宙间一切时、空、

――――――――

　　① 王弼等注:《周易》,四部丛刊初编本,《系辞下》。
　　② 王弼等注:《周易》,四部丛刊初编本,《系辞上》。
　　③ 王弼等注:《周易》,四部丛刊初编本,《系辞上》。
　　④ 宗白华先生持此观点。
　　⑤ 王弼等注:《周易》,四部丛刊初编本,《杂卦》。

质、量、事、理的循环和变化之无穷尽特质的认识,也充分显现出中国古人开放的眼光、绝顶的智慧和勇敢面对未知世界的求索精神。宇宙是无限的,万事万物的发展变化也是不会穷尽的。因此所谓"结语"也只能是下一阶段进一步探讨的开端。"《易》穷则变,变则通,通则久。"①《周易》的魅力在于它穷则思变、历久弥新,人们不断可以发现其新的研究价值。《周易》政治学、人类学、哲学(包括美学)等方面的研究还期待我们去深展;特别是以《周易》为支点的中西方文化、哲学、艺术诸方面的异同比较,更有待于我们去开发。所以,文稿的完成,仅仅是下一步研究的开端。

"未济,君子以慎辨物居方。"②

谨以此作结。

---

① 王弼等注:《周易》,四部丛刊初编本,《系辞下》。
② 王弼等注:《周易》,四部丛刊初编本,《未济卦》《象》辞。

参考文献

（按姓氏拼音顺序排列）

一、专著

1.《爱因斯坦文集》,第一卷,商务印书馆1983年版。

2. 常秉义编著:《易经图典》,光明日报出版社2003年版。

3. 陈鼓应:《易传与道家思想》,三联书店1996年版。

4. 陈良运:《焦氏易林诗学阐释》,百花洲文艺出版社2000年版。

5. 陈良运:《周易与中国文学》,百花洲文艺出版社1999年版。

6. 陈梦雷:《周易浅述》,台北:商务印书馆据国立故宫博物院院藏本影印1983年版。

7. 陈万里、朱琦:《易经的建筑启示(图集)》,重庆大学出版社1995年版。

8. 陈望衡:《龙腾凤翥》,浙江大学出版社出版1994年版。

9. 陈望衡等:《科技美学原理》,上海科技出版社1992年版。

10. 陈望衡:《玄妙的太和之道——中国古代哲人的境界观》,天津教育出版社2002年版。

11. 陈望衡主编:《艺术设计美学》,武汉大学出版社2000年版。

12. 陈望衡:《占巫与哲理——〈周易〉蕴玄机》,香港:中华书局(香港)有限公司1993年版。

13. 陈望衡:《中国古典美学史》,湖南教育出版社1998年版。

14. 陈望衡:《境外谈美》,花山文艺出版社2004年版。

15. 陈志华:《外国古建筑二十讲》,三联书店2004年版。

16. 程石泉:《易学新探》,上海古籍出版社2003年版。

17.《辞海》编辑委员会编:《辞海(1989年版)》(缩印本),上海辞书出版社1990年版。

18. 戴琏璋:《易传之形成及其思想》,台北:文津出版社1989年版。

19. 邓立光:《象数易镜原》,巴蜀书社1993年版。

20. 邓球柏:《帛书周易校释》,湖南人民出版社 1987 年版。

21. 丁山:《中国古代宗教与神话考》,上海文艺出版社 1998 年版。

22. 董光璧:《易学科学史纲》,武汉出版社 1993 年版。

23. 董光璧:《易图的数学结构》,上海人民出版社 1987 年版。

24. 段长山主编:《周易象数图说》,中国社会科学出版社 1990 年版。

25. [德]恩斯特·卡西尔:《人论》,上海译文出版社 1985 年版。

26. 方东美:《哲学三慧》,载《方东美集》,群言出版社 1993 年版。

27. 方克立主编:《中国哲学与辩证唯物主义》,高等教育出版社 1998 年版。

28. 冯道立、孙国中:《周易三级图贯》,北京师范大学出版社 1992 年版。

29. 冯先铭主编:《中国陶瓷》,上海古籍出版社 2001 年版。

30. 冯友兰:《冯友兰文选》,上海远东出版社 1994 年版。

31. 顾明:《周易象数图说》,中国社会科学出版社 1990 年版。

32.《国语精华·四部精华》(上),岳麓书社 1991 年版。

33. 郭沫若:《郭沫若全集》,历史编第 1 卷,人民出版社 1982 年版。

34. 韩林德:《境生象外》,三联书店 1995 年版。

35. 韩永贤:《周易探源》,中国华侨出版公司 1990 年版。

36. 韩增禄:《易学与建筑》,沈阳出版社 1997 年版。

37. [德]黑格尔:《美学》(一、二、三卷),朱光潜译,商务印书馆 1986 年版。

38. 黄石声、黄晓阳:《易传探蕴》,西南师范大学出版社 1999 年版。

39. 黄寿棋:《易学群书平议》,北京师范大学出版社 1988 年版。

40. 何新:《大易新解》,时事出版社 2002 年版。

41. 胡渭:《易图明辨》,文渊阁四库全书电子版,上海人民出版社、迪志文化出版社 1999 年版。

42. 胡晓明:《万川之月——中国山水诗的心灵境界》,三联书店 1992 年版。

43.《画论丛刊》(上卷),人民美术出版社 1962 年版。

44. 黄宗羲:《易学象数论》,文渊阁四库全书电子版,上海人民出版社、迪志文化出版社 1999 年版。

45. 黄寿棋:《易学群书平议》,北京师范大学出版社 1988 年版。

46. 贾丰臻:《易之哲学》,上海书店 1991 年版。

47. 江国樑:《周易原理与古代科技——八卦的剖析及其实际应用》,鹭江出版社 1990 年版。

48. 江慎修著:《河洛精蕴》,学苑出版社 1989 年版。

49. 姜祖桐:《周易与人格》,上海三联出版社 2004 年版。

50. [德]卡西尔:《神话思维》,中国社会科学出版社 1992 年版。

51. 亢羽:《易学勘舆与建筑》,中国书店 1999 年版。

52. 孔颖达:《周易正义》,上海古籍出版社 1990 年版。

53.《老子道德经精华·四部精华》(中),岳麓书社 1991 年版。

54. 雷思齐:《易图通变》,上海古籍出版社 1989 年版。

55. 雷思齐:《易筮通变》,上海古籍出版社 1989 年版。

56. 黎靖德编、王星贤点校:《朱子语类》(第一至八册),中华书局 1986 年版。

57. 黎凯旋:《易数浅说》,易学出版社 1992 年版。

58. 李大用:《周易新探》,北京大学出版社 1992 年版。

59. 李登墀:《中华易学》,桐梓流青山房 1935 年版。

60. 李晶伟编著:《太极与八卦》,天津大学出版社 1989 年版。

61. 李镜池:《周易通义》,中华书局 1981 年版。

62. 李兰芝编著:《周易与卦象》,南开大学出版社 1990 年版。

63. 李凌:《音乐美学漫笔》,广西人民出版社 1986 年版。

64. 李申:《易图考》,北京大学出版社 2001 年版。

65. 李申:《周易与易图》,沈阳出版社 1997 年版。

66. 李泽厚:《美学三书》,安徽文艺出版社 1999 年版。

67. 梁思成:《中国建筑史·雕塑史》,百花文艺出版社 1998 年版。

68. [法]列维·布留尔:《原始思维》,丁由译,商务印书馆 1985 年版。

69. 刘大钧:《纳甲筮法》,齐鲁书社 1995 年版。

70. 刘大钧:《周易概论》,巴蜀书社 1999 年版。

71. 刘大钧主编:《象数易学研究》(第 1 辑),齐鲁书社 1996 年版。

72. 刘大钧主编:《象数易学研究》(第 3 辑),巴蜀书社 2003 年版。

73. 刘纲纪、范明华:《易学与美学》,沈阳出版社 1997 年版。

74. 刘纲纪:《〈周易〉美学》,武汉大学出版社 2006 年版。

75. 刘牧:《易数钩隐图》,上海古籍出版社 1989 年版。

76. 刘天华:《画境文心——中国古典园林之美》,三联书店 1994 年版。

77. 刘振修:《周易与中国古代数学》,湖南师范大学出版社 1994 年版。

78. 楼庆西:《中国古建筑二十讲》,三联书店 2004 年版。

79. 罗炽主编:《易文化传统与民族思维方式》,武汉出版社 1994 年版。

80. 罗哲文主编:《中国古代建筑》,上海古籍出版社 2001 年版。

81. 马承源主编:《中国青铜器》,上海古籍出版社 2003 年版。

82. 马恒君注释:《周易·全文注释本》,华夏出版社 2001 年版。

83. 毛奇龄稿、章芝著:《推易始末》,中华书局 1991 年版。

84.《孟子精华·四部精华》(上),岳麓书社 1991 年版。

85.《欧阳永叔文忠集精华·四部精华》(下),岳麓书社出版 1991 年版。

86. 欧阳维诚:《周易的数学原理》,湖北教育出版社 1993 年版。

87. 欧阳维诚:《易学与数学奥林匹克》,中国书店 2003 年版。

88. [英]鲍桑葵:《美学史》,商务印书馆 1985 年版。

89. 庞朴:《中国知识分子的人文精神》,河南人民出版社 1994 年版。

90. 潘雨廷:《周易表解》,上海社会科学出版社 1993 年版。

91. 钱穆:《现代中国学术论衡》,岳麓书社 1986 年版。

92. 钱世明:《周易象说》,上海书店 1999 年版。

93. 钱世明:《易象通说》,华夏出版社 1989 年版。

94. 钱锺书:《谈艺录》,中华书局 1984 年版。

95. 钱锺书:《管锥编》(一、二、三、四册),中华书局 1986 年版。

96. 尚秉和:《周易尚氏学》,中华书局 1980 年版。

97. 尚秉和:《周易古筮考》,台北:台湾育林出版社(影印本)1993 年版。

98. 山东省图书馆编:《易学书目》,齐鲁书社 1993 年版。

99. [德]荣格:《心理学与文学》,冯川译,三联书店 1987 年版。

100. [德]荣格:《东洋冥想的心理学——从易经到禅》,杨儒宾译,社会科学文献出版社 2000 年版。

101.《尚书精华·四部精华》(上),岳麓书社 1991 年版。

102.《四部丛刊(电子版)》,北京书同文数字化技术有限公司制作,制作底本采用北京大学图书馆馆藏上海涵芬楼景印《四部丛刊》2001 年版。

103. 宋兆麟等:《中国原始社会史》,文物出版社 1983 年版。

104.《诗经精华·四部精华》(上),岳麓书社 1991 年版。

105. [美]苏珊·朗格:《艺术问题》,中国社会科学出版社 1978 年版。

106. 孙国中:《〈河图洛书〉解析》,学苑出版社 1990 年版。

107. 孙外主:《易学与占卦》,国际文化出版公司 1994 年版。

108. 唐华编著:《易经变化原理》,上海社会科学院出版社 1993 年版。

109. 唐明邦:《当代易学与时代精神》,湖北人民出版社 1999 年版。

110. [美]T.丹齐克:《数:科学的语言》,商务印书馆 1985 年版。

111. 汪学群：《王夫之易学》，社会科学文献出版社 2002 年版。

112. 王弼撰、韩康伯注：《周易王韩注》，岳麓书社 1993 年版。

113. 王弼撰、邢璹注：《周易略例》。

114. 王博：《易传通论》，中国书店 2003 年版。

115. 王春才：《周易与古代美学》，民族出版社 2006 年版。

116. 王红旗：《神奇的八卦文化与游戏》，中国对外翻译出版公司 1993 年版。

117. 王明居：《扣寂寞而求音——〈周易〉符号美学》，安徽大学出版社 1999 年版。

118. 王夫之：《周易内传》（六卷），上海太平洋书店铅印本。

119. 王夫之：《周易外传》（七卷），北京中华书局铅印本 1962 年版。

120. 王振复：《周易的美学智慧》，湖南出版社 1991 年版。

121.《文渊阁四库全书电子版》（以《景印文渊阁四库全书》为底版），上海人民出版社、迪志文化出版社有限公司 1999 年版。

122. 温振宇：《周易哲理与现代人生》，中国书店 1993 年版。

123. *Webster's Third New International Dictionary*, G.&.C.Merriam Company, 1961.

124. 夏昭炎：《意境概论》，北京广播学院出版社 2003 年版。

125. 萧汉明：《阴阳大化与人生》，广东人民出版社 1998 年版。

126. 谢维扬：《至高的哲理——千古奇书〈周易〉》，三联书店 1997 年版。

127. 许衡：《读易私言》，中华书局 1985 年版。

128. 杨仁凯主编：《中国书画》，上海古籍出版社 2001 年版。

129. 杨文衡：《易学与生态环境》，中国书店 2003 年版。

130. 姚伟钧、王玉德、曾磊光编著：《神秘的八卦》，广西人民出版社 1990 年版。

131. 叶朗：《中国美学史大纲》，上海人民出版社 1985 年版。

132. 叶舒宪、田大宪：《中国古代神秘数字》，社会科学文献出版社 1996 年版。

133. 有易书房主人：《从图象看易经》，上海书店 2004 年版。

134. 余斌：《如易——系统易学》，上海三联书店 2000 年版。

135. 张理：《大易象数钩深图》，上海古籍出版社 1989 年版。

136. 张其成：《易图探秘》，中国书店 1999 年版。

137. 张其成：《易道主干》，中国书店 1999 年版。

138. 张其成：《象数易学》，中国书店 2003 年版。

139. 张其成主编：《易学大辞典》，华夏出版社 1992 年版。

140. 张善文：《象数与义理》，辽宁教育出版社 1993 年版。

141. 张善文:《周易与文学》,福建教育出版社 1997 年版。

142. 张启亚:《中国画的灵魂——哲理性》,文物出版社 1994 年版。

143. 郑万耕主编、陆德明音义:《易学精华》,北京出版社 1996 年版。

144. 褚良才:《易经·风水·建筑》,学林出版社 2003 年版。

145. 周山:《周易文化论》,上海社会科学院出版社 1994 年版。

146. 宗白华:《美学散步》,上海人民出版社 1981 年版。

147. 宗白华:《宗白华全集》,安徽教育出版社 1994 年版。

148.《周礼·仪礼·礼记》,陈成国点校,岳麓书社 1989 年版。

149. 朱伯崑:《易学哲学史》,华夏出版社 1995 年版。

150. 朱伯崑主编:《国际易学研究》(第 1 辑),华夏出版社 1995 年版。

151. 朱熹注:《周易本义》,天津市古籍书店 1988 年版。

二、论文

1. 安道玉:《〈周易〉“易简”原则与科技发展》,《河南师范大学学报(哲学社会科学版)》1998 年第 4 期。

2. 安志敏等:《长沙战国缯书及其有关问题》,《文物》1963 年第 9 期。

3. 陈道德:《言、象、意简论》,《哲学研究》1997 年第 6 期。

4. 陈良运:《“美”起源于“味觉”辨正》,《文艺研究》2002 年第 4 期。

5. 陈望衡:《华夏审美意识基因初探》,《华中师范大学学报(人文社会科学版)》2000 年第 5 期。

6. 陈望衡:《〈周易〉的“文”观与美学》,《辽宁大学学报(哲学社会科学版)》2003 年第 4 期。

7. 陈文忠:《含蓄美探源》,《安徽师范大学学报(哲学社会科学版)》1998 年第 1 期。

8. 成立:《有别于“摹仿论”的“取象说”》,《文史哲》1997 年第 2 期。

9. 程征:《“彩陶图画”与方圆意识》,《文艺研究》1994 年第 6 期。

10. 崔波、梁惠:《〈周易〉美学思想刍议》,《周易研究》2002 年第 1 期。

11. 董睿、李泽琛:《易学思想与中国传统建筑》,《周易研究》2004 年第 1 期。

12. 董根洪:《“亨行时中”,“保合太和”——论〈易传〉的中和哲学》,《周易研究》2002 年第 3 期。

13. 杜贵晨:《中国古代小说“三复情节”的流动变及其美学意义》,《齐鲁学刊》1997 年第 5 期。

14. 傅熹年：《关于明代宫殿坛庙等大建筑群总体规划手法的初步探讨》,载《建筑历史研究》第三辑,中国建筑工业出版社 1992 年版。

15. 傅云龙、柴尚金：《〈周易〉的唯象思维》,《贵州大学学报》1995 年第 2 期。

16. 何兆雄：《当代〈周易〉研究的窘境与错位》,《学术论坛》1996 年第 2 期。

17. 黄玉顺：《生命结构与和合精神——周易哲学论》,《社会科学研究》1998 年第 1 期。

18. 宏轩、吉鹏、先登：《论易学思维特征》,《临沂师专学报》1998 年第 5 期。

19. 黄黎星：《〈易〉学与中国传统文艺观》,中国古代文学博士论文,指导老师：张善文,福建师范大学。

20. 黄黎星：《周易豫卦与古代音乐思想》,《福建师范大学学报(哲学社会科学版)》2004 年第 2 期。

21. 黄黎星：《德合天地　妙赞化育——方东美易学思想评述(下)》,《福州师专学报(社会科学版)》1999 年第 4 期。

22. 黄黎星：《观其会通　探其精微——关于〈易〉学与文学关系研究的思考》,《福建师范大学学报(哲学社会科学版)》2002 年第 4 期。

23. 黄黎星：《刘熙载〈艺概〉中的援〈易〉立说》,《福建论坛(人文社会科学版)》1999 年第 5 期。

24. 黄黎星：《乾坤大义的现代启示(下)——当代新儒家易学思想综论》,《周易研究》1998 年第 2 期。

25. 黄念然：《论意境的审美生成》,《黄冈师专学报》1998 年第 1 期。

26. 蒋凡、张小平：《〈周易〉对古典美学和文论批评的影响》,《内蒙古师大学报(哲学社会科学版)》1994 年第 1 期。

27. 鞠曦：《哲学问题在当代和〈周易〉哲学观诠释——形而上学与形而中论》,《周易研究》1998 年第 2 期。

28. 乐爱国：《〈周易〉对中国古代数学的影响》,《周易研究》2003 年第 3 期。

29. 李立新：《"河图洛书"与汉字起源》,《周易研究》1995 年第 3 期。

30. 李廉：《〈周易〉的符号与形象思维对应的机制及其启示》,《江苏社会科学》1995 年第 1 期。

31. 李廉：《〈周易〉的天地人协调思想》,《南京社会科学》1997 第 2 期。

32. 李南蓉：《〈周易〉的文艺美学价值》,《复旦学报(社会科学版)》1995 年第 5 期。

33. 李申：《〈河图〉没有秘密——兼评北京大学国情研究中心对〈河图〉、〈洛书〉

的研究成果》,《社会科学战线》1998 年第 4 期。

34. 李仕澂:《玻尔"并协原理"与〈八卦太极图〉》,《周易研究》1994 年第 4 期。

35. 李巍:《再论〈周易〉与中国画》,《周易研究》2000 年第 1 期。

36. 李西建:《关于中国传统美学的价值论研究及未来走向》,《哲学动态》1999 年第 11 期。

37. 李翔海:《中国哲学文化生态模式的理论特质及后现代意义》,《中国哲学史》2004 年第 2 期。

38. 李祥林:《中华艺术的文化原型—〈周易〉人文奥秘的现代解码之一》,《新余高专学报》2002 年第 3 期。

39. 李平:《论〈周易〉对中国古代音乐理论的影响》,《孔子研究》2002 年第 3 期。

40. 李文玉:《从心物感应到直达宇宙终极——略论"感应"的美学意蕴的生成》,《成都大学学报(社科版)》2001 年第 1 期。

41. 李玮如:《〈周易·系辞传〉"象"概念初探》,《周易研究》1998 年第 4 期。

42. 李翔海:《在〈周易〉与"世界哲学"之间——论本体诠释学的哲学路向》,《周易研究》1996 年第 1 期。

43. 梁启超:《阴阳五行说之来历》,载《古史辨》第五册,上海古籍出版社 1982 年版。

44. 梁韦弦:《论〈周易〉的"人道"观》,《周易研究》1995 年第 2 期。

45. 梁韦弦:《〈易传〉中的易道与天道、人道及神道》,《齐鲁学刊》2001 年第 6 期。

46. 林丽真:《如何看待易"象"——由虞翻、王弼与朱熹对易"象"的不同看法说起》,《周易研究》1995 年第 2 期。

47. 林振武:《〈周易〉简单性原则初探》,《齐鲁学刊》2005 年第 4 期。

48. 林忠军:《试析郑玄易学天道观》,《中国哲学史》2002 年第 4 期。

49. 凌继尧:《毕达哥拉斯学派的美学》,《扬州大学学报(人文社会科学版)》2001 年第 5 期。

50. 刘骥鹏、张宏轩:《〈易传〉"神"字的科学蕴涵》,《临沂师范学院学报》2002 年第 2 期。

51. 刘彬:《〈大戴礼记·易本命〉象数发微》,《周易研究》2003 年第 1 期。

52. 刘立策:《〈贲〉卦与魏晋六朝审美理想的转变》,《喀什师范学院学报(社会科学版)》2001 年第 3 期。

53. 刘立夫:《周易与科学:一个容易神化的议题》,《船山学刊》2000 年第 2 期。

54. 刘建臻:《20世纪易学研究的新成果——阴阳二爻起源综述》,《扬州大学学报(人文社科版)》1998年第6期。

55. 刘金钟:《中国建筑文化的易学内涵》,《周易研究》1997年第2期。

56. 刘金明:《日新之谓盛德,生生之谓易——论〈周易〉"天人合一"观中"天"与"人"的结合点》,《周易研究》1998年第3期。

57. 刘玉平:《〈周易〉的阴阳和谐思维》,《济南大学学报》2002年第3期。

58. 刘宗碧:《由"生殖"崇拜所引申的一种审美维度——关于〈周易〉美学思想的解读》,《攀枝花大学学报》1997年第2期。

59. 毛宣国:《先秦"象"论与中国古典美学》,《学习与探索》1995年第4期。

60. 孟庆丽:《"言不尽意"与"立象以尽意"——〈周易〉的言意观探微》,《辽宁大学学报(哲学社会科学版)》2003年第4期。

61. 钮燕枫:《从儒道佛玄看"言"、"意"之辨及其影响》,《学术探索》1999年第3期。

62. 欧阳康、孟筱康:《试论〈周易〉的原初意义与现代意义》,《周易研究》2002年第4期。

63. 皮朝纲:《中国古代美学的独特品格及其现代意义》,《山东医科大学学报(社科版)》2000年第4期。

64. 皮朝纲、刘方:《中国传统美学的生命智慧》,《西南民族学院学报(哲学社会科学版)》1998年第3期。

65. 任俊华:《〈论语〉与易学》,《周易研究》2000年第3期。

66. 施炎平:《阴阳智慧说和〈周易〉系统论》,《周易研究》1996年第3期。

67. 施忠连、李廷佑:《论〈周易〉的生命哲学》,《周易研究》1998年第4期。

68. 谭德贵:《论〈周易〉中的真、善、美思想及其对中国文化价值取向的影响》,《东岳论丛》1997年第5期。

69. 谭学纯:《中国神秘数字:"三"和"五"》,《民间文学论坛》1994年第4期。

70. 唐明邦:《〈周易〉的文化价值与周易研究热》,《黄冈师专学报》1994年第3期。

71. 田辰山:《中国的互系性思维:通变》,《文史哲》2002年第4期。

72. 托波罗夫:《神奇的数字》,《民间文学论坛》1985年第4期。

73. 汪裕雄:《〈周易〉的哲理化与"易象"符号的更新》,《周易研究》1996年第4期。

74. 王明居:《易传美学阴阳刚柔论》,《文艺理论研究》1996年第2期。

75. 王明居:《宗白华先生的周易美学研究》,《安徽师大学报(哲社版)》1997 年第 1 期。

76. 王明居:《太极之美》,《周易研究》1997 年第 1 期。

77. 王明居:《周易方圆论》,《周易研究》1997 年第 4 期。

78. 王木青:《论王勃的周易美学思想》,《周易研究》1998 年第 4 期。

79. 王鲁宁、王鲁飞:《无往不复——〈周易〉的转化观》,《周易研究》1996 年第 3 期。

80. 王树人、喻柏林:《〈周易〉的"象思维"及其现代意义》,《周易研究》1998 年第 1 期。

81. 王康艳:《〈周易〉审美观之浅析》,《山东教育学院学报》2002 年第 1 期。

82. 王又青、殷正坤:《〈易经〉与中西方科学思维方式的融合》,《华中理工大学学报(社会科学版)》1998 年第 3 期。

83. 王允琪:《外师造化中得心源——略谈中国绘画的意象性》,《淮北煤师院学报(哲学社会科学版)》2002 年第 5 期。

84. 王维平、朱岚:《道通天地有形外思入风云变态中——论〈周易〉美学的基本精神》,《周易研究》1994 年第 3 期。

85. 王幼军:《数学中的游戏因素及其对于数学的影响》,《自然辩证法通讯》2002 年第 2 期。

86. 王振复:《当代易学研究趋势》,《学术月刊》1997 年第 5 期。

87. 危磊:《中国书法艺术的圆通之美》,《广西师院学报(哲学社会科学版)》2002 年第 3 期。

88. 吴钧:《从〈周易〉的原点看人文精神与新世纪跨文化交际》,《周易研究》2002 年第 3 期。

89. 吴风:《试论中国古典审美意象论的历史嬗变》,《社会科学战线》1996 年第 6 期。

90. 吴广平:《〈周易〉"道器论"的文化阐释》,《吉首大学学报(社会科学版)》1996 年第 4 期。

91. 吴世彩:《易学研究的文化价值及其现代化旨归》,《东岳论丛》2001 年第 4 期。

92. 向世陵:《传统、现代、后现代与中国哲学的价值》,《首都师范大学学报(社科版)》2001 年第 6 期。

93. 席升阳:《〈周易〉中的真善美思想》,《洛阳工学院学报(社会科学版)》2000

年第 1 期。

94. 羊列荣、雷恩海、蒋凡:《从〈周易〉考察道家"心斋"思想的起源》,《学术月刊》1999 年第 3 期。

95. 杨宏声、华铮:《中国少数民族易学通论——从中华易学总体构成的观点看少数民族的易文化》,《上海社会科学院学术季刊》1995 年第 2 期。

96. 杨力舟:《中国画人物画的当代性与未来》,《新华文摘》2004 第 23 期。

97. 杨希枚:《中国古代的神秘数字论稿》,台湾:《民族学研究所集刊》第 33 期。

98. 於贤德:《〈周易〉与民族审美文化》,《汕头大学学报(人文版)》1996 年第 1 期。

99. [马]奥潍诚:《论〈周易〉的"制器尚象"》,《周易研究》2000 年第 2 期。

100. 詹石窗:《道教艺术的符号象征》,《中国社会科学》1997 年第 5 期。

101. 张连国:《周易智慧之源流》,《周易研究》1995 年第 2 期。

102. 张西平:《〈易经〉在西方早期的传播》,《中国文化研究》1998 年冬之卷(总第 22 期)。

103. 张祥浩:《保合太和乃利贞——〈周易〉的和合思想》,《东南大学学报(哲学社会科学版)》2001 年第 3 期。

104. 张玉能:《当代中国美学应该高扬人文精神》,《华中师范大学学报(哲社版)》1996 年第 1 期。

105. 张义宾:《〈乐记〉中的两种音乐美学观——〈易传〉和〈荀子〉对〈乐记〉音乐美学思想的影响》,《阴山学刊》2004 年第 1 期。

106. 张增田:《〈周易〉的刚与柔》,《周易研究》1996 年第 4 期。

107. 章启群:《重估宗白华——建构现代中国美学体系的一个范式》,《文学评论》2002 年第 4 期。

108. 章虹宇:《普米族的"八卦图"》,《云南民族学院学报(哲社版)》1995 年第 2 期。

109. 赵继明:《现代西方易学对话》,《山西大学学报(哲社版)》1999 年第 4 期。

110. 赵庆麟:《〈易传〉:中国传统美学的基石》,《上海社会科学院学术季刊》1994 年第 2 期。

111. 郑万耕:《宋明易学论象与数》,《北京社会科学》2002 年第 2 期。

112. 郑万耕:《阴阳变易学说的思维特征》,《中国哲学史》2000 年第 3 期。

113. [泰]郑彝元:《象数与义理——论孔子下学上达的心路历程与易学两派分途发展的哲学根源》,《周易研究》1996 年第 4 期。

114. 周立升:《〈太玄〉对"易""老"的会通与重构》,《孔子研究》2001 年第 2 期。

115. 周山:《〈周易〉审美价值取向初探》,《周易研究》1994 年第 4 期。

116. 朱良志:《论中国艺术论中的"圆"》,《安徽师大学报(哲社版)》1994 年第 4 期。

117. 朱岚:《〈周易〉美学的生命本体论》,《华中师范大学学报(哲社版)》1995 年第 2 期。

责任编辑:洪　琼

图书在版编目(CIP)数据

《周易》象数之美/陈碧　著. -北京:人民出版社,2009.8(2020.1 重印)
ISBN 978 - 7 - 01 - 008143 - 4

Ⅰ. 周…　Ⅱ. 陈…　Ⅲ. ①周易-研究②象数之学-研究　Ⅳ. B221.5

中国版本图书馆 CIP 数据核字(2009)第 140962 号

《周易》象数之美
ZHOUYI XIANGSHU ZHI MEI

陈　碧　著

人 民 出 版 社 出版发行
(100706　北京朝阳门内大街 166 号)

北京中科印刷有限公司印刷　新华书店经销

2009 年 8 月第 1 版　2020 年 1 月北京第 3 次印刷
开本:710 毫米×1000 毫米 1/16　印张:16
字数:300 千字　印数:5,001-6,500 册

ISBN 978 - 7 - 01 - 008143 - 4　定价:54.00 元

邮购地址 100706　北京朝阳门内大街 166 号
人民东方图书销售中心　电话 (010)65250042　65289539